십족을 멸하라

正說明清九大奇案

Copyright © 2010 by Feng Yu Jun
Korean translation Copyright © 2013 by Geulhangari Publishers.
This translation is published by arrangement with Huang Shan Publishing House
through SilkRoad Agency, Seoul, Korea.
All rights reserved.

이 책의 한국어판 저작권은 실크로드 에이전시를 통한 저작권자와의 독점계약으로 (주)글항아리에 있습니다. 저작권법에 의해 한국 내에서 보호를 받는 저작물이므로 무단전재와 무단복제를 금합니다.

명청시대 형벌의 잔혹사

십족을 멸하라

펑위쥔 馮玉軍 지음
김태경 옮김

머리말

    중국의 법률문화 역사는 아득히 오래되었고, 그 사상도 넓고 심오하여 중화문명을 형성하는 데 오래도록 깊은 영향을 미쳤다. 그에 따라 각 왕조에서 수많은 사건이 발생했고, 그중에는 누구나 다 알고 있는 실로 유명한 사건들이 이른바 '기이한 사건奇案'이란 이름으로 전해져 온다. 이러한 사건들은 당시 사회의 정치적인 생태, 제도, 가치 등을 구체적으로 반영하고 있으며, 복잡하게 얽힌 사건의 내용, 재판 심리과정의 우여곡절, 보는 이를 탄식하게 하는 판결로 인해 후대 사람들의 흥미로운 이야깃거리가 되었다.

    이 기이한 사건들은 수많은 문예작품으로 만들어지기도 했다. 작품 속에서 그려진 이 사건들은 하나같이 줄거리가 복잡하고 치밀하며 감동적이기까지 하다. 또한 그 속에 담긴 전제정치와 정치적 배척으로 인한 잔혹함, 봉건사회 관리들의 부정행위, 사람 목숨을 한낱 들풀처럼 여겼던 추악함 등은 보는 이로 하여금 의분에 떨게 한다. 그러나 영화와 텔레비전의 극본은 어디까지나 예술적인 가공을 거치고 사건의 실제 내용에 허구를 더한 것이다. 심지어는 신문이나 출판물에 실린 이야기나 일화도 대부분 연역적인 추리에 따라 창작과정을 거친 것이다.

필자는 이 책에서 그러한 사건들을 모두 원래대로 복구하려고 노력했다. 철저히 증거에 입각하여 사건의 원래 내용과 고대 법률제도를 다룸으로써 독자들이 사건의 내막을 이해하고 나아가 봉건 사법제도를 객관적으로 평가할 수 있도록 하였다. 이 책을 통해 독자들이 역사의 진실을 보다 깊이 있게 이해할 수 있기를 바란다.

이 책의 절반을 차지하는 '백지 인장印章 사건', '곽환의 횡령 사건', '호유용과 남옥의 모반 사건', '방효유와 그의 십족十族 주살 사건'은 명 태조 주원장과 성조 주체, 이 두 부자가 함께 일으킨 명초 4대 사건이다. 명나라는 중형과 중벌로 유명하다. 백지 인장 사건과 곽환의 횡령 사건은 주원장이 관리들의 부정부패를 뿌리 뽑겠다는 생각으로 수많은 사람을 연루시켜 참혹하게 죽인 사건이다. 특히 백지 인장 사건은 수백 명이 넘는 관리가 흘린 피는 강을 이룰 정도였지만, 참상의 배후에는 그럴 만한 충분한 증거가 없었다. 호유용과 남옥 사건은 주원장의 의심에 따라 발생한 대형 사건으로 고대 군주들의 토사구팽 정책을 여실히 보여 준다. 방효유 사건은 황위를 얻기 위해 4년에 걸친 전쟁도 불사하여 조카의 손에서 정권을 빼앗은 주체의 타락한 권력욕을 보여 준다.

그리고 이 책의 나머지 절반은 이른바 '청말 4대 기이한 사건'들을 다루고 있다. 이들 사건은 자희태후가 수렴청정을 하던 청나라 말기, 즉 동치同治·광서光緒의 교체 시기에 연달아 일어나 전국적으로 파문을 일으킨 것들로 '양내무와 소백채 사건', '장문상의 마씨 살해 사건', '양월루 연애 사건', '태원 살인 사건'이 여기에 해당된다. 네 사건 모두 민간에서 발생했으나 사건의 경위에 곡절이 많고 복잡하여 사건 발생부터 심리가 끝나고 판결이 내려질 때까지 조정과 민간 모두 관심을 가졌으므로 '4대 기이한 사건'이라 불린다. (그러나 태원 살인 사건은 다른 세 사건에 비해 복잡하지 않고 내용도 깊지 않아 이 책에서 다루지 않았다.)

이상 명청 두 왕조 시대에 발생한 기이한 사건들은 일찍이 항간에 소문으로 떠돌았으며, 일부는 브라운관에도 옮겨졌다. 필자가 이번에 사건의 경위를 다시 서술하는 것은 이 사건들이 발생한 역사적 문화적 정치적 체제와 기술적 원인을 다른 각도에서 제시하고 분석함으로써 군주전제정치, 사법의 전횡, 유죄 추정, 고문에 의한 강제 자백, 판결을 뒤집지 않는 관례 등 봉건 사법제도의 고질적인 문제들에 대해 자세히 논의하고, 여러 법률 절차와 범행 증거의 선별 및 조사 등의 문제를 하나하나 분명히 밝히기 위함이다.

이 책은 간단히 말하자면, '법률에 관한 읽을거리'이다. 역사적 사건들을 더욱 구체적이고 분명하게 설명함으로써 견문을 바로잡는 데 목적을 두었다. 이 책을 통해 중국의 전통적인 법률문화와 법률제도의 특색을 더 잘 이해하고, 오늘날 법률제도를 확립할 때 이 사건들과 인물들에게서 교훈을 얻을 수 있기를 저자로서 바라 마지않는다. 사건으로 역사를 논하고 인물로 법을 논할 수 있을 뿐 아니라, 법에 입각해 사건을 논하고 옛것을 빌려 오늘 일을 논할 수 있다면 저자로서 큰 영광이 아닐 수 없다.

명초의 4대 기이한 사건을 쓰면서는 리퉁, 허링리 두 박사에게 큰 도움을 받았다. 두 사람의 전공에 대한 지식과 근면함이 이 책의 출간에 큰 역할을 했다. 또한 나의 동료이자 중국 법제사法制史 연구 전문가인 자오샤오정 교수가 쓴 관련 저서도 필자가 이 책을 집필하는 데 큰 도움을 주었다. 그 밖에 각 사건의 내용을 기술하면서 다른 학자들의 저서를 참고했는데, 이는 주를 달아 밝혔다. 이 자리를 빌려 지극한 감사의 뜻을 밝힌다.

책을 펴내면서 안후이 텔레비전 방송국의 공공채널 '신안대강당新安大講堂'의 편집장 장위안, 프로그램 편집인 주첸, 왕중둥 등 여러 친구에게 깊은 사의를 밝힌다. 그들이 독촉하지 않았다면 또 그들과의 심도 있는 논의가 없었다면 이처럼 원고가 완성되지는 못했을 것이고, 필자가 방송에서 '청말 4대 기이한 사건'에 대해 강연한 것도 사회적인 반응을 얻지 못했을 것이다.

황산수서가 필자의 텔레비전 강연 원고를 편집해 책으로 내기로 흔쾌히 결정하여 보다 많은 곳에서 보다 많은 사람이 법률과 역사문화에 관한 지식과 사상을 접할 수 있게 한 것에 대해 깊이 감사드린다. 책임 편집자 장샹쿠이 선생은 탁월한 식견을 지니셨고, 필자에게 무한한 관용과 인내를 베푸셨으며 꼼꼼한 편집과 교정 작업을 통해 이 책이 출판되도록 해 주셨으니 저자와 독자들의 경의를 받아야 한다.

법률의 역사는 수많은 이야기로 가득 차 있다. 그러나 모든 이야기가 동화처럼 아름답지는 않고, 개중에는 사악한 이야기도 많다. 그러한 사악함은 오늘날의 법치사회에서도 여전히 존재한다. 그러나 다행인 것은

'법률의 오점은 모두 인류가 스스로 손에 묻힌 것이지만, 그 손으로 그 오점들을 닦아낼 수도 있다'는 것이다.

  얼마나 더 기다려야 완벽한 법치가 중국 땅에서 실현될지 확실히 대답할 수는 없지만, 필자는 법률이라는 복잡한 육체를 통해 법의 영혼을 찾아야 한다고 믿는다. 비록 이 책의 모든 이야기가 존경하는 여러 독자의 공감을 불러일으킬 것이라고 장담할 수는 없지만, 나는 우리가 미래에 아름답게 살기 위해서는 법의 보호와 도움이 필요하다고 믿는다. 또한 중국의 미래 사회의 가치는 법 정신으로 채워져야 한다고 생각한다.

2008년 9월 18일
베이징 스지청 거처에서

차례

머리말 · 5

|제1장| 백지 인장 사건_역사상 최대의 공문서 위조 사건?

1. 빈 문서가 수백 명을 처형하다 · 15
2. 황제의 격노와 억울한 재판 · 21
   관례를 따르지 않은 심리 절차 | 법정 양형 기준을 어기다 | 부족한 증거
- **역사 돋보기** : 주원장의 법률 사상 · 26

|제2장| 곽환의 횡령 사건_명나라 관리들이 청렴한 까닭

1. 수만 명이 연루된 최대 부정부패 사건 · 37
2. 주원장의 판결은 합당한가? · 44
   사건의 주요 특징 | 엄한 제도와 법률로도 다스리기 어렵다 | 역사적 여운
- **역사 돋보기** : 가혹한 형벌들 1 · 52

|제3장| 호유용과 남옥의 모반 사건_공신을 죽여 태평성대를 꾀하다

1. 호유용 사건 · 63
   연루된 사람이 많은 큰 사건 | 황제의 권한만이 홀로 존귀하다
2. 남옥 사건 · 75
   모든 사건에는 원인이 있다 | 토사구팽
3. 황제의 의심이 사건을 만들다 · 82
   정치적 누명 사건 | 역사적 교훈
- **역사 돋보기** : 승상이란 직위는 언제 폐지되었나? · 88

|제4장| 방효유와 십족 처형 사건_봉건시대 끔찍한 사법살인의 대명사

1. 세상 지식인의 모범, 형장의 이슬로 사라지다 · 93
2. 전무후무한 지식인 탄압 · 95
3. 역사의 잔재 · 98
   억울한 문자옥 | 가혹한 족형 | 역사가 남긴 것
- **역사 돋보기** : 가혹한 형벌들 2 · 104

| 제5장 | 장문상의 마씨 살해 사건_영웅 협객의 의로운 복수인가, 소인배의 원한 살인인가

1. 암살의 탄생 · 130
   단번에 높은 지위에 오르다 | 일당백의 영웅

2. 말 많고 탈 많은 사건 수사 · 145
   수차례의 심리 | 싱겁게 끝난 최종심

3. 다섯 가지 원인 · 163
   의형제 배반설 | 총독과 순무 불화설 | 정치 투쟁 희생양설 | 마신이 회부 결탁설
   | 장문상의 개인적 원한설

4. 평론 및 분석 · 185
   영웅 협객의 복수는 정당한가 | 현대 법률은 사적인 보복을 제창하지 않는다
   | 봉건 법률 제도의 '유죄 추정' 원칙 | 형사사건에 파고든 정치적 요인

○ 역사 돋보기 : 천경을 함락한 상군은 어떻게 약탈을 했나? · 198

| 제6장 | 명배우 양월루 연애 사건_청말 혼란기, 연애의 문제

1. 묘하게 이루어진 부부의 인연 · 205
   당대 최고의 배우와 거상의 딸 | 곡절이 많은 혼인

2. 강제로 연인을 갈라놓다 · 214
   '약탈혼'으로 체포되다 | 제1심에서 무거운 판결이 내려지다

3. 재앙에서 살아남은 목숨 · 221
   다행히 유배를 면하다 | 신사상과 구사상의 충돌

4. 사건의 논평과 분석 · 228
   재판장의 주관적 선고 | 불합리한 고문 제도와 가부장제 | 감찰 불능의 사법 시스템
   | 자주적 혼인의 어려움

○ 역사 돋보기 : 양소루에 대하여 · 237

| 제7장 | 양내무와 소백채 사건_정치적 갈등이 민간의 불륜 사건을 해결하다

1. 이상한 연애 소문 · 242
   양이 배추를 먹다 | 갈품련, 급병으로 사망하다
2. 첫 단추를 잘못 끼우다 · 254
   제1심 허위 자백 | 제2심 위증과 허위 보고 | 제3심 소득 없는 심리
   | 제4심 삼사 공동 심리
3. 일곱 차례의 재판과 판결 · 277
   북경에 와서 고소하다 | 제1차 재심 허위 자백을 뒤집다
   | 제2차 재심 원점으로 돌아가다 | 제3차 재심 의심의 목소리 | 마침내 누명을 벗다
4. 단순한 사건이 복잡해진 까닭 · 304
   사건에 곡절이 많아진 이유 | 오심 사건 장본인들의 처리 문제
   | 첨예한 권력 투쟁이 누명을 벗기다 | 역사가 남긴 교훈

   🔎 **역사 돋보기** : 중국 심리제도의 역사 · 323

주註 · 328
참고문헌 · 331
옮긴이의 말 · 333

제1장 백지 인장 사건

역사상 최대의 공문서 위조 사건?

"혹시 있을지도 모른다莫須有."

송宋대의 권신權臣 진회秦檜(1090~1155)가 남긴 유명한 말이다. 진회는 용맹하고 전투에 능하며 나라와 백성을 위했던 악비岳飛(1103~1141)를 제거하려 음모를 꾸몄으나 유죄를 입증할 만한 증거를 찾지 못했다. 그래도 그는 "아마도 죄가 있을 수도 있다"라며 충신인 악비를 처형했다. 후대 사람들은 죄 없는 사람을 함부로 죽인 진회의 비열한 행동을 비난했고, 진회가 한 이 말은 억울한 사건의 대명사가 되었다. 그러나 유감스럽게도 이처럼 주관적인 태도로 신하와 백성에게 억울한 누명을 씌워 처형하는 일은 그 후로도 여전히 지속되었다.

평민 출신으로 어렵사리 황제의 자리에 올랐던 명明나라 주원장朱元璋은 의심이 많았다. 자신이 난세의 와중에 놓여 있다고 생각한 그는 늘 황제의 자리를 지키지 못할까봐 두려워했다. 궐 밖에는 원元 왕조의 몽고 귀족이 아직 남아 있는데, 궐 안에서 무관들은 자신의 공만 내세우고

문관들은 잘난 체만 하고 있었다. 그래서 비록 천 명을 억울하게 죽일지언정 단 한 명도 놓치지 않겠다는 자세로 있을 수 있는 모든 범죄 행위를 엄벌에 처했다. 명나라 초에 발생한 '인장이 찍힌 백지문서 사건空印案'이 바로 '있을지도 모르는' 죄로 얽어낸 유명한 사건이다.

아주 많은 사람이 사건에 연루되었으며, 수백 명이나 되는 관리가 누명을 쓴 채 피를 흘렸다. 이 참상의 배후에는 '독직瀆職'이라는 죄명이 있었다. 생사여탈권을 쥐고 있는 제왕이 편견에 사로잡힌 고집쟁이에다 사고마저 경직되어 있을 때 어느 정도로 처참한 결과가 야기되는지 알고 싶다면, 이 '백지문서' 사건만 한 사례도 없을 것이다.

|1| 빈 문서가 수백 명을 처형하다

명 왕조 역시 그 이전 나라들처럼 중앙정부가 지방정부의 경제권을 꽉 틀어쥐었다. 지방의 포정사布政司와 부府·주州·현縣이 현지의 인구, 토지세, 군수품 등 각종 재정 수지 상황을 장부에 기재하고 연말에 공식 문서로 작성하여 중앙의 행정기관인 호부戶部에 보고하면, 호부가 이를 대조 검토하도록 법률로 규정하고 있었다.

지방 관리가 올린 공식 문서는, 인장이 찍혀 있고 하나하나 대조했을 때 잘못된 곳이 없어야 비로소 통과된다. 호부는 각 지역에서 보내온 문서를 상세히 검토하는데, 장부의 계산이 정확하고 잘못된 곳이 없으면 회계가 유효함을 확인하고 지역에서 청구한 비용을 내려주었다. 그러나 이상이 발견되면 서류를 지방으로 돌려보내 현지에서 다시 검토해 재차 보고하도록 했다.

여기까지 보면 불합리한 곳이 없는 것처럼 보인다. 더욱이 이렇게 심사가 엄격하게 이루어진다면 지방 관리가 재물을 횡령하고 공금을 함부로 사용하는 것을 뿌리 뽑을 수 있으니, 그야말로 중앙이 지방을 효과적으로 감독하는 시스템이라고 할 수 있다. 그러나 겉으로 보기에 공평하고 합리적인 이러한 제도도 실제로 적용할 때는 운용상의 어려움에 직면하게 된다. 법률 규정에 따르면 각급 재정 담당 관리는 정해진 기간 내에 회계를 중앙에 보고하고 비준을 받아야 한다. 그렇지 않으면 독직瀆職, 즉 직책을 더럽힌 것이라 여겼다. 따라서 각 지방 관리는 가능한 한 빨리 회계 보고와 감사 업무를 마치고 싶어 했다. 그러나 이를 가로막는 것이 있었다.

첫째, 회계가 잘못될 가능성이 컸다. 매번 지방의 재정 수지 현황을 상세히 기록해야 하는데 내용이 자질구레해서 검산 작업이 매우 복잡했고, 따라서 여러 착오가 발생하기 쉬웠다. 게다가 호부는 보고받은 장부에 착오가 있다고 여기면 사소한 것이라도 돌려보냈다.

둘째, 교통이 불편했다. 장부가 기각되면 다시 작성하면 그만이지 무슨 어려움이 있었을까 하고 의아해 할 수도 있겠다. 현대 사회에서는 통신수단이 발달하여 전자우편이나 팩스로 천 리 밖에 있는 사람과도 연락할 수 있다. 그러나 몇백 년 전에는 장부를 고쳐 중앙으로 다시 보내는 것이 쉽지 않았다. 당시 서류를 보내는 일은 역참의 준마에 전적으로 의존했는데, 말이 아무리 빨리 달려도 거리가 멀다면 당해낼 재간이 없었다. 한 번 왕래하는 데 인력과 돈도 들지만 더 중요한 것은 시간이다. 게다가 정해진 기한 내에 회계 보고를 해야 하니, 지방 관리들이 이만저만 골머리를 앓은 게 아니었다.

회계 착오를 피하기는 힘들고, 상부에 보고하는 기한도 변경할 수 없고, 호부가 알아서 고쳐줄 리도 만무하니, 지방 관리들은 임무를 완수하기 위해 편법을 생각해 냈다. 이 편법이란 관리가 중앙에 결산을 보고하러 가기 전에 지방정부의 인장이 찍힌 여벌의 백지 문서를 준비해 두는 것이었다. 이렇게 하면 장부가 호부에 의해 기각된다 하더라도 소속 지역으로 달려가 다시 장부를 작성할 필요 없이, 가져간 백지 문서에 기존 내용을 베껴 쓰고 문제가 있는 부분을 다시 계산하여 기입하면 되었다.

이러한 방법은 매우 간편한 것이어서 점차 보편적인 관례로 자리 잡았으며, 재정 상황을 상부에 보고하는 거의 모든 지방 관리들이 이러한 방법을 쓰게 되었다. 호부 역시 감독 직무를 충분히 이행하는 데 문제가 없었으므로 인정하지 않을 이유가 없었다.

그러나 홍무洪武 9년(1376)에 상황이 뒤집혔다. 주원장이 우연히 이 편법을 알게 된 것이다. 그는 아무런 증거가 없음에도 지방 관리가 인장이 찍힌 백지 문서에 다시 장부를 작성한 것은 황제를 "기만하려 한 것"이라고 생각했다. 또한 "그 가운데 간사한 자가 있다"(즉 각 지방 관리가 독직, 기만한 혐의가 있다)고 심히 우려했다. 더욱이 전국적으로 이 편법을 쓰고 있으니 거짓 장부가 얼마나 될 것인가?

주원장은 생각할수록 화가 났다. 만일 이를 엄벌하지 않으면, "간사한 관리가 인장이 찍힌 백지 문서로 다른 문서를 만들어내 백성을 괴롭할 것"이라고 생각했다.(『명사明史』「정사리전鄭士利傳」) 또한 그들이 몰래 게으름을 피우며 마음대로 인장을 찍고 황제의 권한을 얕본다면, 그들로 하여금 회계 업무를 성실히 이행케 하기 어려울 것이라고 판단했다.

주원장은 노발대발하며 관리들을 가차 없이 엄벌에 처하도록 명령했다. 관청의 인장을 관리하는 지방관들을 모두 잡아들였고, 책임자인 정인관正印官들은 모조리 사형에 처하게 했다. 대부분의 지방 관리가 이러한 방법으로 장부를 만들었기 때문에 죄를 얻은 자들이 상서尙書에서 수령守令에 이르기까지 줄을 이었다. 인장이 찍힌 백지 서책에 서명한 사람들은 모두 기만죄로 사형에 처해졌고, 좌이佐貳 이하는 100대의 장형杖刑에 처해진 후 변방으로 보내져 국경을 지키게 되었다. 통계에 따르면 사건에 연루되어 죽거나 변경으로 쫓겨난 사람이 수백 명에 달했다. 특히 곡물을 관리하는 지방 관리들은 거의 모두 죽임을 당했다.

조정의 대신은 물론 누구도 노발대발한 황제에게 감히 간언하지 못했다. 이때 영해寧海 사람인 정사원鄭士元도 이 사건에 연루되었는데, 그의 동생인 호광湖廣(지금의 후베이성湖北省과 후난성湖南省)의 안찰첨사按察僉事 정사리鄭士利가 형을 위해 죽음을 무릅쓰고 글을 올려 억울함을 호소했다. 정사리는 먼저 상소문을 들고 승상인 호유용胡惟庸을 찾았고, 호유용이 어사대부를 통해 그 상소문을 어전에 전달했다.

정사리는 상소문에서 인장이 찍힌 백지 문서가 쓰인 경위를 상술하고 장단점을 설명했다. 또 정사원은 성품이 강직하고 지방에서 좋은 일을 많이 했음을 증언하고, 이 일은 결코 잘못을 저지른 것이 아니니 처벌해서는 안 된다고 덧붙였다.

"폐하께서 인장이 찍힌 백지 문서를 사용한 사람들을 엄히 처벌하려 하시는 것은 간사한 관리가 이를 다른 용도로 작성하여 백성을 괴롭힐까 저어하심인 줄 아옵니다. 허나 유효한 공문서는 반드시 온전하게 인장이 찍혀야만 비로소 사용할 수 있습니다. 오늘날 토지세를 심사할 때 사용하는 문서는 종이 두 장에 걸쳐 계인을 찍은 것으로 한 장에만 도장을 찍는 것과는 비교할 수 없습니다. 간사한 자가 이를 손에 넣었다 해도 집행할 수 없는데, 하물며 이를 만질 수도 없는 일반 사람들은 어떻겠습니까? 각 지역의 토지세 액수는 부府는 반드시 성省과 일치해야 하고, 성은 반드시 부部와 일치해야 합니다. 그리고 여러 단계에 걸쳐 대조하여 호부에 와서야 비로소 확정됩니다. 성省 정부는 중앙의 호부와 멀게는 6~7천 리, 가까워도 3~4천 리나 떨어져 있습니다. 서류를 검토하고 소속 지역으로 돌아가 인장을 찍으려면 왕복하는 데만도 1년은 들여야 합니다. 따라서 먼저 인장을 찍고 적어 넣은 것입니다. 이는 임시변통에 지나지 않습니다. 오래전부터 이렇게 해 온 것인데, 어찌 그들을 추궁하며 처벌하실 수 있사옵니까?[1] 더군다나 나라에서 법을 제정하면 반드시 먼저 규정을 천하에 공개해 분명히 한 후 이를 위반하는 자가 있으면 처벌할 수 있습니다. 왜냐하면 그들은 안 된다는 것을 알면서도 죄를 지었기 때문입니다. 그런데 건국 이래 지금까지 인장이 찍힌 백지 문서를 사용하는 것이 위법하다는 관련 규정은 없었습니다. 각 기관에서는 줄곧 관습에 따라 해온 것일 뿐 그것이 범죄인 줄은 모르고 있었습니다. 이제 갑자기 그들에게 죄를 물으려 하시니, 어찌 처형당하는 이들이 진심으로 복종하겠습니까?"

정사리는 사건의 옳고 그름을 분명히 밝힌 후 말을 이어갔다.

"조정에서 어질고 재능 있는 사람들을 선발해 저마다의 자리에 배치하는 것과 이 관리들이 그 위치에 올 수 있었던 것 모두 쉽지 않은 일입니다. 한 관리가 군수郡守가 될 수 있었던 것은 그가 수십 년 노력한 결과입니다. 사리에 밝고 청렴한 인재들의 목은 베어내면 들풀처럼 다시 살아나지 않습니다. 폐하께서는 어찌하여 처벌할 가치가 없는 잘못에 대해 죄를 물으시고 쓸 만한 인재들을 박해하십니까? 신은 폐하를 위해 삼가 안타까운 마음을 금할 길이 없습니다."

정사리는 상소를 올리면 틀림없이 목숨을 잃게 될 것임을 알고 있었다. 하지만 그는 마음속으로 다른 요행을 바라고 있었다. '나는 죽더라도 수백 명이 목숨을 구하겠지.' 주원장은 아니나 다를까 노발대발했다. 정사리의 권유를 듣지 않았을뿐더러 그를 잡아들인 뒤 배후에서 교사한 사람을 대라고 주궁했다. 정사리는 말했다. "상소문이 귀를 기울일 만한 것인지 그것만 보시면 됩니다. 어찌하여 주모자를 대라고 하십니까? 저는 나라를 위해 상소문을 올린 것이기에 죽는다 해도 당연한 것입니다. 무슨 주모자가 필요하겠습니까?" 주원장은 별로 감동하지 않았지만 정사리는 죽음을 면했다. 대신 형 정사원과 함께 강포江浦로 보내져 노역을 해야 했다.

그의 상소에도 불구하고 인장의 책임자들은 사형에 처해졌고, 그 보좌관들은 모두 100대의 장형에 처해진 후 변방의 수비를 맡았다. 연루된 사람 가운데 운 좋게 형을 피한 사람은 하나도 없었다. 그중에는 명신名臣 방극근方克勤도 있었다.2)(이 방극근의 아들이 나중에 연왕燕王 주체朱隸의 왕위 찬탈에 반대해서 십족十族이 주살당한 '천하의 대학자' 방효유方孝孺이다.) 방극근은 홍무 8년 10월부터 강포에서 노역에 종사했는데, 그렇게 거의 1년을 보내고 결국 억울한 누명을 쓴 채 죽었다.

| 2 | 황제의 격노와 억울한 재판

'인장 찍힌 백지문서' 사건은 황제가 귀를 막고 독단적으로 일을 처리하여 생긴 억울한 사건의 전형이다. 고대에는 현대와 같은 법치 문명은 없었어도 많은 사건을 법률에 따라 판결했다. 그러나 황제라는 존재는 종종 기존의 법률 제도의 틀을 깨고 상상을 초월하는 재앙을 가져왔다. 주원장은 자신의 선입견에 근거해 마치 어린애 장난처럼 거리낌 없이 사람을 죽였다. 처형의 단호함, 형 집행의 신속함, 주살당한 사람의 어마어마한 숫자는 사람들을 경악시켰다. 이 사건은 심리審理와 형의 선고, 증거 등이 매우 터무니없어 지금의 시각으로는 도저히 이해하기 힘들다.

관례를 따르지 않은 심리 절차

　명나라는 이전 왕조를 계승한 기초 위에 전문적으로 중대 사건의 심리를 맡는 3대 중앙 사법기구를 설치했다. 형부刑部는 중대 사건을 심리하는 기구이고, 대리시大理寺는 이미 심리한 사건을 다시 심리하여 결정하는 기구이다. 어사대御史臺는 형부와 대리시의 심판 행위를 감독하는 기구이다. 지방에는 전문적인 사법기관 없이 행정이 사법도 겸했다. 다시 말해 행정 관리가 사법 사건의 심리를 책임졌다.
　전문적이든 비전문적이든 사법기관이 현실에 존재하여 각종 소송사건의 심리를 맡는다. 그러나 문제의 사건에서는 어떤 사법기관의 심리 과정도 거치지 않고 황제 주원장이 혼자 최종 결정을 내렸다. 이는 관습적인 심리 절차를 깨뜨린 것이다. 봉건사회에서는 황제가 최고 통치자로서 매우 심각한 사건이라 여기면 직접 심판을 진행했으니 이는 본래 크게 비난할 바는 아니다. 그러나 이 백지문서 사건에서는 황제가, 연루된 어떤 관리도 심문하지 않고 사건의 내막도 진지하게 따져보지 않았다. 또한 사건과 관련 있는 호부 관리의 의견도 묻지 않았으며, 다른 신하의 간언도 듣지 않았다.
　그는 사건을 알게 된 순간부터 이 사건의 성질과 기본적인 처리 방향을 다음과 같이 확정했다. "이것은 중대한 형사사건으로 각 지역 관리가 왕래하며 저지른 부정한 행위와 관련되어 있다. 상황이 심각하며 죄질이 나쁘다. 엄중 처벌하여 본보기로 삼아야 한다."

법정 양형量刑 기준을 어기다

　명나라는 역사상 전례가 없을 정도로 탐관오리를 엄한 형벌로 다스렸다. 명의 기본 법전인 『대명률大明律』의 예를 보자. 뇌물을 받고 '불법 장물'을 취득한 경우, 엽전 1꾸러미[3] 이하는 70대의 장형에, 80꾸러미는 교수형에 처했다. 자기가 관리하는 재물을 훔치면 주모자, 공모자를 가리지 않고 함께 장물을 받은 것으로 보고 죄를 논하되, 장물이 40꾸러미에 이르면 참형에 처했다. 감찰 직무를 집행하는 '풍헌관風憲官'인 어사御史가 횡령죄를 저지르면 다른 관리보다 두 등급 더 무겁게 처벌했다.

　인장 찍힌 백지문서 사건은 기껏해야 뇌물을 받고 '불법 장물'을 취득한 경우에 해당될 텐데, 재정의 관인官印을 맡은 관리들이 실제로 법을 어기고 뇌물을 받은 것이 아니기 때문에 처벌이 가벼울 수밖에 없었다. 즉 고대의 다섯 형벌(태형, 장형, 징역, 귀양, 사형) 가운데 태형이나 장형 정도로 처벌해야 했다.

　그러나 이 사건의 처리 과정에서는 적용한 법 조항도 없었고, 죄명을 확정한 내용은 물론 죄명에 근거해 형벌을 확정한 부분도 존재하지 않았다. 주원장의 분노 아래 이들의 죄는 조정을 기만했다는 모호한 죄목으로 확정됐다. 죄를 판결한 관청의 어떤 정식 문서도 없는 상황에서 주원장은 인장을 관리한 모든 책임자를 사형에 처하고, 소속 보좌관들은 모두 먼 곳으로 귀양 보냈다. 고대의 유형流刑(귀양)은 사형 다음으로 가혹한 형벌이다. 죄인을 고향에서 멀리 떨어진 인가가 드문 황폐한 곳으로 귀양 보내 육체적인 고통은 물론 정신적인 고통도 안겨 준다. 보좌관들은 단지 관례에 따라 일을 했을 뿐 어떠한 위법 행위도 하지 않았는데도 이처럼 중벌을 받은 것이다.

부족한 증거

일반적으로 선고를 내리려면 반드시 증거가 있어야 한다. 증거로 범죄 사실을 증명한 후에야 비로소 죄를 판결하고 형벌을 정할 수 있다. 이는 사법 활동에서 필연적인 부분이다. 그러나 이 사건에서 주원장은 그러지 않았다. 그는 꼼꼼하게 생각하지 않았고 필요한 조사도 하지 않았으며, '인장 찍힌 백지문서'가 등장하게 된 배경이나 진짜 원인에 대해서도 깊이 조사하지 않았다. 그는 문서를 이용해 횡령을 했다는 직접적인 증거도 확보하지 못한 상황에서 추측만으로 사건의 처리 방향을 정해 버렸다. 즉 백지문서를 사용한 것에 반드시 속임수가 있다고 본 것이다. 이 모든 불합리하고 비이성적인 결과는 모두 황제가 극도로 분노한 데서 비롯되었다. 천자가 싸움소처럼 화가 나서 이성을 잃으니 살육된 사람의 피가 강을 이루고 무수한 원혼이 생긴 것이다.

그러한 주원장도 다른 사건에서는 신하의 간언에 귀를 기울여 분을 삭이고 무고한 생명을 살리기도 했다. 『명사明史』 제138권 「설상전薛祥傳」에 그러한 사례가 기록되어 있다. 명 태조 시기, 주원장이 봉양궁鳳陽宮을 건축하라는 명을 내렸을 때 일이다. 어느 날 태조가 궁전 안에 앉아 쉬고 있는데, 누군가 지붕마루에 서서 무기를 들고 싸우고 있는 것이 아닌가. 이를 본 태조는 자신의 안전이 위협받았다고 생각해 매우 분노하여 이들을 전부 사형시키라고 명령했다. 그때 누군가가 나섰다. 설상이었다. 그는 그 사람들은 궁전의 수리를 책임지고 있는 장인匠人들로 당시 지붕을 수리하고 있었지, '무기'를 들고 있기는커녕 싸우지도 않았다고 증거를 제시했다. 설상이 조목조목 올리는 말에 반박할 수 없었던 명 태조는 일리가 있다며 그들을 풀어 주었다.[4]

그러나 불행하게도 인장 찍힌 백지문서 사건에서는 황제의 분노를 제어할 만한 장치가 없었다. 여기까지의 역사를 읽게 되면 어찌 한탄하지 않을 수 있겠는가!

주원장의 법률 사상

명 태조 주원장(1328~1398)은 명나라를 세운 황제이다. 연호는 홍무洪武이고, 시호는 태조太祖, 재위 기간은 31년이다. 그는 어려서 부모를 여의고 출가하여 중이 되었는데, 중국 역사에서 가장 비천한 출신의 황제라 할 수 있다. 그러나 그는 뛰어난 재능과 훌륭한 계략으로 상황 변화를 잘 예측했고, 원나라 말기 농민들이 봉기한 절호의 기회를 이용해 인재를 끌어모았다. 그렇게 해서 그는 원나라의 통치자를 중원에서 몰아내고 봉건 전제주의 국가인 명나라를 세웠다.

역대 왕조와 황제들을 살펴보면 명나라 이전에는 서한西漢, 동한東漢, 남송南宋 세 왕조의 황제들 정도가 비교적 법률 제도를 중시했을 뿐, 주원장만큼 법률을 중시한 황제는 없었다. 법률에 대한 주원장의 생각과 견해는 고금을 통틀어 독보적이다. 물론 다른 선제군주와 마찬가지로 주원장에게도 백성의 재력을 소중히 여기며 백성의 고통을 이해한 일면이 있는 동시에, 황제의 권력과 가혹한 형벌을 남용한 다른 일면도 있다.

법률을 중시하고 법치를 강조하다

주원장은 보잘것없는 평민 출신이지만, 반원反元 투쟁을 하는 과정에서 원나라 말기의 무너진 법률제도와 관리의 부패로 백성이 살 수 없는 지경에 이른 것을 많이 보았다. 그는 나라를 다스리는 데 있어 법의 역할을 깊이 인식했는데, 『명사』에 그가 여러 신하를 훈계한 내용이 기록되어 있다.

"지난날 민간에서 주·현의 관리들이 얼마나 백성을 생각하지 않았는지를 보았다. 툭하면 재물을 탐내고 여색을 밝혔으며 술을 마시고 직무를 게을리 했다. 백성은 이를 보고 개의치 않는 듯했지만 실은 마음속으로 분노했다. 하여 이제 법령을 엄하게 하려 한다. 관리가 횡령하고 내 백성을 해치면 그를 벌하고 용서하지 않을 것이다."

경험이 주는 교훈에 비추어 주원장은 법률의 치국治國 기능을 높이 평가하여 말했다. "무릇 법도란 조정이 천하를 다스리게 하는 것이다."

주원장은 원나라 지정 24년(1364) 정월 스스로 오왕吳王에 즉위할 때, '건국 초에 먼저 기강을 바로잡을 것'을 제언했다. 그리고 좌승상左丞相 이선장李善長 등에게 율령을 만들도록 명해 율律 285조, 영令 145조를 엮어내고, 오吳 원년 12월 "갑인甲寅일에 율령이 만들어지니 이를 반포하여 시행하기를 명"했다. 이것이 가장 처음 초안을 잡아 반포한 『대명률』이다. 학식이 높지 않은 주원장은 율법의 중요한 내용을 보다 정확하게 파악하기 위해 유신儒臣 네 사람에게 형벌을 관장하는 관리와 함께 당唐나라의 율법을 논하고 매일 20조항씩 올리도록 명하니, 이것이 대명률을 제정할 때 근거가 되었다.

실제로 오 원년에 『대명률』이 제정될 때, 주원장은 특별히 명령을 내려 법률을 논하는 관리에게 말했다. "매일 법률 조항별로 내가 친히 의논하려 한다. 매번 서루西樓에서 여러 신하를 불러 앉게 한 후 법률의 뜻을 함께 논할 것이다." 홍무 6년(1373) 겨울 『대명률』을 수정할 때 주원장은 형부 상서에게 말했다. "한 편을 아뢸 때마다 양쪽 복도에 게시하도록 하라. 내가 친히 헤아려 결정하려 한다." 그는 법률 조항을 직접 심사하여 결정했다.

이처럼 최고 통치자가 법을 존중했던 처사는 중국의 봉건 입법 역사에서 극히 드문 일이었다. 이러했기에 오 원년(1364), 홍무 6년(1373), 홍무 22년(1389), 홍무 30년(1397) 네 차례의 수정을 거쳐 최종적으로 『대명률고大明律誥』를 완성했고, 간행 후 나라 안팎에 공포하여 세상이 준수해야 할 바를 알게 했다. 『명사』「형법지刑法誌」가 개괄한 것과 같이 "태조의 율령은 오 원년에 기초를 닦고 홍무 6년에 개정되었으며 22년에 완비되었고 33년에 세상에 반포되기 시작했다. 오랜 기간의 숙고 끝에 한 시대의 법이 비로소 정해지니, 나라 안팎에서 사건을 판결함에 있어 그 기준이 30년에 걸쳐 반포되었다."

법률의 보급과 선전을 중시하다

주원장은 완비된 법률을 제정했을 뿐 아니라 또한 성공적으로 법률을 보급했다. 송 태조 조광윤이 『송형통宋刑統』을 간행하여 법률을 널리 알리는 효과를 거둔 것과 같이 명 태조도 역사상 그 어떤 황제보다 법률의 강독과 홍보를 중시했다. 일찍이 오 원년에 대리경大理卿 주정周楨에게 명하여 막 제정된 『대명률령』 가운데 백성의 생활과 관련된 부분을 구어체로 옮겨 쓴 『율령직해律令直解』를 군과 현에 배포하도록 했다. 또한 만 건이 넘는 범죄 사례를 수집해 범죄 과정과 처벌 방식을 책으로 엮어 『대고大誥』라 명명하고 널리 나누어 주었다. 사실 명초의 법질서를 확고히 한 일등 공신은 『대명률』이 아니라 『대고』였다.

왜 『대명률』이 아닌 『대고』를 널리 보급했을까? 백성에게 법 조항을 외우게 하는 것은 불가능했지만, 『대고』에 수록된 구체적이고 생동적인 사례는 등장인물들의 이름도 있어 외우기가 훨씬 쉽고, 식사 후의 한가한 읽을거리가 될 수 있었기 때문이다. 더욱 중요한 것은 책에서 범인에게 내린 여러 잔혹한 형벌, 예를 들면 쇠로 만든 솔로 피부를 긁어 껍질 벗기기, 창자 꺼내기, 살 찢기 등을 자세하게 기술했다는 점이다. 잔혹한 처벌 방식을 적어 넣어 경고가 되도록 했으니 전례가 없는 시도라고 할 수 있다. 그러나 문제는 여전히 있었다. 당시엔 대부분의 사람들이 문맹이었고, 문화적 소양이 낮아 이러한 통속적인 사례조차도 수용되기가 어려웠다.

  주원장은 보통 사람은 생각할 수도 없는 방법으로 이 난제를 해결했다. 그 방법은 다음과 같다. 장삼張三이 범죄를 저질러 형벌을 받아야 하면, 현관縣官은 이미 감옥에 가둘 사람은 감옥에 보내고, 귀양을 가야 할 사람은 귀양을 보내는 선고를 내리면 됐다. 그러나 노역勞役할 거리가 많지 않으면, 장삼을 그의 집으로 압송해 어떤 물건을 찾게 한다. 그 물건이라는 것이 바로 『대고』이다. 만일 이를 찾아낸다면 장삼에게는 축하받을 일이다. 본래 귀양을 가야 했다면 그럴 필요 없이 다시 감옥에 수감되고, 참수형을 선고받았다면 목숨을 건질 수 있다. 반대로 집에 이 책이 없다면 끝장이다. 장삼이 원래 귀양을 선고받았다면, 하급관리는 먼저 그에게 교통비를 절약하게 된 것을 축하해 주고 그런 다음 끌고 나가 단번에 그의 머리를 베었다.

  『대고』가 반포된 이후 주원장은 모든 관리와 백성에게 집집마다 빠짐없이 이 책을 보유하게 했다. 그리고 『대고』를 가지고 있는 사람이 "만일 태형, 장형, 징역, 유형에 해당되는 죄를 지었으면 각각 한 등급을 낮춰 처벌하고, 『대고』가 없는 사람은 한 등급을 높여 처벌한다"고 규정했다.

홍무 30년(1397) 5월에 주원장은 각급 학교에서 『대고』를 가르치고 과거시험에서도 『대고』를 보게 하며, 마을 사람들의 집회에서도 『대고』에 대해 강연하도록 명했다. 명나라 유삼오劉三吾는 「어제대고후서御製大誥後序」에서 이렇게 밝혔다.

"폐하께서 노심초사하여 각 조항을 책으로 만들어 나라 안팎의 관리와 백성에게 두루 알리시고, 집안 대대로 전하게 하시어 그 내용을 외우게 하셨다. 그리고 그렇게 하지 않는 자들은 그 잘못을 벌하셨다. (…) 세상에 『대고』를 암송하러 폐하를 알현하는 스승과 제자가 19만여 명에 달했고, 폐하는 이들에게 은전을 하사한 후 돌려보내셨다."

이밖에도 법률을 보다 더 알리기 위해 주원장은 매년 정월과 시월 또는 명절이면 전담자에게 율령을 강독하게 했다. 그가 법률의 홍보를 매우 중시했기 때문에 사람들이 법률의 핵심을 파악하고 준수할 수 있었다고 할 수 있다. 이렇듯 『대고』는 실제로 명초에 법률 지식을 보급하는 교본이었다. 주원장은 이러한 방법으로 성공적으로 법전을 보급했고, 구체적인 효과가 꼭 좋은 것만은 아니었으나 어쨌든 시도는 해본 것이다.

시대에 맞는 입법, 엄한 법률과 치국 사상

명 태조의 입법은 간명하여 민중이 법을 알고 이해하는 데는 유리했으나 법이 지나치게 간단해서 사회의 발전과 변화에 발맞춰 가기에는 상당히 어려웠다. 지나치게 간명한 법률은 복잡하고 날로 첨예해지는 사회 문제들을 다루는 데 종종 무기력해 보였다.

상고시대인 주周나라 때 통치자들은 정치 경험을 풍부히 쌓았다. 그들은 시국에 따라 여러 종류의 형벌을 사용해야 한다는 것을 알고 있었다. 이른바 새 나라를 다스릴 때는 가벼운 형벌로 다스렸고, 평온한 나라를 다스릴 때는 통상적인 법률로 다스렸다. 봉건사회 후기에 속하는 명나라는 엄격한 법률로 나라를 다스렸다. '엄한 법으로 다스린다'는 뜻은 각종 범죄 행위를 무겁게 처벌한다는 것이다. 이러한 공포 정책의 기본 정신은 태조 주원장이 확립해서 명대에 관철시켰는데, 이로써 주朱씨 천하의 안정을 확보하려 했다.

주원장은 황태손에게 다음과 같이 말했다. "나는 난세를 다스렸으니 형벌을 무겁게 하지 않을 수 없었다. 너는 평화로운 세상을 다스리게 될 것이니 형벌도 자연히 가벼워야 한다. 이른바 형벌은 세상에 따라 가벼이 하거나 무겁게 하는 것이다." 주원장은 줄곧 '오랑캐인 원나라가 느슨하게 해서 나라를 잃었으니 짐이 중국을 얻으면 엄하게 다스리지 않을 수 없다'고 생각했다. 이와 동시에 주위의 농민 출신 군관들과 지주 출신 문신들 사이의 다툼 및 황제의 권력에 대한 위협을 없애고, 빠른 시일 내에 권력을 확고히 하기 위해 다음과 같이 밝혔다.

"난세를 겪으며 헤쳐 나가려니 백성이 자연히 교활해져서 다스리기 어려운 지경에 이르렀다. (…) 오늘의 관리와 백성의 행위는 모두 필사의 계책으로 불이 붙은 틈을 타 물을 헤엄쳐 가려는 것이다. 만일 법으로 다스리지 않으면 반드시 모방하는 자가 많을 것이다."

이 같은 생각에 따라 법률을 제정할 때 '의식 및 풍속의 교화와 관련된', 직접적으로 군주의 정치권력을 침범하지 않는 범죄는 양형을 당唐의 법보다 가볍게 했으나, 전제 통치를 직접적으로 위협하는 '도적'이나 '공금, 토지세'와 관련한 중대 범죄는 가중처벌하여 법을 벗어난 형벌을 가하고 멋대로 죽였다. 종족 주살, 손목 절단, 발 절단, 힘줄 빼내기, 무릎 제거하기, 거세하여 노비로 삼기 등이 그러한 형벌들이었다. 『명태조실록明太祖實錄』에 따르면, 홍무 7년에 담주儋州에서 진봉건陳逢愆이 의거를 일으켰는데, 진봉건은 참형에 처해졌고 수하의 1400여 명은 코를 베이는 형벌을 받았다.

관리의 품행을 다스리는 법의 역할 중시

중국 고대의 제왕들이 법률을 제정할 때 중점을 두었던 것은, 줄곧 백성을 다스리는 데 있었지 관리를 다스리는 데 있지 않았다. 하지만 주원장은 달랐다. 그는 관리들이 저지르는 부정 중에서도 횡령을 가장 나쁘게 보았다. 횡령을 막지 못하면 백성이 잘살 수 없고 그러면 권력을 유지하는 것이 힘들다. 횡령과 부패는 관료와 떼려야 뗄 수 없는 것처럼 보였고, 깨끗이 제거되지 않는 악성종양처럼 백성과 주원장을 괴롭혔다. 그러나 그의 수중에는 법보, 즉 절대 권력이 있었다. 주원장은 이 권력을 무한으로 휘둘러 수하의 탐관오리들을 처단해 나갔는데, 억울한 이가 생기더라도 단 한 사람도 놓아주지 않았다.

『당률唐律』은 관리가 뇌물을 받았을 때의 처벌을 「직제職制」 편에 넣고 따로 편을 만들지 않은 반면, 『명률明律』은 「수뢰」 편을 11개 조항으로 따로 편성했다. 동시에 19개 조항의 「과정課程」 편을 별도로 편성하여 관리의 범죄를 엄하게 판정하여 처리했다. 예를 들면 관리가 자신이 관리하는 창고에서 훔친 재물이 40냥 이상이면 참형에 처했다. 그러므로 청대에 형부상서를 지낸 설윤승薛允升이 『당률』의 조항과 비교한 후 『대명률』이 "지나치게 엄하다"고 한 것은 당연하다. 또한 주원장이 직접 제정한 『대고』는 관리의 횡령을 처벌하는 특별 형법이라 할 수 있다. 『대고』는 모두 236개조였는데 그 가운데 관리의 횡령, 절도, 뇌물 수수 등 장물죄의 처벌에 관한 조항은 무려 150개조였다.

주원장은 '나라 안팎으로 횡령은 육조六曹에서 가장 많이 일어난다'고 생각했다. 『대명률』에는 횡령한 관리에 대한 형벌로 거세, 손목 절단, 손가락 절단, 힘줄 뽑기, 무릎 제거 등의 육형肉刑이 열거되어 있다. 이 가운데 가장 잔혹한 것은 '살가죽을 벗기고 짚을 채워 넣는' 형벌이다. 은 60냥(명나라 정7품 관리의 연봉 규모) 이상을 횡령한 관리는 모두 소속 부·주·현·위衛의 관아 왼쪽에 위치한 '피장묘皮場廟'로 잡아들여 살가죽을 벗기고 볏짚을 채워 넣었다. 그런 다음 이것을 관청의 공무를 보는 좌석 옆에 놓고 후임자들에게 경고했다(자세한 것은 53쪽 참조).

주원장이 백성에게 직접 탐관오리를 처벌할 권리를 부여했다는 점도 언급할 만하다. 그는 천하에 다음과 같이 알렸다.

"탐욕스러운 무리들은 종종 죽을죄를 두려워하지 않고 왕의 명령을 어기고 시골로 내려가 민심을 동요시킨다. 앞으로도 감히 이같이 하는 자들이 있다면, 민간의 덕망 있는 60세 이상의 고령자들이 건장한 이들을 지휘하여 그러한 자를 잡아 수도로 데려올 수 있도록 허락한다."

이와 같은 부정부패 척결의 기치 아래 명나라 초기에 희생된 어사는 수백 명에 달한다. 주원장이 채택한 일련의 조치 덕분에 명나라 관리의 월급은 역사상 가장 적었지만, 그들의 품행은 과거 어느 때보다도 깨끗했나. 물론 통지자들이 품행을 다스린다며 타당하지 못한 이유로 관리들을 숙청하고, 무턱대고 가혹한 형벌을 내리고, '혹 있을지도 모르는' 죄명을 서슴지 않고 만들어 내기도 했지만 말이다.

제2장 곽환의 횡령 사건

명나라 관리들이 청렴한 까닭

고대사회에서는 관리를 단속하는 것을 중시해서 그들이 법을 어기고 기강을 어지럽히면 엄한 형벌로 다스렸다. 이는 봉건사회의 전통이었다. 『한비자韓非子』에 이런 구절이 나온다. "현명한 군주는 관리를 다스리지 백성을 다스리지 않는다." 역대 왕조의 모든 군주가 이를 잘 알고 있었으며, 관리를 통치하는 데 힘을 쏟은 이들이 현군으로 이름을 남겼다. 그러나 명대에 이르러서 이 같은 전통은 수많은 폐단을 낳기도 했다. 앞뒤를 가리지 않고 마구잡이로 중형을 남용하는 일이 잦았던 것이다.

명 태조 주원장은 평생 탐관오리를 혐오했다. 천하를 통솔하는 제왕이 되기 전, 일개 평민이었던 그는 관리들의 탈법과 지위 남용을 몸소 겪으면서 살아왔다. "엄한 법률과 제도로 관리를 다스리려는" 그의 통치 방침은 어쩌면 당연한 선택이었다. 그의 눈에 관리들은 "모두 무능한 무리"였다. 진정으로 백성을 위하는 관리보다 법을 어기고 기강을 어지럽히는 벼슬아치가 많아 온 천하를 어지럽히고 있었다. 이러한 주원장의 선입견과 혐오감은 통치 기간 동안 여러 차례 발생했던 중대한 공직 비리 사건을 어떻게 처리했는지를 살펴보면 여실히 드러난다. 그중에서도 곽환郭桓의 횡령 사건은 후폭풍이 매우 컸던 사건으로 주목할 만하다.

| 1 | 수만 명이 연루된 최대 부정부패 사건

홍무 18년(1385), 관리가 관아의 양식을 훔쳐서 판, 천하를 뒤흔든 사건이 발생했다. 사건의 장본인은 당시 호부 시랑을 맡고 있던 곽환이었다. 호부는 중앙의 여섯 부서 가운데 하나로 전국의 토지, 호적, 조세와 재정 수지를 주관하는, 즉 민정民政을 맡는 중앙의 기밀 부서로 수석 장관은 상서尙書이고, 차석 장관은 시랑이다. 곽환은 지위가 높은 만큼 권세도 대단했는데, 호부 시랑으로서 국가의 재정 수지 상황을 직접 파악하고, 절차에 따라 자금을 출납하거나 동원할 수 있었다. 사리사욕에 정신이 팔린 곽환이 직무를 이용해 실권을 장악한 다른 관리들과 결탁하여 가짜 장부를 만들고, 수입과 지출을 속여 중간에서 자신의 주머니를 채우는 일은 그리 어렵지 않았다.

그러나 다른 사람이 모르게 하려면 아예 일을 저지르지 말아야 한다. 이들의 위법행위는 봉건사회의 효과적인 관료 감독 시스템 덕분에 금방 발각되었다. 홍무 18년에 어사御史 여민余敏이 북평北平 포정사布政司 이욱李彧, 안찰사按察司 조전덕趙全德, 호부 시랑 곽환이 매우 대담하게 결탁해 범죄를 저지르고 관아의 식량을 횡령했다고 고발했다. 어사는 봉건사회의 관료 체제하에서 중요한 감독직으로 중앙 및 지방 관리들의 직무 이행 등을 감독하고, 불법행위를 한 관리를 적발하여 탄핵할 수 있었다.

주원장은 여민의 상주문을 읽은 후 사람을 보내 이 사건을 철저히 조사하게 했다. 조사 결과는 놀라웠다. 『대고大誥』에 기록된, 사실임이 증명된 주요 횡령 행위로는 아래와 같은 것들이 있다.

첫째, 응천應天, 선성宣城, 태평太平, 광덕廣德, 진강鎭江의 다섯 개 부府와 주州에서 징수될 곡물을 횡령했다. 이들 지역은 주원장이 가장 먼저 군대를 일으켜 할거한 본거지, 즉 이른바 '왕이 일어난 땅'으로 오랫동안 군인들의 군량과 급료를 부담하고 부역을 제공해 왔다. 그래서 주원장은 이들 지역의 민간 소유 농지에서 여름과 가을에 징수되는 조세를 전부 면제해 주었고, 또한 관청 소유지에서 징수되는 조세도 반으로 깎아 주었다. 그런데 그중 관청 소유지에서 여름과 가을에 징수되어야 할 곡물이 한 톨도 창고로 들어가지 않았다. 장흠張欽 등의 관리들이 곽환과 결탁해 이 곡물들을 불법으로 나누어 가진 것이다.

둘째, 절서浙西 지역에서 가을에 곡식을 수확하면 호부가 450만 섬을 받아서 창고에 넣어야 하는데, 곽환 등은 곡식 60만 섬과 화폐용 금괴 80만 개(당시 가격으로 환산하면 곡식 200만 섬에 상당한다)만을 창고에 넣었다. 나머지 190만 섬은 입고되지 않았다. 이와 동시에 절서 등지의 부에서 뇌물로 현금 50만 꾸러미를 받았으며, 심원沈原 등과 결탁해서는 부·현의 관리 황문黃文 등으로 하여금 나쁜 짓을 저지르게 하고 거기서 생긴 이익을 나누어 가졌다.

셋째, 절서 각 지역의 관련 기관들은 몸서리쳐질 정도로 가혹하게 세금을 거두어들였다. 가을에 수확하는 곡식은 돈으로 환산해 징수했는데, 부·주·현에서는 곡식 한 섬당 엽전 두 꾸러미를 낸 것으로 환산해야 한다. 그러나 이 지역 세금 징수 관리들은 교묘하게 명목을 만들어 징수하는 곡식 한 섬마다 뱃삯으로 엽전 100푼, 별도의 운송료 300푼, 식비 100푼을 요구했다. 또한 창고지기는 수검 비용으로 100푼, 운송에 쓰일 부들바구니 비용 100푼과 대바구니 비용 100푼, 그리고 강가의 신불에 바치는 비용 100푼 등을 요구했다. 그중 강가의 신불에 바치는 비용이란 관아의 식량을 운반할 때 식량을 무탈하게 호송할 수 있도록 신령과 부처에게 가호를 비는 데 필요한 돈이다. 이처럼 지나치게 잡다하고 무거운 세금은 그 종류도 많아서 쌀 한 섬에 상당하는 엽전 두 꾸러미 외에도 모두 900푼의 잡비를 더 거두어들였다.

넷째, 서첨경徐添慶이란 자를 비롯한 다섯 부·주(응천, 태평, 진강, 영국寧國, 광덕)의 주민들로부터 뇌물을 받고 마땅히 거두어들여야 하는 마초馬草를 징수하지 않았다. 도리어 이미 마초를 낸 안경安慶 지역의 농가에서 더 징수하여 부족해진 수량을 보충했다.

다섯째, 곽환 등은 징수한 곡식과 콩을 물에 빠뜨리는 짓까지 했다. 일부 교활한 대부호는 해마다 창고 관리와 짜고 콩을 물에 담가 무게를 늘렸다. 창고마다 곡식 만 섬이 채 들어가지 못했는데, 종종 교활하고 미련한 납세자가 물을 섞어 납부해서 날씨가 습하고 더우면 창고 전체의 관아 곡식이 썩었다.

여섯째, 곽환 등은 뇌물을 받고 법을 어긴 일이 폭로된 후, 증거 인멸을 위해 수백 수천 섬의 썩은 식량을 전부 땅에 묻었다. 이 역시 사건을 조사한 사람에 의해 발각되었다.

『대고』에 열거된 곽환의 범죄 행위는 아주 많다. 그가 훔쳐서 판 관아의 식량은 얼마나 될까? 주원장은 "내가 다 적어내면 사람들이 믿지 않을까 봐 겁이 난다. 대략 700만 섬이라고만 적는다. 여기에 다른 항목까지 더하면 손실된 곡식은 모두 2400만여 섬이다"라고 말했다. 주원장은 곽환이 투매偸賣한 관아의 식량이 실제로는 더 많다고 여기면서 왜 700만 섬이라고만 했을까?

수량이 비록 확실히 많다고는 하나 그중에는 허위인 부분도 있을 것이다. 원나라 이후로 관료 사회에는 통계를 허위로 보고하는 악습이 있었다. 창고로 얼마의 식량을 거두어들였느냐가 업무상 실적을 나타내므로 이 통계에는 거품이 있다. 그렇다면 무엇에 근거하여 죄를 다스린다는 것인가? 허위 통계에 따라 죄를 다스린다면 뇌물을 받은 사람들이 조금은 억울할 것이다. 그래서 주원장은 곽환이 횡령한 것을 700만 섬으로 쳤던 것이다.

평민 출신의 황제는 이처럼 놀랄 만한 낭비와 손실이 아깝기 그지없었다. 그는 "옛날부터 지금까지 뇌물을 받고 법을 어기는 사람들은 부지기수였다. 하지만 실제로 이처럼 많은 뇌물을 받은 사람은 드물었다"라고 하면서 한탄했다.

이 사건이 알려지자 조정은 물론 민간에서도 모두 경악했다. 곽환 사건에 관련된 횡령 액수는 전국의 관아에서 한 해에 거두어들이는 곡물의 총수량에 맞먹을 정도로 어마어마했다. 사건의 중대성을 감안하여 주원장은 이 사건을 직접 심리하기로 결정했다. 심리 과정에서 주원장은 더욱 놀라운 사실을 발견했다. 조정 내의 일부 상서와 시랑, 그리고 그 수하의 관리들까지 이 사건에 연루된 것이다. 그리고 그들이 횡령한 돈이나 물품은 대부분 지방의 하급 관리나 각 지역 부호가 보관하고 있었다.

주원장에게는 "법은 많은 사람을 꾸짖지 않는다"는 개념이 전혀 없었다. 관련된 사람이 지나치게 많다고 해서 관용을 베풀지 않았다는 뜻이다. 사건에 연루된 1만 명에 달하는 중앙과 지방의 관리가 사형에 처해졌다. 이밖에 수만 명의 관리가 옥에 갇혔고 장물을 숨긴 죄로 많은 지주 일가가 재산을 몰수당해 파산했다. 그중 가장 무거운 형벌을 받은 사람은 예부 상서 조모趙瑁와 형부 상서 왕혜적王惠迪이었다. 사형당한 둘의 사체는 거리에 방치된 채 많은 사람의 비난을 받아야 했다.

그렇다면 조정은 어떻게 투매되거나 손실된 관아의 곡물 문제를 해결했을까? 주원장은 이 문제는 처리하기 쉬웠다고 말한다.

"실마리를 따라 역으로 조사해 들어가면 된다. 호부에 납부했다고? 그렇다면 호부가 받은 부정한 돈은 틀림없이 포정사(오늘날의 성省 정부에 해당)에서 온 것이니 포정사의 관리들을 잡아들여 그 돈이 어디서 온 것인지 물으면 된다. 포정사는 분명히 그 돈이 부에서 왔다고 자백할 것이다. 그다음 부의 관리를 잡아들여 돈이 어디에서 왔는지 물으면, 부에서는 틀림없이 주·현에서 왔다고 대답할 것이다. 주·현의 관리를 잡아다 그 부정한 돈이 어디에서 왔느냐고 물으면, 틀림없이 백성이 보내 준 것이라고 할 것이다. 이렇게 하나씩 하나씩 엄하게 심문하면 누구도 진상을 속이지 못한다. 어디에서 온 뇌물인지 그 출처에 이를 때까지 끝까지 조사한 후, 관리에게 불법 취득한 것을 그대로 배상하게 한다."

그러나 위에 정책이 있다면 아래에는 대책이 있다. 관리들에게는 방법이 있었다. 황제가 물어내라 했어도 그들이 자기 주머니에 들어간 것을 순순히 밖으로 쏟아낼 리가 없었다. 그들은 백성의 집집마다 통지를 보내 자신들이 횡령한 돈을 백성이 배상하게 함으로써 손실을 떠넘기려 했다. 이 사실까지 알게 되자 주원장은 더욱 분노하여 각급 관리들과 사건에 연루된 부자들을 엄하게 처벌하리라 마음먹었다.

주원장은 각 지역의 백성 가운데 60세 이상의 연장자들로 하여금 사람들을 거느리고 수도로 와서 지방 관리와 부자들의 범죄 사실을 직접 자신에게 폭로하고 아뢰도록 했다. 『명사明史』 곽환 사건 편에는 "여섯 부서의 좌우左右 시랑 이하 관리들의 장물이 700만에 달했고, 경부京府와 각 성의 관리들로서 이 사건에 연루되어 감금되거나 죽은 사람이 수만 명"이라고 기록되어 있다. 장물을 은닉한 사람도 전국에 널리 퍼져 있었으나 모두 마땅히 받아야 할 처벌을 받았고, 이 때문에 전국에서 수입이 중간 정도 되는 대다수의 가정이 파산했다.

사건을 처리할수록 연루된 사람이 점점 더 많아지자, 관리들은 상소를 올려 황제가 옥석을 구분하지 못하고 좋은 사람에게 억울한 누명을 씌운다고 비판했다. 그러나 주원장의 생각은 달랐다.

"관아의 관리들이 백성에게 큰 피해를 줄 때 누군가는 백성의 고통을 측은히 여겨 간사한 관리들과 어울려 못된 짓을 하지 않았다면, 부패한 관리가 백성으로부터 가혹하게 세금을 징수할 때 누군가는 공문서에 서명하기를 거부하거나 부패한 관리의 행위를 저지해 그 뜻을 이루지 못하게 했다면, 혹은 밀봉한 상소문으로 황제에게 보고하고 백성을 보살펴 주었더라면, 그랬다면 내가 지금 죄의 경중을 따지지 않고 똑같이 처벌하는 것이 그야말로 무고한 사람들을 억울하게 하는 것이다. 애석하게도 간사한 관리들이 가혹하게 세금을 거둘 때마다 아무도 막지 않았고, 부패한 관리들이 강제로 징수할 때도 아무도 백성을 측은해 하지 않았다. 이는 모두 함께 횡령을 한 것과 같으니 여기에 무슨 구분할 만한 것이 있는가? 처음에 그렇게 많은 사람이 횡령할 때 누가 나서서 막았던 적이 있었던가? 아무도 막지 않았으니 함께 죄를 다스려도 억울할 것이 없다. 옥석을 구분하지 않는 것은 결코 아니다!"

이 사건은 타격을 받은 범위가 매우 크고 연루된 자들이 무척 많아서 사회의 불안을 야기했다. 지주 계층은 당황하여 두려워하기 시작했고, 주원장 역시 이 사건을 더 꼬치꼬치 캐낸다면 자신이 고립될 것임을 의식했다. 결국 주원장은 스스로 난처함에서 벗어나고자 책임을 곽환 사건을 처리한 우심형右審刑 오용吳庸 등에게 넘겨 그들을 사형에 처함으로써 사람들의 원한을 달랬다.

|2| 주원장의 판결은 합당한가?

사건의 주요 특징

곽환 사건이 발생하기 전, 주원장이 직접 처리한 '인장이 찍힌 백지 문서 사건'은 확실한 증거가 없는 억울한 사건이었다. 반면 곽환 사건은 증거가 확실했으니, 명나라 초기 경제 영역 내에서 관리의 범죄를 처벌한 첫 번째 중대 사건이라 할 수 있었다. 관리의 범죄를 본래부터 무겁게 처리해 왔던 명나라에서 이 사건이 '중대'할 수 있던 것은 그만한 이유가 있다. 이에 대해 자세히 살펴보자.

첫 번째, 제왕이 친히 심문했다. 명 태조 주원장은 이 사건을 중히 여겨 사건의 심리를 직접 맡았다. 봉건사회에서 황제는 입법, 사법, 행정 등 각 부문의 통치 권력을 모두 장악한 존재이다. 그러나 공적인 업무가 많아서 각 방면을 모두 주도면밀하게 살필 수 없으므로 역사상 황제가 사건을 친히 심리하는 경우는 많지 않았다.

두 번째, 상황이 심각했다. 이것은 두 가지로 요약할 수 있다. 첫째, 범죄를 행한 주체가 다수라는 점이다. 여러 명이 집단으로 저지르는 범죄는 그 피해도 매우 심각하다. 오늘날의 형법에서도 집단 범죄는 중대 사건으로 간주해 개별적으로 저지르는 범죄보다 더 엄한 형벌을 받는다. 둘째, 범죄로 인한 사회적 손해가 대단히 컸다. 사건의 주범인 곽환이 꿀꺽한 재산은 전국의 모든 관아에서 징수하는 한 해의 가을 곡물량에 상당했다.

세 번째, 연루된 범위가 무척 넓고 형벌이 지나치게 무거웠다. 오늘날의 형법 규정에 의하면 집단 범죄에서 방조범은 가볍게 처벌한다. 그러나 명초에는 관리는 엄중 처벌한다는 기본 방침을 정했기 때문에 조금도 사정을 봐 주지 않았다. 이 때문에 사건에 연루된 관리들이 모두 무거운 처벌을 받아 꽤 많은 사람이 목숨을 잃었다. 더 심각한 문제는 장물을 맡아 두기만 했던 많은 지주가 이 사건으로 인해 파산했다는 것이다. 따라서 이 사건이 사회에 끼친 영향은 매우 컸다.

엄한 제도와 법률로도 다스리기 어렵다

곽환 사건의 심리 과정에서 용강龍江의 창고지기 등은 곽환 등과 한패가 되어 관청의 곡물을 훔쳐 팔아 묵형墨刑과 문신형文身刑에 처해졌다. 얼굴과 몸에 치욕적인 표시가 새겨졌고, 발의 힘줄이 뽑혀 끊겼으며 무릎이 제거되었다. 그 뒤로도 이들은 여전히 창고에 남아 곡물의 출입을 관리했다. 하지만 반년도 안 되어 이들의 범죄행위가 또다시 발각되었다.

어느 날 아침, 한 진사가 창고에 가서 곡식을 풀면서 203개의 산가지(수효를 셈하는 데에 쓰던 막대기)를 보냈다. 그런데 어찌된 일인지 저녁에 200개의 산가지를 받았다. 진사는 그 자리에서 그들을 문책했다. 이미 형을 받았던 창고 관리인 강명원康名遠이 산가지를 훔쳐서 똑같이 형벌을 받은 하급 창고 관리인 비용費用에게 전매하는 방법으로 곡물을 훔친 것이다. 새로운 사건이 터지자 여론이 들끓었다.

주원장은 이 일을 듣고 한탄했다. 그는 그들이 받은 형벌이 이미 충분히 잔혹해 듣거나 보는 사람들이 모두 경계로 삼을 것이라고 생각했다. 사지가 불구가 되고 얼굴은 흉측하게 망가져 겨우 목숨만 붙어 있는데도 여전히 악행을 그치지 않고 관청의 곡식을 훔쳐 팔 줄은 생각지도 못했다. 주원장은 분노하여 물었다. "이 흉악하고 미련한 무리들은 어떤 법으로 다스려야 할까?" 원나라 이후 관료사회가 해이해져 부패해진 악습을 바로잡고, 또 강명원 같은 무리처럼 여전히 범죄를 저지르는 잔존세력에게 타격을 주기 위해서는 더 엄한 제도와 법률을 택해야 했다. 또한 국가에 대한 통치를 포기할 수 없는 이상 형벌 역시 형언할 수 없이 잔혹해져 갔다.

가혹한 형벌은 홍무 연간에 법을 집행하는 데 있어 두드러진 특징이 되었다. 당시의 혹형은 "능지처참하는 형벌 외에도 세쇄洗刷(쇠 침대에 옷을 벗겨 눕히고 끓는 물을 뿌림), 철쇄鐵刷(쇠로 만든 비로 살갗을 쓸어내림), 효령梟令(갈고리를 척추에 걸어 매닮), 칭간稱竿(죄인을 장대 끝에 반쯤 매달린 것처럼 묶음), 추장抽腸(대에 사람을 걸어 놓고 갈고리를 항문 안으로 넣어 창자를 빼냄), 박피剝皮(횡령한 관리의 살갗을 벗겨 공무를 보는 좌석의 옆에 놓아 후임자가 보고 경계로 삼게 함)" 등이 있었다. 이외에 힘줄 뽑기, 손가락 자르기, 발꿈치 베기, 손목 절단, 슬개골 도려내기, 거세 등의 잔혹한 형벌이 있었다.

한순간 명초의 관료사회는 세상의 지옥과 같았다. 기나긴 시간이 지나자 대신들은 주원장의 일거수일투족을 사소한 부분까지도 철두철미하게 연구했다. 옷차림만 봐도 기분이 좋은지 나쁜지 알 수 있었다. 대신들은 주원장이 조정에 나올 때 옥대를 가슴 쪽으로 높이 올려 매고 있으면 이날은 사람을 적게 죽일 것이라고 추측했다. 그러나 허리춤의 옥대를 아래로 낮게 내려 맨 날에는, 모든 대신이 안색이 흙빛과 같았고 벌벌 떨며 불안해 했다. 대신들은 이른 아침 조정에 가기 전에는 오늘 나가면 꼭 돌아올 수 있는 것은 아니라고 가족에게 작별 인사를 했으며, 저녁에 집으로 돌아오면 아내에게 "아, 또 하루가 지났구나! 내일은 살아서 돌아올 수 있을지 모르겠소"라고 말했다.

주원장은 악을 원수처럼 미워했으며, 자신이 생각하는 이상국가로 가는 과정에서 부딪히는 모든 장애물을 제거하려고 했다. 주원장의 가혹한 형벌과 법률은 일반 관리들에게만 적용되는 것은 아니었다. 자신의 친척이 법을 어겨도 똑같이 용서하지 않았다. 그의 눈에는 친한 사람이나 소원한 사람이나 차이가 없었고, 계급의 차이도 없었다. 법은 모든 사람에게 똑같이 적용되는 것이었다.

주원장은 가까운 친족인 부마駙馬 구양륜歐陽倫이 나라의 차량을 이용해 찻잎을 밀거래해 차마茶馬에 관한 법률을 위반하자 단호하게 사형에 처했다. 주원장은 자신이 하사한 관직이나 작위는 마음대로 권세를 부리는 데 쓰는 것이 아니라고 여겼으며, 명나라가 오랫동안 안정되고 평화롭기 위해서는 그들도 법률의 구속을 받아야 한다고 생각했다. 주원장이 이렇게 한 데에는 나름대로 일리가 있었을뿐더러 또한 어쩔 수 없는 선택이기도 했다. 주원장이 모든 관리에게 요구한 것은 기본적으로 청렴하게 처신하고 백성을 사랑하라는 것이었다. 그의 통치하에 명나라 초기 관료들의 면모는 전체적으로 크게 개선되었다. 그러면서도 주원장은 자신의 자손들이 엄한 법과 제도를 사용하는 것은 바라지 않았다. 그는 거듭 천명했다. "나는 난세에 살고 있어 형벌을 무겁게 하지 않을 수 없다. 자손들은 태평한 세상을 다스릴 것이니 형벌은 자연히 가벼워야 한다."

주원장의 벽력같이 강력한 수단 덕분에 관리들의 품행은 깨끗해졌다. 『명사』에서는 당시의 관리에 대해 다음과 같이 평가한다. "한동안 명령을 지키고 법을 무서워하며, 청렴하게 처신하고 백성을 사랑하는 것을 황제의 뜻으로 삼았다. 관리들의 품행은 청렴해지고 크게 변화했다." 『명사』「순리전循吏傳」에 기재된 바에 의하면, 명나라 때의 청렴한 관리 가운데 3분의 2가 홍무 연간에 나왔다. 이는 관청과 백성 사이의 갈등을 줄여주었을 뿐 아니라 명나라 초기 국가를 통일하고 사회를 안정시키고 생산력을 회복하는 데에도 큰 힘이 되었다. 200년 후 명나라 관리들의 부패가 통제되지 않았을 때 사람들은 엄한 법과 제도로 나라를 다스리던 황제를 다시 그리워하기 시작했다.

물론 주원장의 이러한 통치는 적지 않은 비난을 불러일으켰다. 관리들의 고질병을 바로잡는답시고 무턱대고 극약을 쓰는 것이 장기적으로 효과를 거둘 수 있는지는 여전히 미지수이다. 홍무 9년(1376)에 산서山西 평요현平遙縣의 학훈도學訓導 엽백거葉伯巨가 상소를 올려 주원장이 "고문하는 형벌을 지나치게 많이 사용한다"고 비난했다.

"아침에는 믿어 주시다가 저녁에는 의심하시는 사람도 있고, 어제 조정에 들어갔다가 오늘 사형당한 사람도 있습니다. 더 나아가서 명령이 내려졌지만 잠시 후 바뀌고, 이미 사면해 주시고 다시 가두시니 천하의 관리와 백성은 따를 데가 없사옵니다. 삼가 살펴보았는데, 수년 동안 주살이 적지 않았다고 할 수 있는데도 어기는 사람들이 계속 뒤

따르고 있습니다. 선하게 살라고 격려하는 것 같지도 않고 선과 악을 구별하지도 않으며, 덕행이 있고 특별한 재능이 있는 사람들은 특별 심의를 거쳐 형벌을 감면해 주는 법도 폐했으니, 사람들은 스스로 격려하지 않으며 선을 행하는 사람도 소홀히 합니다."

홍무 21년(1388)에는 학사學士 해진解縉이 장편의 상소를 올려 아뢰었다.

"나라가 세워지고 지금까지 20년이 되었습니다. 그리 길지 않은 시간에 바뀌지 않은 법이 없었고, 하루도 잘못이 없는 사람이 없었습니다. 일찍이 폐하께서 분노하시어 뿌리를 제거하고 덩굴을 잘라 내듯 그 교활한 반역자들을 주살하셨다고 들은 바 있습니다. 하지만 선을 칭찬하고 상을 후세까지 미치게 하며, 다시 그 고향까지 미치게 하고 마지막과 끝이 한결같았음을 들은 적은 없습니다."

그러나 충신들의 말도 황제의 권력을 쥔 독단적인 주원장에게는 소용이 없었다. 엽백거가 상소를 올려 관대한 형벌과 인애를 주장하고 "제후들에게 나누어 준 토지가 지나치게 많고, 지나치게 빨리 치세를 이루려 한다"고 지적함으로써 자신의 아픈 곳을 찌르자 주원장은 "황실의 혈육을 이간시켰다"며 분기탱천하여 그를 활로 쏘아 죽였다.

역사적 여운

곽환이 관청의 곡식을 훔쳐 판 사건은 명 왕조에서 관리의 횡령죄를 처벌한 전형적인 사건이다. 이 사건은 확실한 증거가 있고 정상적인 심리 절차를 거쳤으며 판결도 비교적 타당했다. 또한 이 사건은 연루된 죄인의 수가 매우 많다는 점과 사건에 뒤따른 후폭풍이 심각했다는 점에서도 역대 왕조에서는 보기 드문 일이었다.

명나라가 세워졌을 때, 관리들의 품행을 청렴하게 하는 것은 주원장이 정권을 공고히 하고 그의 건국 이상을 실현하는 데 있어 중요한 조치였다. 주원장의 주요 책략가인 어사중승御史中丞 겸 태사령太史令 유백온劉伯溫은 '원나라는 방임하여 천하를 잃었다'고 여겼다. 따라서 그는 주원장이 법률과 규율을 엄격하게 바로잡고 관료 조직을 정돈하는 것을 십분 지지했다. 주원장은 뇌물을 받고 불법을 저지른 관리들을 대담하게 기탄없이 규탄하라고 어사에게 명령했다.

중서성中書省 도사都事 이빈李彬은 탐욕스럽고 포악하고 죄를 저질렀으므로 처벌을 받아야 했다. 그런데 중서성 좌승상左丞相 이선장李善長이 이빈을 비호하며 그의 죄를 다스리고 싶어 하지 않았다. 유백온이 이 일을 주원장에게 보고했고, 주원장은 조금도 봐주지 않고 즉시 이빈을 사형에 처하라고 판결했다. 개국 공신인 탕화湯和의 고모부 석席아무개는 상주常州에 있는 전답을 숨기고 세금을 내지 않았다. 주원장이 이 사실을 알고 말했다. "석아무개는 탕화의 세도를 믿고 법을 무서워하지 않아 감히 이와 같은 일을 저질렀다." 이때 대장大將인 상우춘常遇春이 급히 와서 석아무개를 위해 용서를 구했으나 주원장은 듣지 않고 단호하게 그를 사형에 처했다.

부패한 관리들을 주살하는 것은 관료 조직을 정비하고 관료 체제의 정상적인 운영을 보장하는 데 긍정적인 작용을 한다. 관료 체제의 안정적인 운영이 국가에 대해 갖는 의미는 매우 크다. 봉건사회에서 황제가 최고 원수라면 관리는 황제의 왼팔과 오른팔로 황제를 도와 적진 깊숙이 들어가 싸우는 장군이자 황제를 위해 계책을 생각해 내는 참모이다. 그들 역시 정책을 결정하는 주요 구성원이며 정책을 집행하는 중견 세력이다.

깊은 궁중 안에 있는 황제는 백성과 직접 접촉할 기회가 거의 없으며, 백성의 사정과 생활 형편에 대한 직접적인 정보를 얻을 방법도 없다. 관리는 백성과 황제 사이를 이어 주는 연결 고리 역할을 한다. 그들은 백성과 직접 접촉할 수 있어 백성의 목소리와 정책의 시행 효과를 알 수 있다. 따라서 법률의 시행과 정책의 제정에 증거가 되도록 이러한 정보를 다시 황제에게 알려 준다. 이 같은 이유로 관리의 위치는 아주 중요하다. 관리의 소질이 높은지 낮은지, 품행이 바른지 그른지가 국가 질서의 유지에 매우 큰 영향을 미치는 것이다.

그러나 명확한 법으로 부정행위를 금했던 주원장도 관리들의 부패를 완전히 근절하지는 못했다. 관리가 부정한 행위를 저지르는 이유는 여러 가지로 많아서 중벌이라는 수단만 가지고는 근원적으로 막을 수 없다. 이런 현상을 해결하려면, 관료 체제와 사회 분위기 등 여러 측면에서 접근하는 지혜가 필요한데 아쉽게도 주원장은 그러한 능력을 갖고 있지 못했다.

가혹한 형벌들 1

박피(살갗 벗기기)

'박피剝皮'란 두 글자는 듣는 사람으로 하여금 모골이 송연해지게 한다. 그 잔혹함이 결코 능지처참에 뒤지지 않는데, 이 형벌은 관가에서 규정한 사형의 부류에는 들어 있지 않다. 그러나 역사적으로 확실히 여러 차례 집행된 적이 있고, 여러 역사책에도 기록이 보인다.

박피는 처음에는 죄수가 죽은 후에야 집행됐지만 나중에는 산 채로 집행됐다. 살아 있는 사람의 살갗을 벗기는 이 잔혹한 형벌은 얼굴 가죽을 산 채로 벗기는 형벌에서 비롯됐는데, 잔인한 성품을 지녔던 삼국시대 오吳나라의 손호孫皓가 그런 짓을 한 바 있다(나중에 오나라는 진晉나라에 의해 멸망했다). 대신이었던 가충賈充이 손호에게 왜 얼굴 가죽을 벗기느냐 묻자, 손호는 "저 인간의 낯짝이 너무 두꺼운 게 싫소"라고 대답했다고 한다.

살갗을 벗길 때는 먼저 박피 대상자의 목덜미부터 등을 거쳐 항문까지 절개한 후 살가죽이 양쪽으로 벌어지도록 찢는다. 등과 양팔 사이에 찢어져 떨어진 피부를 연결하여 좌우로 펼치면 박쥐의 두 날개처럼 보인다.

이렇게 살갗이 벗겨진 사람은 하루가 좀 지나서야 비로소 숨이 끊어진다. 명나라 희종熹宗 천계天啓 연간에는 환관인 위충현魏忠賢의 부하가 산 채로 가죽을 벗기는 새로운 방법을 발명했는데, 녹인 역청瀝靑을 인체에 두루 뿌리는 것이었다. 역청이 대강 마른 뒤 방망이로 두드리면 역청

역사 돋보기

이 피부에 달라붙어 피부가 벗겨지는 것이다.

박피는 명나라 때 가장 빈번하게, 또 가장 잔인하게 사용된 형벌이다. 주원장은 관리가 독직하고 법을 어지럽히는 것을 가장 싫어했다. 이런 범죄 행위를 엄벌하기 위해 그는 힘줄 뽑기, 손가락 절단, 얼굴에 글자 새기기, 문신 등의 잔혹한 형벌을 만들었다. 그중 가장 특색 있고 참혹한 것이 바로 '살갗을 벗기고 짚을 가득 채우는' 형벌이다.

엽자기葉子奇의 『초목자草木子』에 기재된 바에 의하면, 주원장은 관리가 횡령한 금액이 은 60냥 이상이면 사형에 처했다. 목을 베어 높은 곳에 매달아 사람들이 보게 했으며, 살가죽을 벗겨 그 속에 짚을 가득 넣었다. 그리고 이 '짚을 채운 인피人皮 자루'를 관아의 관리가 업무를 보는 자리 옆에 놓아 후임 관리가 경계로 삼게 했다. 이뿐만 아니라 주원장은 각 지방 정부의 관아 옆에 피장묘皮場廟라는 사당을 세우고, 그 안에 짚을 가득 채운 인피 자루를 빼곡이 걸어 놓아 이를 본 관리들이 법과 규율을 준수하도록 했다.

연왕燕王 주체朱棣는 '정난의 변'靖難之役을 일으켜 조카 건문제建文帝를 쫓아내고 남경南京을 차지했다. 그리고 건문제에 충성하던 조정 대신들을 무자비하게 진압했다. 그중 경청景淸과 호윤胡閏도 살가죽이 벗겨졌다. 경청은 주체를 암살하려다 미수에 그쳤는데, 붙잡힌 후에도 계속 주체에게 욕을 퍼부었다. 주체는 그의 살가죽을 벗기라고 명령을 내렸다. "가죽에 짚을 채우고 형구로 장안문에 매달라." 호윤은 줄로 목을 졸라 죽였는데, 역시 그의 살가죽을 벗긴 후 짚을 채우고 무공방武功坊에 걸어 두어 뭇 사람이 보게 했다.

추장(창자 꺼내기)

추장抽腸은 일찍이 춘추 시기에 집행한 적이 있다. 『장자莊子』「거협胠篋」편에 다음과 같은 구절이 있다. "옛날 용봉龍逢은 참형에 처해지고 비간比干은 칼로 베임을 당했고, 장홍萇弘은 이형胣刑을 당했고, 자서子胥는 썩어 문드러지게 되는 형벌을 받았다." 여기서 '胣'는 '肔'라고도 쓰는데, 바로 창자를 후벼 파내는 것을 의미한다. 장홍은 주周 경왕敬王 때 사람으로 대략 기원전 492년 이전에 생존했던 인물이니, 이 형벌의 역사가 매우 오래되었음을 알 수 있다.

명나라 초기에 주원장은 사형수에게 창자를 꺼내는 형벌을 적용했다. 구체적으로 묘사하면, 통나무의 중간에 밧줄을 묶어 나무 선반에 높이 걸어 놓는다. 통나무의 한 끝에는 쇠로 만든 갈고리가 달려 있고 다른 한쪽에는 돌덩이를 매달아 놓았다. 보기에 거대한 저울과 같았다. 한쪽 끝의 쇠갈고리를 내려 죄수의 항문 속으로 넣고 대장의 끝을 거기에 걸어 꺼낸다. 그다음 다른 쪽의 돌덩이를 아래로 내리면 쇠갈고리 쪽이 위로 올라가면서 죄수의 창자가 뽑혀 나와 일직선으로 높이 매달린다. 죄수는 몇 마디 비명을 지르고 잠시 후에 숨이 끊어져 죽는다.

명나라 말기 장헌충張獻忠이 자신이 체포한 관리에게 사용한 혹형 역시 창자를 꺼내는 형벌이었다. 먼저 칼을 사용하여 죄수의 항문 밖으로 대장의 끝을 꺼낸 후 말의 다리에 묶었다. 한 사람이 말에 올라 세게 채찍을 내리쳐 멀리 내달리면 당겨진 창자가 계속 길어지는데, 잠깐 사이에 다 뽑혀 나온 창자가 끊기면 죄수는 일순간 황천길로 갔다.

경면(얼굴에 죄명 새기기)

경면黥面은 얼굴에 죄명을 새기는 형벌로서 즉 묵형墨刑이다. 묵형은 주나라의 오형五刑 가운데 하나인데, 사람의 얼굴이나 몸의 다른 부위에 글자를 새기고 먹을 발라 새긴 글자가 영구적으로 남게 했다. 코를 베는 의형劓刑, 거세하는 궁형宮刑, 발꿈치를 베는 월형刖刑, 목을 베는 대벽大辟 등과 비교하면 분명히 가장 가벼운 벌이다. 그러나 이 형벌도 피부와 살, 심지어는 근육과 뼈까지 상하게 한다. 더욱이 잘 보이는 신체 부위에 글자를 새김으로써 육체적인 고통뿐 아니라 정신적으로도 크나큰 수치심과 모욕감을 느끼게 한다.

경면은 일찍이 요순堯舜 시대에 생겨난 형벌로 당시 삼묘三苗(요순 시대에 강江·회淮·형주荊州에 자리 잡고 있었던 만족蠻族을 가리킴)의 임금이 사용한 다섯 가지 잔인한 형벌, 즉 오학五虐 중 하나였다. 요임금은 삼묘를 멸한 뒤 오학을 폐지하고 '상형象刑'을 채택했다. 상형이란 범죄자들에게 일반인들과 다른 옷을 입혀 처벌하는 것인데, 묵형을 받아야 하는 사람들은 검은색 두건을 쓰게 했다. 요순의 뒤를 이은 우禹임금부터 육체적인 형벌, 즉 육형肉刑을 다시 사용하기 시작했으며, 이후 묵형을 정식으로 오형의 하나로 정했다.

묵형은 처음에는 칼로 피부에 글자를 새긴 후 그 상처에 먹을 칠하는 것이었다. 서주西周 때부터 보편적으로 사용되어 주대周代에는 귀족들이 묵형을 받은 사람들을 흔히 문지기로 고용했다. 얼굴에 수치스러운 표지가 있어 어디를 가더라도 사람들이 알아볼 수 있으므로 대체로 도망갈 리 없었기 때문이다. 더욱이 묵형을 받은 사람들은 사지가 멀쩡하여 일을 하는 데 아무런 지장이 없었다.

　춘추전국시대에는 여러 나라에서 경면의 형을 받은 죄수들에게 갖은 힘든 노동을 하게 했다. 진秦의 상앙商鞅은 법제를 고칠 때 법 적용을 매우 엄하게 했다. 한번은 태자가 법을 어겼는데, 태자를 직접 처벌하기 어려워 태자의 스승인 공손가公孫賈를 경형에 처해 징계했다. 한漢 왕조도 초기에는 진나라의 형법 제도를 그대로 따라서 경면의 형을 내렸지만 이후 폐지하였다.

　경면은 한나라 이후 일부 육형이 부활하면서 함께 되살아났다. 진晉 나라에서는 노비가 달아나면, 잡아다 두 눈의 위쪽에 동청색銅靑色으로 글자를 새기도록 규정했다. 만일 두 번째로 도망치면 두 볼에 글자를 새기고, 세 번째 도망가면 두 눈 아래에 글자를 새겼다. 이 세 군데 부위에 글자를 새길 때, 그 상처의 길이는 1.5치(1치는 3.33센티미터), 너비는 5푼(푼은 치의 10분의 1)이 되게 했다. 상처가 이 정도면 사람의 뼈에도 흔적을 깊게 남길 수 있었다.

　북송北宋 때에 이르러서 묵형은 일률적으로 바늘로 찔러 새기는 것으로 바뀌었고, 따라서 경자黥刺라고도 불렸다. 범인의 죄상에 따라 글자가 새겨지는 신체 부위나 글자 모양, 배열한 형상에도 차이가 있었다. 절도죄의 경우 귀의 뒤쪽에 새겼고, 징역이나 귀양의 경우 뺨이나 관자놀이에 새기고 글자들을 네모지게 배열했다. 장형杖刑의 경우 글자들을 원형으로 배열했다. 중죄를 짓고 편벽한 지역(즉 군주軍州)의 수용소로 보내지는 사람들은 모두 묵형을 받아야 했기 때문에, 당시에는 이를 자배刺配라고 칭했다.

요遼나라의 형법에도 경면의 형벌이 있었다. 북송과 시행 방법이 같아 바늘로 새겼으나 신체 부위가 똑같지는 않았다. 중희重熙 2년(1033), 요나라의 흥종興宗 야율진종耶律眞宗은 징역형을 선고받은 범인들에게는 목에 글자를 새겨야 한다고 규정했다. 노비가 몰래 도망갔다가 잡힌 경우 만일 그(그녀)가 주인의 물건을 훔치기도 했으면 주인은 그 노비의 얼굴에는 글자를 새길 수 없고 목이나 팔에 새겨야 했다. 절도죄를 저지른 경우, 처음에는 오른팔에 새기고 두 번째는 왼팔에, 세 번째는 목의 오른쪽에, 네 번째는 목의 왼쪽에 새겼으며, 그래도 다시 다섯 번째로 범행을 저지르면 사형에 처했다.

경형黥刑에 관한 명대의 법률은 송·원과 크게 다르지 않지만 적용 범위는 조금 더 좁아졌다. 홍무 30년(1397)에, 글자를 새겨 유배하는 방법은 반란을 도모한 사람들의 가족 및 반드시 글자를 새겨야 하는 일부 범인들에게만 시행하고 다른 범인들에게는 더 이상 쓰지 않는다고 규정했다. 이밖에 절도범의 경우, 초범자들에게는 오른쪽 하박(팔꿈치부터 손목까지의 부분)에 '도절盜竊'이라는 두 글자를 새기고, 재범자들에게는 왼쪽 하박에 새겼다. 그리고 세 번째로 범행을 저지른 죄인들은 교수형에 처했다. 대낮에 남의 재물을 강제로 빼앗은 자들은 오른쪽 하박에 '창탈搶奪'이라는 두 글자를 새기고, 또다시 남의 물건을 강제로 빼앗으면 관례대로 오른쪽 하박에 다시 글자를 새겼다. 비교적 죄가 가벼운 좀도둑은 글자를 새기지 않았다. 청나라의 경형은 주로 도망친 노비들에게 적용되었는데, 자주 편형鞭刑(채찍 형)과 함께 사용되어 편자鞭刺라고 불렸다.

각 왕조에서 경형을 사용한 역사를 돌아보면, 고대에는 칼로 새기는 방법을 썼으나 송·원·명·청대에는 바늘로 찔러서 글자를 새기는 것으로 바뀌었다. 그 잔인한 정도가 점점 약해졌다고 할 수 있다.

할비(코 베기)

할비割鼻는 바로 고대의 의형劓刑이다. 의劓는 '비鼻'에 '도刀'를 더한 것으로 칼로 코를 베는 형벌을 뜻하는 것임을 쉽게 알 수 있다. 상고시대에 의형은 늘 경형과 함께 사용되었다. 의형은 사람을 불구가 되게 한다. 비록 사형보다 가볍지만 형벌을 받는 사람에게 크나큰 고통을 안겨줄 수 있다.

의형은 하夏나라와 상商나라 시기에 이미 보편적으로 사용되었다. 하나라 때 의형을 받은 사람은 1000명이나 되었다고 한다. 상나라 때 반경盤庚이 은殷으로 도읍을 옮긴 후 조서詔書를 내려 말했다. "선하지 않고 순종하지 않으며 타락하고 불경스러우며 남을 속이고 불법적인 일을 하는 사람들이 있으면, 나는 그 같은 사람들을 의형에 처하거나 제거할 것이다. (…) 자손이 없게 하여 이 새로운 도읍에서 쉽게 뿌리내리게 하지 않을 것이다."

주나라 때 정식으로 의형을 오형 가운데 하나로 정했다. 임금의 명령을 거역하고 규칙과 제도를 파괴한 사람, 성범죄를 저지르거나 도둑질한 사람, 치안을 어지럽힌 사람, 치고받고 싸워 다른 사람의 몸을 상하게 한 사람들은 모두 코가 베이는 형벌을 받아야 했다. 주나라 때 의형을 받은 사람들은 주로 관문을 지키는 일에 파견되었다. 코를 베인 후에는 용모가 추해져 사람이 많은 곳에서 생활하는 것이 적절하지 않았고,

그들 스스로도 사람이 많은 곳에 있는 것을 원하지 않았기 때문이다. 그들은 운명을 받아들여 외지고 조용한 먼 곳에 가서 여생을 보내고 싶어 했다. 당시 수도에서 500리 밖에 있는 3곳의 요새 지역에는 12개의 관문이 있었는데 모두 코가 없는 사람들이 보초를 섰다.

춘추전국시대부터 한나라 초기에 이르기까지 의형은 보편적인 형벌이었다. 진秦 효공孝公은 상앙을 등용하여 법제를 바꾸도록 했는데, 형벌이 가혹하게 정해졌다. 한번은 공자公子 건虔이 금령禁令을 어기자 상앙은 그를 의형에 처했다.

한나라 문제文帝 13년, 문제 유항劉恒은 조서를 내려 육형肉刑을 폐지했다. 코를 베는 형벌은 태형笞刑 300대로 대체했다(경제景帝 때 다시 태형 200대로 바뀌었다). 이로부터 의형은 정부에서 규정한 형벌에서는 빠졌다. 그러나 여전히 옛날 제도를 따라 툭하면 코를 베는 사람들이 끊이지 않았다. 다른 왕조, 예를 들면 당·송·명·청 등에서도 정부가 규정한 형벌에는 의형이 없었다.

명나라는 여러 잔혹한 형벌이 멋대로 시행되던 시대였다. 조정에서 정식으로 공포한 형벌 외에도, 위로는 황제부터 아래로는 하급 관리에 이르기까지 불법적인 혹형을 내리는 데 그야말로 수단과 방법을 가리지 않았다. 연왕 주체는 정난의 변을 일으켜 남경을 점령한 후 건문제에 충성하는 조정 신하들을 처벌할 때 다양한 형벌을 사용했다. 그 가운데에는 코를 베는 것도 있었다.

건문제 때 병부상서였던 철현鐵鉉은 군사를 이끌고 산동山東에서 주체가 남쪽으로 내려오는 것을 막았다. 주체는 그에 대한 원한이 골수에 사무쳤고 철현을 잡게 되자 멋대로 보복했다. 철현은 죽을지언정 굴복하려 하지 않았고 주체에게 어질지 못하고 의롭지 못하다며 줄곧 욕을 퍼부었다. 주체는 크게 분노하여 병사들을 시켜 그의 코와 귀를 베어 불 위에 놓게 했다. 그러고는 구워진 코와 귀를 철현의 입에다 쑤셔 넣고 강제로 먹이면서 그에게 맛이 있느냐고 물었다. 철현은 큰 소리로 대답했다. "충신의 고기인데, 어찌 맛이 없을 수 있겠는가?"

대리시승大理寺丞 유단劉端과 형부刑部 낭중郎中 왕고王高는 함께 벼슬을 버리고 은퇴했다가 잡혀 왔다. 주체는 그들에게 연안練安과 방효유方孝孺가 어떠한 사람이냐고 물었고, 그들 모두 충신이라는 대답을 듣자 크게 분노하여 유단과 왕고 두 사람의 코를 베도록 명령했다. 주체가 다시 그들에게 물었다. "그대들은 코가 없어졌으니 그 낯짝으로 아직도 사람이라 할 수 있겠는가?" 유단이 대답했다. "그래도 우리는 구천에 가서 고조황제(주원장)를 뵐 낯이 있소." 주체가 이처럼 도리에 맞지 않는 짓을 하니 선왕을 볼 낯이 없다고 비꼬는 말이었다. 주체는 부끄럽고 분한 나머지 그들을 사형에 처하라고 명령했다.

주체는 또 예부禮部 상서尙書인 진적陳迪과 그의 아들 진봉산陳鳳山 등 여섯 명을 잡아들여 참형에 처했는데, 형을 집행하기 전에 진봉산의 코와 혀를 베어 진적에게 먹이도록 했다. 또한 임우林右라 하는 중서사인中書舍人은 당시 이미 원적지인 임해臨海로 달아나 있었는데, 방효유가 살해되었다는 소식을 듣고 그의 위패를 세워 놓고 울면서 제사를 지냈다가 수도로 압송되었고 주체에 의해 코를 베이는 형벌을 받았다.

제3장 호유용과 남옥의 모반 사건

공신을 죽여 태평성대를 꾀하다

봉건사회의 황제는 할 수 없는 일이 없었던 것 같다. 그는 모든 권력을 통제하며, 바람이 필요하면 바람이 불게 하고 비가 필요하면 비를 내리게 한다. 요즘 궁궐 생활을 묘사한 연속극이 많이 방영되는데, 극중의 제왕은 확실히 한 손으로 하늘을 가리는 능력이 있는 것 같다.

실제 상황도 이와 같았을까? 우리가 잘 아는 송나라 시인 소동파蘇東坡가 달에 대해 읊은 천고의 유명한 구절 "아름다운 달 속의 궁전, 높은 곳에 있어 추위를 이기지 못하네瓊樓玉宇, 高處不勝寒"가 황제의 심정을 묘사하는 데 제격일 것이다. 그는 궁궐 깊은 곳에 사는 매우 고독한 사람이다. 자신을 보호하기 위해, 또 신비스럽게 보이도록 하기 위해 거의 일생을 속세와 멀리 떨어진 궁궐 안에서 생활하며 마음대로 사람들과 접촉할 수 없다. 비록 이 순간은 가장 높은 지위를 차지하고 비단옷을 입고 진귀한 음식을 먹으며 부귀영화를 누리지만, 반역자가 언제든 그를 자리에서 끌어내려 먼지가 되게 하지 않으리라 장담할 수 없다. 그래서 황제는 두려워 경계한다. 잠을 잘 때도 밥을 먹을 때도 편안하지 못하다.

명 태조 주원장은 황제의 자리를 잃을까 두려워하는 '우환' 의식이 특히 강했다. 이 제왕은 한시도 의심하지 않을 때가 없어서 신변의 권신權臣들이 자주 그런 의심의 희생자가 되었다. 만일 수하의 권신이 세도를 부리며 거만하다면, 대형 옥사獄事가 일어나는 것은 필연이었다.

명초 호유용胡惟庸 사건과 남옥藍玉 사건은 황제의 의심이 주된 원인이 되어 생긴, 여기에 신하가 말과 행동을 조심하지 못하고 권력을 스스로 제어하지 못한 것이 또 다른 원인이 되어 생긴 대형 사건이었다.

| 1 | 호유용 사건

연루된 사람이 많은 큰 사건

『명사明史』「간신奸臣 · 호유용전胡惟庸傳」에 기재된 바에 의하면 호유용 사건은 사실이 분명하고 증거가 확실한 정치적 모반 사건이다.

호유용은 본래 정원定遠 사람이다. 주원장이 군대를 일으키자 그에게 의탁해 원수부元帥府의 주차奏差, 영국현寧國縣의 주부主簿, 지현知縣 등을 잇달아 지냈다. 홍무 3년(1370)에 정부 법령의 공포를 주관하는 중서성中書省에 들어와 요직을 맡았고 참지정사參知政事를 역임했다. 그 후 홍무 6년(1373) 7월에는 우승상右丞相이 되었고, 몇 년 뒤 좌승상左丞相이 되었다. 옛사람들은 '왼쪽'을 높이 여겼으므로 좌승상은 우승상보다 높은 직위였다.

이는 호유용이 임기 초반에 주원장의 신임과 사랑을 받았음을 보여준다. 황제의 인정을 받게 되자 그는 불과 몇 년 만에 '일인지하 만인지상'의 자리에 오를 수 있었고, '지위가 가장 높은 신하'가 되는 목표를 이룰 수 있었다. 주원장은 호유용을 인재라고 여기고 그를 각별히 총애하며 신임했다. 호유용 역시 두려워하며 스스로를 격려했다. 사람됨과 행동거지가 겸손하고 조심스러웠기 때문에 황제의 신임이 더욱 컸고, 하루가 다르게 점점 더 큰 총애와 신임, 예우를 받았다.

그러나 호유용은 혼자 승상의 직위를 맡게 되자 겸손하고 조심스러웠던 태도를 이어가지 못하고 독단적으로 결정하고 행동하기 시작했다. 『명사』는 호유용이 권력을 남용한 행위들을 애써 과장되게 묘사하고 있다. 또한 호유용의 이러한 행동들이 황제의 의심과 증오심을 유발한 중요한 원인이라고 적고 있다. 이에 해당되는 주요한 사건들은 다음과 같다.

(1) 죄인의 생사를 멋대로 결정했다. 목숨을 살려 줄 것인지 최종적으로 결정하는 권한은 황제에게 있으며, 이는 황제의 권위를 보여 주는 중요한 부분이다. 그러나 호유용은 겨우 승상의 직위를 이용해 이러한 일을 마음대로 결정했다.

(2) 멋대로 관리들을 승진시키거나 강등시키고, 상벌도 마음대로 주었다. 관리의 임면권 역시 본래 황제의 고유 권한이다. 그러나 호유용은 황제의 동의를 거치지 않거나 황제에게 물어보지도 않은 상황에서 여러 차례 이러한 권리를 행사했고 스스로 결정해 처리했다.

(3) 멋대로 정무政務를 결정했다. 호유용은 황제 아래 가장 높은 관리

로 황제를 보좌하여 정무를 처리하는 권력을 쥐고 있었다. 따라서 중앙과 지방 각지의 관아에서는 황제에게 보내는 밀봉한 상주문을 모두 호유용에게 먼저 보냈다. 호유용은 상주문을 읽고 자주 멋대로 서면으로 지시했다. 게다가 자신에게 불리한 상주문은 감추고 보고하지 않아 황제가 백성의 사정을 잘 알 수 있는 길을 막아 버렸다.

정사正史는 또한 호유용의 다른 반역 행위로 다음과 같은 것들이 있다고 기록하고 있다.

(1) 그의 고향인 정원에 있는 오래된 집의 우물 안에서 갑자기 석순石筍이 자라기 시작해 수면 위로 몇 자나 올라왔다. 아부하는 무리들이 앞을 다퉈 이는 상서로운 조짐이라고 끌어다가 말했다. 또 그의 조부 삼대三代의 무덤에서 밤마다 불빛이 나와 하늘을 비춘다고 말했다. 호유용은 더욱 기뻐했고 자신을 대단하다고 여기며 모반할 생각을 하게 되었다.

(2) 길안후吉安侯 육중형陸仲亨은 섬서陝西에서 수도로 돌아올 때 멋대로 역참의 전거傳車를 탔다. 황제는 노하여 그를 질책했고, 그에게 대현代縣에서 도적을 잡는 일을 맡아 책임지게 했다. 평량후平凉侯 비취費聚는 소주蘇州의 부대와 백성을 관리하라는 명령을 받았으나 매일 술과 여자에 빠져 있었다. 황제는 분노하여 그에게 서북 지역에 가서 몽고에 투항을 권유하는 일을 책임지도록 했다. 비취가 적을 투항시키지 못하자 황제는 또다시 엄하게 그를 질책했다. 두 사람은 몹시 두려웠다. 호유용은 직위와 돈으로 그들을 몰래 유혹했다. 이들은 호유용이 조정에서 혼자 권력을 독차지하고 있는 것을 보고 그와 긴밀하게 왕래했다. 호유용은 반란을 일으키려는 자신의 생각을 그들에게 알리고, 두 사람에게 다른 지역

에서 병사를 모집하고 말을 구입하라고 명령했다.

(3) 호유용은 또한 진녕陳寧과 함께 승상부丞相府를 맡아 운영하면서 전국의 군대와 말의 명부名簿를 뒤져서 조사했고, 기회를 틈타 도독都督 모양선毛驤選, 위사衛士 유우현劉遇賢, 망명자인 위문진魏文進 등을 유능한 심복으로 받아들이며 말했다. "내가 그대들을 중용할 때가 있을 것이오."

(4) 호유용이 반란을 계획한 후 얼마 되지 않아서 그 아들이 시장에서 마차를 타다가 말이 놀라는 바람에 떨어져 죽었다. 호유용은 이 일로 마차를 몰던 사람을 죽였다. 주원장은 이 일을 전해 듣고 크게 분노해 호유용에게 목숨으로 대가를 치르라고 했다. 호유용은 몹시 두려웠다. 그래서 대신 황금과 옷감으로 배상할 수 있게 해 달라고 요청했지만 주원장은 허락하지 않았다. 호유용은 두려워서 어사대부御史大夫인 진녕, 어사중승御史中丞인 도절涂節 등과 반란을 일으키기로 상의하고, 몰래 이 소식을 자신을 따르는 사람들과 자신에게 의탁한 군관들에게 알리고 반란 계획을 앞당겨 시행하기를 희망했다. 그러나 반란 계획을 실행에 옮기기도 전에 주원장이 호유용의 또 다른 위법 행위를 발견하고 주살했다.

홍무 12년(1379) 9월, 남해에 있는 점성국占城國(현재의 베트남 중남부에 인도네시아계인 참족이 세운 나라)에서 사절을 보내 공물을 바쳤다. 그러나 좌승상 호유용 등은 이 일을 황제에게 보고하지 않았다. 환관이 나갔다가 점성에서 온 사절을 보게 되었고 입궁하여 황제에게 알렸다. 주원장은 분노하여 중서성의 관리들을 질책하라고 명령했다. 호유용과 우승상 왕광양汪廣洋은 머리를 조아리며 사죄하면서 책임을 예부로 몰래 떠넘겼다. 예부에서는 다시 중서성으로 책임을 돌렸다. 황제는 더욱 분노하여 이들을 모두 잡아 가두고 주 책임자를 추적 조사했다.

얼마 지나지 않아 왕광양에게 사형이 내려졌고, 왕광양의 첩 진陳씨가 남편을 따라 죽었다. 주원장이 이 일을 알게 되었는데, 진씨는 본래 관청의 재산으로 몰수된 진지현陳知縣의 딸이었다. 당시 일부 관리들이 범죄를 저지르면 황제는 본인을 처벌하는 것 외에도 그의 처자식을 관청의 재산으로 몰수하여 징계했다. 명 왕조의 규정에 의하면 관청으로 몰수된 여자들은 공로가 있는 군관들에게만 하사되며 문신들에게는 하사될 수 없었다. 주원장은 화를 내며 말했다. "관청의 재산이 된 여자들은 법에 따라 공신의 집에만 배분되어 일하게 하거늘 어찌하여 문신들에게 배분되었는가?" 주원장은 법사法司에 칙령을 내려 조사하게 했다. 이 사건의 내막에 따르면 호유용과 육부의 우두머리들이 모두 죄를 선고받아야 한다.

이 같은 상황에서 원래 호유용과 함께 반란을 계획했던 관리 도절이 홍무 13년(1380) 정월에 호유용이 반란을 도모했던 일을 상부에 보고했다. 어사중승이었던 상고商暠는 이때 이미 중서성의 하급 관리로 좌천되었는데, 그 역시 호유용이 몰래 했던 모든 일을 황제에게 보고했다. 황제는 크게 분노하여 조정 대신에게 교대로 심문하도록 지시를 내렸고, 심문하여 얻은 진술은 진녕, 도절과 연관되어 있었다. 이에 조정 대신이 말했다. "도절은 본래 모반에 가담했으나 계획이 틀어진 것을 보고 비로소 이 일을 아뢴 것입니다. 하오니 처형하지 않을 수 없습니다."

바로 뒤이어 홍무 13년(1380) 5월 2일에, 주원장은 서화문西華門에서 가마를 타고 황궁을 나와 근처의 호유용의 집으로 가려 했다. 막 출발하려는데, 갑자기 어떤 사람이 맞은편에서 급히 와서 어가의 행렬을 막았다. 그러나 그는 긴장하여 즉시 말을 하지 못했다. 주원장 주위의 호위 무사들이 감히 어가를 막는 것을 보고 그를 구타했다. 어가를 막은 사람은 운기云奇라 불리는, 서화문에서 일하는 환관이었다. 운기는 매를 맞고 땅에 쓰러졌다. 그는 팔이 부러질 지경인데도 호유용의 집을 필사적으로 가리켰다.

주원장은 틀림없이 무슨 일이 생겼음을 느꼈다. '운기가 호유용의 집으로 향하는 길에 어가를 막은 것으로 보아 이 일은 호유용과 관계가 있을 것이다.' 주원장은 서화문의 성루에 올라가 호유용의 집을 바라보았다. 호유용의 집 안에 장사들이 갑옷을 입고 무기를 든 채 겹겹이 담벽 사이에 매복하고 있는 것이 보였다. 설마 호유용이 황제가 자신의 집을 친히 방문한 틈을 타 반역을 일으키려는 것인가? 서화문과 호유용의 집은 지척에 있어 내시 운기가 이 역모를 발견하고 급히 달려와 보고했던 것이다. 이것이 바로 이른바 '운기가 변고를 고한 사건'이다. 이 일은 일부 역사책에 상세히 기록되어 있다.

이렇게 호유용의 모반 사건이 발생하자 주원장은 호유용과 진녕, 도절을 주살하도록 명령했다. 이 사건에 연루되어 이후 사형당한 관리가 1만 명 이상이나 된다. 많은 사람이 실제 증거도 없는 상황에서 주살되었다. 사건은 호유용이 주살되고도 종료되지 않았다. 『명사』「호유용전」에 분명하게 기재되어 있다. "유용이 비록 죽었으나 그 모반의 죄상은 아직 다 드러나지 않았다." 즉 호유용이 처형될 때, 그가 반역을 꾀했다는 죄상은 여전히 뚜렷하게 드러나지 않았다. 이후 주원장은 계속해서 이 사건과 관련된 상황을 추적하여 조사했는데, 호유용의 죄상은 전설처럼 점차로 내용이 보태져 과장되었고 시간이 지날수록 더 완벽해졌다.

홍무 18년(1385)에는 호유용이 태복시승太僕寺丞 이존의李存義(명 왕조의 개국 공신 이선장李善長의 남동생이자 호유용의 사위 이우李佑의 부친)를 시켜서 이선장에게 함께 모반하자고 한 사실을 발견했다. 당시 이선장은 이미 연로하여 응낙하지는 않았으나 단호히 거절하지 못했다. 그렇다고 호유용을 고발하지도 않았다. 이존의는 다른 사람을 시켜서 자수 의사를 밝혔다. 황제는 사형은 면해 주고 그를 숭명도崇明島로 귀양 보냈다.

홍무 19년(1386)에는 호유용이 왜구와 사통한 행위가 발견되었다. 즉 호유용이 명주위明州衛 지휘관 임현林賢을 바다로 보내 왜구를 모집하고 왜구와 만날 날짜를 잡게 했는데, 접촉은 했으나 행동으로 옮기지는 않았다. 임현 사건은 같은 해 10월 조사가 마무리되었다.

또한 홍무 23년(1390)에는 호유용이 원나라 때의 신하 봉적封績을 파견해 이미 무너진 원나라 황제의 계승자에게 편지를 보낸 사실이 밝혀졌다. 편지에서 호유용은 스스로를 원의 신하라 칭하고 바깥에서 군사를 일으켜 호응해 줄 것을 요청했다. 홍무 21년(1388)에 남옥藍玉이 사막으로 출정하여 봉적을 잡았다. 당시 이선장은 호유용이 몽고의 원나라와 사통한 일을 황제에게 보고하지 않았는데, 홍무 23년 5월에 봉적을 심문함으로써 이 일이 발각되었다.

이로써 이선장과 호유용이 함께 반란을 모의한 일이 비로소 만천하에 공개되었다. 마침 이선장의 집종 노중겸盧仲謙이 호유용과 이선장이 왕래한 일을 고발했고, 육중형의 집종 봉첩목封帖木 역시 육중형이 당승종唐勝宗, 비취費聚, 조용趙庸 3명의 후작 및 호유용과 함께 반란을 모의했다고 고발했다.

주원장은 이 죄상에 근거하여 그 참에 조정의 중신인 이선장을 주살했다. 그는 이선장이 호유용의 모반 사실, 즉 원나라의 군대와 사통한 것을 알고도 제때 보고하지 않은 것은 대역무도한 일이라고 생각했다. 이선장과 육중형 등이 살해된 후 또다시 일군의 관리가 사건에 연루되었고, 그 뒤로도 연루된 사람들이 끝없이 이어져 피살된 관리의 수가 모두 3만 명을 넘었다. 주원장은 신하와 백성에게 경고하기 위해서 특별히 『소시간당록昭示奸黨錄』을 저술하여 이 일에 대해 밝혔다.

이상이 바로 호유용 사건에 관한 정사의 기록이며, 또한 명나라 조정이 호유용을 제거한 후 밝힌 정부 측의 입장이다. 그러나 후대 학자들의 분석을 보면, 많은 사람이 호유용 모반 사건은 확실한 증거가 없는 억울한 사건으로 사건의 실제 상황은 사실 은폐되었다고 보고 있다. 주원장의 실제 목적은 이러한 큰 사건을 통해서 승상의 권한을 철저히 없애 황제의 권한을 공고히 하는 것이었다.

황제의 권한만이 홀로 존귀하다

명나라 역사 연구가인 오함吳晗은 유명한 『호유용당안고胡惟庸黨案考』를 저술하여 호유용 사건을 처음부터 끝까지 상세하게 분석하고, 전술한 호유용의 죄상들은 대부분 근거 없는 것들로 호유용이 억울하게 누명을 썼음을 증명했다. 호유용이 사형당할 때 그에게는 정식 죄명이 붙지 않았다. 그의 범법 행위들은 그가 죽고 여러 해 뒤에 하나하나 밝혀진 것이다.

마땅한 죄명이 없었는데도 왜 그는 피살되었을까?『명사』에서는 다음과 같이 밝히고 있다.

호유용은 여러 해 동안 주원장의 총애와 신뢰를 받으면서 승상의 큰 권한을 혼자 차지하고 때로는 일이 발생해도 황제에게 보고도 하지 않았으며, 마음대로 사람을 등용하고 처벌하기도 했다. 당시 많은 사람이 그를 찾아와 바친 금은보화가 그 수를 헤아릴 수 없이 많았다. 주원장이 가장 싫어한 것은 호유용이 권력을 독점하는 것이었다. 그가 권력을 독점했기 때문에 죄가 없더라도 죽여야 했다.

이로써 호유용의 죄는 권력을 독점하고 본분을 뛰어넘는 행동을 한 데 있음을 알 수 있다. 이것은 바로 주원장이 가장 용인할 수 없는 것이었다. 홍무 11년(1378)에 주원장은 중서성의 권력을 제한하는 명령을 내렸고, 이후 신하가 상주문을 올릴 때 중서성에 '보고'하는 것을 허락하지 않는다고 명했다. '보고'는 무슨 뜻일까? 황제에게 보내는 모든 상주문은 중서성의 승상에게도 한 부 보내졌다. 황제로서 주원장은 권력을 독점한 채 모든 사람의 생사여탈권을 쥐고 모든 것을 결정하고 싶었다. 어떻게 이 권력을 승상이 나눠 갖도록 허락할 수 있겠는가? 홍무 13년(1380)에 그는 호유용을 제거하고 마침내 승상 제도를 폐지했다.

승상의 권력이 지나치게 커서 호유용을 죽인 것인데, 만일 다시 승상을 세우면 황제는 여전히 그와 권력을 나눠야 한다. 그래서 주원장은 한

번의 수고로 영원히 편안해지도록 승상 제도를 아예 폐지했으니 더 이상 승상이 황제와 권력을 나눌 일은 없어졌다. 호유용 사건 발생 후, 주원장은 과감하게 중앙 기구를 개혁하기 시작했다. 먼저 중서성을 폐지하고 승상을 없앴다. 그리고 정권과 군권을 분리하여 계통이 다른 여러 기구가 다스리게 했다. "오부五府와 육부六部, 도찰원都察院, 통정사通政司(홍무 10년에 설립), 대리시大理寺 등을 설치하여, 이 기관들이 천하의 여러 일을 분담하여 처리하게 한다."

승상이 폐지된 후, 육부의 상서尙書가 직접 황제에게 업무를 보고했다. 중서성이 관장하던 여러 정권을 황제가 직접 맡아 통제하는 것으로 바뀐 것이다. "정사는 황제에게서 나온다." 황제의 권한과 승상의 권한이 하나로 합쳐져, 이로써 중국 역사에서 1000년 넘게 지속되어온 승상(재상) 제도와 700년 넘게 지속되어온 삼성三省 제도가 종말을 고했고, 주원장은 중국 역사상 권력이 가장 큰 황제가 됐다.

승상 제도를 폐지함과 동시에 주원장은 군권을 장악하고 있는 기구에 대해서도 개혁을 감행했다. 그는 원래 있던 최고 군사 권력 기구인 대도독부大都督府를 해산하라는 명령을 내렸다. 대도독부의 병권이 지나치게 컸기 때문이다. 그는 대도독부를 중·좌·우·전·후의 다섯 개 도독부, 즉 오군도독부五軍都督府로 나누고, 각 도독부에는 병권을 일정 부분만 장악하는 도독을 두었다. 이렇게 천하의 병마를 통솔하던 대도독의 병권은 분할되었다. 각 도독의 권력은 원래의 대도독 권력의 5분의 1밖에 되지 않아 황제에게 위협이 되지 못했다. 더욱이 다섯 명의 도독이 서로 견제하고 서로 감독하면서 황제의 명령을 따랐다. 만일 어느 도독 한 사람이 반역을 꾀하려 해도 다른 네 명이 견제할 것이다. 설령 두세 명의 도독이 서로 연계해 반란을 일으키려 해도 이 역시 그렇게 쉬운 일이 아니었다.

홍무 28년(1395)에 주원장은 조정의 신하들에게 칙령을 내렸다. "국가에서 승상을 없애고 부府・부部・원院・시寺를 설치하여 업무를 분담해 처리하게 함으로써, 법체계가 지극히 잘 갖추어졌다. 이후 후대의 군주들은 승상을 두는 것을 논해서는 안 된다. 신하들 가운데 승상을 두기를 청하는 자가 있다면 극형으로 다스려야 한다." 주원장은 『조훈祖訓』에도 이 일을 기록해, 후세에도 자손들이 승상을 두지 못하게 했다.

주원장이 호유용 사건 및 그 뒷일을 처리하기 위해 취한 일련의 조치에서 우리는 그가 온 힘을 다해 황제의 권력을 한데 모은 과정을 엿볼 수 있다. 주원장의 개혁으로 황제의 자리는 더욱 확고해졌다. 이로써 황제는 자신의 권력 분산을 더 이상 허락하지 않게 되었고, 중국의 전제 군주제는 새로운 단계로 진입하게 되었다.

이러한 의미로 볼 때 호유용 사건은 억울한 사건이기도 하고 그렇지 않기도 하다. 호유용이 죄명이 없는 채로 처형당했고, 그 뒤에 밝힌 범죄 행위들도 모두 실제 증거가 없었다는 점에서는 억울한 사건이다. 반면, 호유용의 죽음이 권력을 독점해 사람들의 분노와 미움을 샀다는 데 기인한다는 점(유기[1], 서달[2] 등은 그가 간사해 믿을 수 없다고 생각했다)에서는 억울한 사건이 아니다. 더욱이 그는 황제의 전제 집권에도 영향을 끼쳤기 때문에 목이 잘리는 것은 시간문제였다.

호유용 사건은 14년을 끌었다. 한순간에 개국 원훈元勳 이선장을 포함한 공신과 노장들이 대부분 주살됐다. 주원장은 호유용 사건을 빌미로 대형 옥사를 일으켜 문무 공신들을 숙청함으로써 그들이 앞으로 주씨 성을 가진 자손들에게 위협이 되는 것을 막고자 했다.

그렇다면 왜 그들에게 권력의 독점이나 횡령 등의 죄가 아닌, '반역죄'(몽고의 원나라와 결탁하고 왜구와 사통하고 반란을 도모했다)라는 죄명을 씌워야 했나? 그 배후에는 다른 속사정이 있다. 명나라가 군사를 일으킬 때, 주원장은 자신이 천하를 차지할 수 있도록 사력을 다하라고 격려하기 위해 여러 개국 공신에게 면죄 녹권錄券을 주었다. 거기에는 '역모를 꾀한 것이라면 용서하지 않지만, 다른 죽을죄를 저지른 경우 두 번은 죄를 면한다'라는 말이 새겨져 있었다. 반역죄를 씌우지 않고서는 공신들에게 준 녹권이라는 보호막을 깨뜨릴 수 없었다. 따라서 호유용 사건을 반역죄로 확정하고 풀을 긁어모아 토끼를 잡듯이 일거에 공신늘을 주살했던 것이다.

호유용 사건에 연루돼 이선장이 죽은 다음 해, 오부虞部 낭중郎中 왕국용王國用이 상소를 올려 이선장의 억울함을 호소했다. 그는 이선장은 지위가 이미 높아서 호유용의 왕위 찬탈이 성공했다 하더라도 지위가 더 높아질 수 없으므로, 그처럼 큰 위험을 무릅썼을 리 없다고 말했다. 또한 이선장처럼 큰 공이 있는 사람의 말로가 그와 같다면 세상 사람들이 낙심할 것이라고도 했다. 주원장은 왕국용의 날카롭고 직설적인 비판에 마음이 언짢았지만, 반박할 이유가 부족함을 잘 알고 있었으므로 그를 추궁하지는 않았다. 이러한 일화로 미루어볼 때, 이선장도 억울하게 죽임을 당했음을 짐작할 수 있다.

전제 군주가 권력을 추구하는 일은 끝이 없는 것 같다. 따라서 권신에 대한 경계도 끝이 없었다. 주원장의 이러한 심리 상태는 노년이 될수록 더 심해졌다. 그는 나이를 먹어 몸이 쇠약해짐을 느끼고, 미래의 후계자에게 안전한 세계를 남겨주려 했다. 그 시행 방법 가운데 하나가 바로 다시 한 번 살생계殺生戒를 크게 깨뜨리는 것이었다.

| 2 | 남옥 사건

모든 사건에는 원인이 있다.

남옥藍玉 사건은 '남당藍黨의 옥사 사건'이라고도 불리는데, 홍무 26년(1393)에 발생했다. 남옥 역시 안휘安徽 정원 사람이었다. 본래 개국공開國公 상우춘常遇春의 손아래 처남이자 그 수하의 병사로서 적과의 싸움에서 용감하여 대적할 자가 없었다. 공을 쌓아 대도독부大都督府 첨사僉事가 되었고, 후에 중산왕中山王 서달徐達을 따라 북원의 남은 부대를 토벌하였다. 또한 서평후西平侯 목영沐英을 따라 서번西番을 토벌했으며, 영천후穎川侯 부우덕傳友德을 따라 운남雲南까지 정벌했다. 이렇게 전쟁에서 여러 차례 공을 세워 영창후永昌侯에 봉해졌으며, 그의 딸은 촉蜀의 왕비로 책봉되었다.

전쟁 경험이 많은 남옥은 주원장이 천하를 차지하도록 도와 준 원훈元勳 노장 가운데 한 명이다. 그는 기골이 장대하고 마음속에는 군사를 부리는 계책이 있었으며, 용맹스럽고 싸움을 잘했다. 원나라 군대를 토벌하는 전투에서 생명의 위험을 무릅쓰고 여러 차례 전공戰功을 세움으로써 주원장의 두터운 신임을 얻었다. 남옥이 세운 가장 유명한 전공은 홍무 20년(1387)에 좌부장군左副將軍으로서, 대장군 풍승馮勝을 따라 북원의 용장 나하추納哈出를 항복시킨 것이다. 홍무 21년(1388)에는 대장군으로 출정하여 북원의 황제 토구스 테무르脫古思帖木兒를 정벌하고, 포어아해捕魚兒海(지금의 바이칼 호수)까지 진격해 크게 이기고 돌아왔다. 이 같은 전공으로 그는 양국공凉國公으로 승진했다.

남옥은 중산왕 서달, 개평왕開平王 상우춘의 뒤를 이은 명나라의 중요한 장교였다. 그러나 『명사』에 기재된 바에 의하면, 남옥은 큰 공을 세우고 높은 작위와 토지를 받은 후에 공을 믿고 제멋대로 행동했다. 불법적인 일도 마음대로 하여 황제의 총애와 신뢰를 점차 잃었다. 주원장이 불만을 가졌던 남옥과 관련된 일들을 정사에서는 다음과 같이 적고 있다.

(1) 남옥은 소작인과 양자가 수천 명이었고, 권세를 믿고 제멋대로 행동했으며, 도리에 어긋나는 짓도 마구 했다. 민간 소유의 농지를 무력으로 점령했고, 어사의 탄핵을 받았으나 잘못을 반성하지 않고 도리어 조사를 하려고 방문한 어사를 문밖으로 내쫓는 등 국가의 법도에는 아랑곳하지 않았다.

(2) 운남雲南의 원량왕元梁王을 정벌하여 승리한 후 운남으로 사람을 보내 제멋대로 소금을 판매하여 폭리를 취했다.

(3) 남옥은 군대를 인솔하여 전투를 치를 때 마음대로 난폭하게 굴며, 제멋대로 일을 처리했다. 한번은 군사를 이끌고 북방을 정벌하고 돌아

오다 한밤중에 희봉관喜峰關 밑에 도착했다. 남옥이 문을 열라고 요구하자, 관문을 지키는 관리가 제도에 따라 날이 밝으면 열겠다고 했다. 남옥은 크게 분노하여 병사들을 이끌고 관문을 불태워 버렸다.

(4) 포어아해 전투에서 원나라 황제 토구스 테무르를 쳐부순 후, 남옥은 빼앗은 많은 보물과 말은 물론 원 황제의 첩까지 강제로 차지했다. 이 일로 원 황제의 첩이 수치심에 목을 매고 자살함으로써, 많은 비난이 일었고 소란이 생겼다. 주원장은 이 일을 알고 크게 분노했다. "남옥이 이같이 예의를 모르다니, 이 어찌 대장군이 할 행동인가!"

(5) 남옥은 군대에서 온갖 방법으로 사람들을 속였고, 자기 마음대로 관리를 승진시키고 해임했다. 나아가고 멈추는 것을 자기 마음대로 했고 황제의 명령을 따르지 않기도 했다. 심지어는 황제의 명령을 어기고 출병했으며 국가의 법률에 아랑곳하지 않았다.

(6) 서쪽 지방 정벌에 참여한 후 그는 태부太傅로 승진했는데, 그와 함께 출병했던 송국공宋國公 풍승과 영국공潁國公 부우덕이 태자태사太子太師로 봉해지자, 이에 불만을 품고 온종일 투덜거렸다.

홍무 26년(1393) 2월, 금의위錦衣衛의 지휘관이 남옥이 반란을 도모한 것을 적발했다. 심문을 통해 남옥이 경천후景川侯 조진曹震, 학경후鶴慶侯 장익張翼, 축로후舳艫侯 주수朱壽, 동백東伯 하영何榮, 이부상서 첨휘詹徽, 호부시랑 부우문傅友文 등과 몰래 결탁하여 주원장이 출궁하여 밭을 갈 때 거사하기로 계획했음이 밝혀졌다. 주원장은 남옥을 친히 심문했으며, 남옥은 모진 고문 끝에 어쩔 수 없이 반란을 도모했다고 자백했다. 그 결과 남옥의 가족이 모두 사형에 처해졌으며, 그의 부하와 친구는 물론 다른 관리들까지 연루되어 살해된 사람들('남당藍黨')이 1만 5000명이 넘었다. 이로써 남옥 사건은 호유용 사건의 뒤를 이은 또 하나의 중대한 사건이 되었다. 유명한 부호 심만삼沈萬三의 집안도 이 사건에 연루되어 철저히 몰락했다.

주원장은 친히 조서를 써서 천하에 알리고, 이 사건을 『역신록逆臣錄』으로 엮어 냈다. 주원장은 조서에서 이렇게 밝혔다. "남옥이라는 도적이 난을 일으키려 했는데, 그 계획이 누설되어 주살된 자가 1만 5000명이다. 지금부터 호유용의 무리와 남옥의 무리는 전부 사면하고 죄를 묻지 않는다." 주원장은 1만 5000여 명을 죽이고도 스스로를 아주 관대하다고 생각한 것 같다.

그러나 『역신록』에 기재된 고관들만 해도 공公 1명과 후侯 13명, 백伯 2명이 있었다. 이번 살육으로 명나라 초기의 공훈들과 노장 대부분이 살해되었으며, 각 군부위軍府衛에서 연루되어 주살된 군관들도 수만 명에 달했다. 그러고도 주원장이 "지금부터 호유용의 무리와 남옥의 무리는 전부 사면하고 죄를 묻지 않는다"고 말한 것은 순전히 기만적인 발언이다. 왜냐하면 당시 이미 추궁할 사람이 더 이상 없었기 때문이다.

속담에 의롭지 못한 일을 많이 하면 반드시 자멸한다는 말이 있다. 남옥은 스스로를 징벌을 받아야 하는 자리로 몰아갔다. 그러나 그가 저지른 일이 형법의 처벌을 피할 수 없는 것이기는 하지만, 극악무도한 대죄는 아니었다. 더욱이 집안 전체가 재산을 몰수당하고 참형당할 정도는 아니었다. 그렇다면 남옥을 끝없는 형옥刑獄의 재난에 빠뜨린 것은 무엇이었을까? 그것은 바로 황제의 시기와 의심이었다.

토사구팽

이처럼 강력한 군대를 거느린, 수많은 고위직 장교들이 왜 아무런 반항도 하지 못하고 속수무책으로 잡혔을까? 그들은 조정에 맞설 준비를 전혀 하지 않았던 것이 분명하다. 다시 말해서 그들은 결코 반란을 도모하지 않았다. 이와 반대로 주원장은 이 살육을 위해 일찌감치 세심하게 준비했다.

주원장은 오래전부터 권신들에 대비해 왔지만, 남옥 사건이 발생한 데에는 중요한 도화선이 있었다. 사건이 일어나기 바로 전 해인 홍무 25년(1392), 조정에 중요한 사건이 발생했다. 4월 25일에 겨우 39세이던 태자 주표朱標가 사망한 것이다. 황위 계승자의 죽음은 주원장에게 큰 타격을 주었다. 그는 황궁의 동쪽 구석 문에 군신들을 불러 놓고 말했다. "짐이 늙었는데, 불행히도 태자가 죽었소. 운명인가 보오!" 주원장은 참지 못하고 큰 소리로 울었다. 이때 그는 이미 65세였다.

적장자 계승 제도에 따라 황위는 황태자의 장자만이 이을 수 있다. 그런데 주표의 장자도 이미 요절했고, 당시 항렬이 가장 위인 윤允의 나이는 겨우 15세였다. 주원장이 권신들을 주살한 것은 자손들을 위해 후환을 없애기 위해서였다. 주원장과 주표 사이에 이런 일화가 있다.

기록에 의하면, 마馬황후가 작고한 후 주원장은 줄곧 침울했고 대신들도 더욱 마음대로 주살했다. 어느 날 태자 주표가 주원장에게 간언했다. "폐하께서는 대신들을 너무 많이 죽이고 계십니다. 군신 간의 화목한 감정이 상할까 두렵습니다." 주원장은 이 말을 듣고 오랫동안 침묵했다.

다음 날 주원장은 태자를 불러 가시나무 한 가닥을 땅에 던지고 태자에게 집으라고 명했다. 태자는 가시가 잔뜩 붙어 있어 집어 들기가 어려웠다. 주원장은 말했다. "가시나무를 집어 들지 못하는구나. 그래 내가 네 대신 가시를 깨끗하게 없애는 게 싫다는 말이냐? 내가 지금 죽이는 사람들은 모두 장래에 네가 황제가 되는 데 위협이 될 사람들이다. 내가 그들을 제거하는 것은 너를 위해 큰 복을 쌓는 것이다!" 태자는 무릎을 꿇고 주원장에게 머리를 조아렸다. 그러나 마음속으로는 주원장의 생각에 동의하지 않았다.

그는 고개를 숙인 채 말했다. "위로 요순과 같은 명군이 있어야 아래로 요순과 같은 백성이 있습니다." 이 말의 뜻은 다음과 같다. '아버지는 요순과 같은 임금이 아닌 듯합니다. 그렇지 않다면 어째서 나라를 어지럽히는 불충한 무리들이 그렇게 많겠습니까?' 주원장이 이 말을 듣고 화를 내지 않을 수 있었을까? 늙은 황제는 앉아 있던 의자를 빼서 태자에게 던졌고, 태자는 놀라 황급히 자리를 떴다.

주원장은 모든 것을 아주 훌륭하게 계획했다. 그러나 유일하게 계획에 없었던, 혹은 그가 통제할 수 없었던 요소가 있었으니, 바로 주표가 자신보다 먼저 죽은 것이다. 주원장이 가시나무의 가시를 깨끗하게 없앴는데 지팡이를 잡을 사람이 없으면 어찌해야 하는가? 주표는 천성이 후덕하고 어질고 순했다. 주원장은 주표의 아들, 즉 손자인 주윤이 더 나약했기에 더욱 안심할 수 없었다. 자신이 황위에 있어도 늑대와 호랑이 같은 용맹한 장수들을 다스리기 어렵다고 느끼는데, 아무런 정치 경

힘도 없는 15세의 아이가 장래에 어떻게 황제의 자리를 굳건히 지킬 것이라고 장담할 수 있겠는가?

주원장은 비록 노장들이 모두 살해되었지만, 전투에 능하고 용맹하고 포악하고 오만한 남옥 등이 새로 부상하는 데에 걱정하지 않을 수 없었다. 따라서 손자인 주윤을 위해서, 예기치 못할 사건에 대비하기 위해서 남옥과 같은 강한 신하들은 모반을 꾸미든 꾸미지 않든 죽여야 했다. 남옥 등과 같은 사람들을 목을 당겨 주살한 것은 주원장이 선수를 쳐서 제압한 것임을 보여 준다.

주원장은 남옥이 스스로 공로가 있다고 여기며 우쭐거렸기 때문에 다음 황제에게 위협이 될 수 있다고 생각했다. 그래서 남옥에 대한 주살 계획을 체계적으로 실행하기 시작했다. 주원장은 선수를 쳐서 상대방을 제압했을 뿐 아니라 자신이 한 말도 책임지지 않았다. 홍무 25년(1392) 8월 22일, 그는 더 이상 호유용의 무리들을 추궁하지 않겠다는 약속을 뒤집고 다시 호유용 사건을 빌려 정녕후靖寧侯 엽승葉昇을 주살했다.

엽승은 남옥의 인척이다. 엽승을 죽인 것은 바로 남옥 사건의 서막이었다. 이때 남옥은 아직 멀리 서번을 토벌하는 전선에 있었다. 주원장을 위해 변함없이 출정하여 싸우던 그는 곧 닥칠 큰 재앙을 조금도 알아차리지 못했다. 만일 그가 조금이라도 다른 마음을 품었다면 자신의 인척인 엽승이 주살된 후에 고분고분하게 돌아오지 않았을 것이다.

명말 청초의 역사가인 담천談遷은 다음과 같이 말했다. "남량공藍凉公은 반역하지 않았다. 노장이 사납고 남이 듣기 좋은 말을 잘하지 못해 우쭐대는 것처럼 보였지만, 어찌 다른 바람이 있었으리오! (…) 부귀하여 교만하니 의심을 받게 되었고, 쌓인 의심을 풀지 못해 희생되었다." 남옥은 단지 성질이 거친 장군에 불과하고, 교만하고 독단적이고 난폭하여 사람들의 비위를 잘 맞추지 못했는데, 주원장의 의심을 사서 결국 목숨을 잃는 재앙을 초래했다는 뜻이다.

 호유용, 남옥 사건을 통해 우리는, 사회의 가장 밑바닥 층의 찢어지게 가난한 농민이자 탁발승이었던 자가 황제의 보좌에 오르자 절대 독재를 실현하고 이를 자손에게 영원히 물려주기 위해 얼마나 잔인했고 또 그로 인해 얼마나 많은 사람이 목숨을 잃고 선혈을 흘렸는지를 보았다. 옛 사람들은 한漢 고조 유방劉邦이 공신들을 주살하면서 "나는 새가 없어지면 좋은 활을 숨겨 버리고 교활한 토끼가 죽으면 사냥개는 삶아 먹는다"라고 한 말에 대해 이야기한다. 주원장이 공신들을 도살한 행위는 한 고조 유방과 비교했을 때 더하면 더했지 결코 덜하지 않았다.

| 3 | 황제의 의심이 사건을 만들다

정치적 누명 사건

 호유용 사건과 남옥 사건은 명나라 초기 모반을 죄명으로 처벌한 양대 사건이다. 주원장은 이들 사건을 이용하여 대신들을 주살하고, 있을지도 모르는 반란 세력을 깨끗이 제거하려는 목적을 달성했다. 두 사건은 발생의 원인, 심판의 근거와 절차, 처리 결과, 사건의 영향 등 여러 면에서 유사한 점이 있다.

첫째, 두 사건은 모두 관리의 밀고로 발생했다. 호유용과 남옥은 실제로 반란 행위를 하지 않았으나 일부 관리가 그들이 반란의 기미를 보인다고 말해 주살된 것이다.

둘째, 심판의 절차가 흐지부지했다. 두 사건은 반역죄와 관련된 중대한 사건에 속하므로 당연히 최고 통치자인 주원장이 심판을 주관해야 한다. 그러나 주원장은 심판 활동을 효과적으로 계획하지 않은 데다 자신을 대신해 상세하게 사건을 심리할 중앙 기구의 사법 관리들도 지정하지 않았다. 호유용 사건에서 호유용은 고발된 지 얼마 안 돼 사약을 받았으며, 대장군 남옥은 수감돼 조사받은 지 겨우 이틀 뒤에 사형당하고 재산을 몰수당한 데다 일가까지 모두 참형에 처해졌다.

셋째, 심판의 근거와 증거가 모호했다. 두 사건은 모두 모반 사건으로 결론지어졌다. 그러나 호유용과 남옥의 모반을 증명할 충분한 증거는 전혀 없었다. 앞에서 사건의 내막을 밝힌 부분에서 보았듯이 정사에서는 호유용의 반역 행위를 애써 묘사하고 있고, 남옥 사건에 대해서는 심리를 거친 후 남옥의 자백을 받아냈다고 쓰고 있다. 그러나 사건을 더 자세히 분석하면 수상쩍은 구석을 쉽게 발견할 수 있다. 호유용과 다른 사람들이 반란을 도모한 상황은 모두 이들을 고발한 어느 관리의 입에서 나온 말이다. 이밖에는 호유용의 모반 행위를 증명할 다른 증거가 없다. 그리고 남옥 사건에서의 반란 행위도 금의위의 한 지휘관이 고발한 데서 처음으로 언급된 것이다. 주지하듯이 금의위는 황제의 호위 부대로 주원장이 직접 지휘한다. 이와 같은 상황이라면, 신하는 '임금이 죽으라 하면 죽을 수밖에 없는 것'이 아니겠는가?

넷째, 연루된 사람이 지나치게 많았다. 두 사건에 연루된 관리들은 수만 명에 달했다. 이 가운데 호유용 사건에서 죽은 관리들은 3만 명이 넘었고, 남옥 사건으로 인한 원혼들에 대해서는 주원장이 『역신록』에서 이렇게 밝혔다. "남옥이라는 도적이 난을 일으키려 했는데, 그 계획이 누설되어 주살된 자가 1만 5000명이다." 정말이지 피가 흘러 강을 이루었다.

남옥 사건이 끝난 뒤에도 주원장의 주살은 계속됐다. 홍무 27년(1394) 11월에는 송국공 풍승, 홍무 28년(1395) 2월에는 영국공 부우덕이 주원장이 꾸민 구실에 의해 죽임을 당했다. 이렇게 해서 주원장의 홍무 연간이 끝날 때까지 명나라 초기 개국 공신 가운데 공후公侯 신분으로 운 좋게 살아남은 사람은 장흥후長興侯 경병문耿炳文과 무정후武定侯 곽영郭英 두 사람뿐이었다.

주원장 이후 명나라 황제들은 대체로 수하의 대신들을 믿지 못했는데, 이는 호유용·남옥 사건의 여파이기도 하다. 이로써 황제는 신변의 환관에게 기대게 되었고 관료 체제가 기형적으로 발전하게 되었다. 그 결과 명나라 후기에는 환관들이 권력을 독점하게 되어 사회의 안정을 크게 해쳤으며, 명나라는 점차 멸망의 길로 접어들었다.

역사적 교훈

출신이 변변하지 못하고 천성이 의심이 많은 주원장에게 자손의 황위를 안전하게 지키는 것은 당시 가장 큰 마음의 짐이었다. 더욱이 공신들과 노장들이 언행을 조심할 줄 모르고 어떠한 제약도 받지 않으니, 역사상 똑같이 사회 밑바닥 출신인 한 고조 유방이 공신들에게 했던, 새를

다 잡으면 활을 거두고鳥盡弓藏 토끼가 죽으면 사냥에 쓰였던 개를 삶아 먹는兎死狗烹 사건이 다시 발생할 수밖에 없었다. 따라서 주원장 임기 내 공신과 노장에 대한 일련의 숙청 작업이 단계적으로 시작되었다.

청대 역사가인 조익趙翼은 『이십이사차기二十二史箚記』에서 '호유용과 남옥의 옥사'를 다음과 같이 평가하고 있다.

"한 고조가 모략을 꾸며 공신들을 죽인 것은 물론 잔인한 짓이지만, 그들은 반드시 제거되어야 했다. 또한 한신韓信, 팽월彭越, 난포欒布만 제거했는데, 이는 그들이 모반을 했기 때문에 주살한 것이다. 노관盧綰, 한신 역시 모반을 일으킨 후에 토벌되었다. 나머지 소하蕭何, 조참曹參, 강무후絳武侯, 관영灌嬰 등은 가장 신뢰하는 사람으로 생각해 의지했고 어린 자식을 그들에게 부탁하려 했으며, 중임을 맡기려 했지 그들 모두를 의심하거나 시기한 적이 없었다. 주원장은 공신들의 힘을 빌려 천하를 얻었지만 천하가 안정되자 천하를 얻게 해준 사람들을 모두 죽여 버렸다. 그 잔인함은 실로 천고에 없었다."

그는 역사에 있는 다른 예를 들어 비교했다. 한나라 광무제光武帝와 당나라 태종太宗이 천하를 평정했을 때, 그들은 아직 젊은 장년이었다. 그들이 늙었을 때 공신들도 늙었고 죽은 사람들도 있었다. 송 태조가 황제가 되었을 때 나이는 비록 적지 않았으나 그에게는 유능한 남동생이 있었다. 그의 남동생이 바로 훗날의 송 태종이다. 이 남동생은 여러 대신을 잘 통제했고, 공신들은 이 때문에 목숨을 보전할 수 있었다.

명 태조는 비록 젊은 나이에 거사를 일으켰지만, 천하가 안정되었을 때는 이미 60세가 넘었다. 더욱이 태자는 마음이 비교적 여린 데다 공교롭게도 일찍 죽었다. 적장손은 나이가 아직 어려 궁중 내의 투쟁에 대해 더욱 잘 알지 못했다. 이 모든 것이 주원장이 자손들의 강산을 보존하기 위해 두 차례 옥사로써 공신들을 일망타진하게 했다.

호유용은 홍무 13년(1380)에 죽었는데, 사건이 발생했을 때 함께 주살된 사람들은 진녕과 도절 몇 사람뿐이었다. 그러나 주원장이 호유용 옥사를 일으킨 것은 홍무 23년(1390)으로 호유용이 죽은 지 10년이 지난 뒤였다. 후세의 역사가들은 이 사실을 언급할 때마다 반어적으로 풍자한다. 두목이 이미 죽었는데, 함께 공모한 사람들은 어찌 10년이 지나서야 발각되기 시작했을까? 이것은 주원장이 호유용 사건을 빌려 자기가 하려던 일을 행한 것에 불과하다. 즉 관련된 자백이나 증거가 은밀히 모든 사람에게 연루되게 만들어 자신의 주살 계획을 실현했다. 그러므로 조익의 평가는 매우 식견이 있는 평가라 할 수 있다.

명나라 초기에 이 두 정치적 사건이 일어난 근본적인 원인은 황권 체제의 한계에 있다. 봉건사회의 기본 정치 체제는 황권을 중심으로 한 것이다. 국가 권력의 근원은 황제에 있고 황제는 권력 피라미드의 정점에 있어 그 권위는 의심의 여지가 없다. 그러나 실제 문제는 국가 권력은 전부 황제에 귀속되지만 국가 권력이 정상적으로 행사되기 위해서는 반드시 관리의 힘을 빌려야 했다는 데 있다. 강하고 큰 나라의 수많은 일은 황제 혼자 처리하기에는 한계가 있기에 반드시 그를 도와 정무를 처리할 관리가 있어야 한다. 그러므로 황제는 반드시 일정한 직위를 설치하고 일정한 권력을 이 직위의 관리들에게 넘겨주어야 한다.

권력의 분산과 권력의 집중은 본래 서로 모순되는 것이다. 어쩔 수 없이 하는 '분산'과 반드시 해야 하는 '집중' 사이에서 황제의 의심이 생겨난다. 특히 수하의 관리들을 제약할 힘이 없다고 느낄 때, 폭력을 써서 말을 듣지 않는 관리들을 제거하려는 경향은 더욱 두드러진다.

두 사건이 발생한 근원은 황제가 국가를 자기 일가의 재산으로 여겨 대대로 물려 주려 한 것에 있다. 황제의 자리는 본래 개인 소유의, 배타적인 성질을 띠고 있어 황제는 늘 자신의 자리를 남이 빼앗아갈까 봐 두려워했다. 황제의 자리는 누구든 빼앗을 수 있다. 일단 황위를 얻기만 하면 새로운 왕조로 바꿀 수 있고 자신이 속한 모든 가족의 지위를 높일 수 있다. 게다가 황제의 자리에 오른다는 것은 세상 사람들의 산업으로 자기 가족을 위해 사리를 챙길 수 있음을 의미한다. 이 같은 이익이 유혹하는데 기회만 있다면 누군들 황제의 자리에 오르고 싶지 않겠는가?

역사를 거슬러 올라가 보면, 우리는 고대사회에 상술한 상황과 상반된 예가 존재했음을 알 수 있다. 중화 문명이 처음 생겨났을 때 요·순·우 이 부족 연맹의 수령들은 모두 커다란 권리를 갖고 있었다. 그러나 당시의 천하는 모든 부족의 것으로서 한 집안이 홀로 누릴 수 있는 것은 아니었으며, 더군다나 수령은 각 부족에서 추대되었으므로 부족 연맹의 수령이라는 직위는 어느 정도 민주적으로 얻은 것이라 할 수 있다. 그러므로 부족 연맹의 수령이라는 위치는 황제의 자리와 비교했을 때 더욱 안정되었고, 수령이 수하의 관리를 의심하거나 시기하고 주살하는 상황도 존재하지 않았다.

승상이란 직위는 언제 폐지되었나?

진시황이 통일된 군주제 국가를 건립한 이래, 황제 아래에는 모든 관리의 우두머리(최고 행정 장관)가 되는 승상(혹은 재상)이라는 직위가 설치되어 황제를 도와 국정을 처리하는 책임을 맡았으니 그 지위도 높고 권한도 컸다. 진나라에서 명나라에 이르기까지 승상이라는 직위는 호칭은 계속 바뀌었지만 줄곧 존재하여 중국 역사에서 2000년 가깝게 지속되었다. 승상은 황제의 유능한 조수일 수 있고, 동시에 황제의 권력에 위협이 될 수도 있다. 역사상 승상이 황권을 찬탈한 것은 결코 보기 드문 일은 아니었다.

주원장은 어렵고 위험한 일을 두루 겪고 황제의 자리에 오르자 황권을 강화하려 했다. 그는 다른 사람이 자신과 권력을 나누어 갖는 것을 결코 받아들일 수 없었다. 그는 승상이라는 직위가 황제의 권위에 큰 위협이 된다고 생각해서 없애려 했는데, 정당한 이유가 없어 고심했다. 후에 주원장은 호유용 사건을 빌려 자연스럽게 승상의 직위를 폐지하고 황권을 강화하려는 목적을 달성함으로써 중국에서 2000년 가까이 있어 온 승상 제도를 바꾸었다. 승상이 없어지니 황제의 권리는 더 커졌다. 황제가 이·호·예·병·형·공 육부를 직접 관할하고 사람을 죽이고 살리는 모든 생사여탈권을 장악했다.

이렇게 해서 명 왕조에서는 승상이 없어졌다. 후대의 이른바 '시대를 구한 재상' 우겸于謙, '간사한 재상' 엄숭嚴嵩, 그리고 장거정張居正은 모두 원래 의미의 승상이나 재상이 아니다. 청나라는 명나라의 제도를 답습

역사 돋보기

했기 때문에 여전히 재상을 두지 않았다. 그 유명한 '재상' 유라과劉羅鍋는 재상이라는 이름만 가졌을 뿐 실제 재상이 아니었다. 사실 따지고 보면 이 대신들에게는 재상이라는 명예도 없었다. 이른바 재상은 내각內閣 대학사大學士 또는 수석首席 대학사에 불과했다. 명나라와 청나라에서는 습관적으로 모든 대학사를 재상이라고 불렀는데, 이전의 명칭을 그대로 좇아 행한 것뿐이었다.

제4장

방효유와 십족 처형 사건

봉건시대 끔찍한
사법살인의 대명사

명나라 초기에 발생한 방효유方孝孺와 그의 십족十族이 주살당한 사건은 중국 법률제도의 역사뿐 아니라 중국의 역사에서도 매우 중요한 사건이다. 방효유가 중국 역사에서 유명한 것은 유가 경전에 대한 그의 박학다식함 때문이기도 하지만, 실은 중국 봉건사회의 잔인한 사법살인 사건의 대명사가 된 그의 비참한 운명 때문이다.

방효유는 주체朱棣가 일으킨 사건에서 자신의 정치적 책임감과 절개를 보여 주었음은 물론 도덕적인 원칙을 지키는 고상한 정조와 중국 옛 지식인의 인격적인 매력까지 확실하게 보여 주었다. 따라서 명대 만력萬曆 연간에 누군가가 그를 위해 사당을 짓고 정자를 세워 모두가 경의를 표할 수 있게 했다. 당시 저명한 희곡 작가인 탕현조湯顯祖는 특별히 그의 묘비를 세움으로써 그가 대대로 사람들의 흠모와 존경을 받게 하였다.

|1| 세상 지식인의 모범, 형장의 이슬로 사라지다

방효유의 자는 희직希直 또는 희고希古이고 절강浙江 영해寧海 사람이다. 타고난 자질이 총명하고 슬기로웠으며 근면하고 배우기를 좋아했다. 5세에 벌써 글을 읽을 줄 알았고 6세에 시문을 지을 수 있었다. 13세에는 훌륭한 문장을 지어 비범한 문학적 재능을 처음 드러냈다. 후에 당시의 이름난 문장가인 송렴宋濂의 문하에서 학문에 정진하여 대학자로서 이름을 알렸는데, 견문이 넓고 기억력이 좋아 경사經史에 통달했고 문장도 당대 으뜸이었다.

방효유는 홍무 15년(1382)에 명 태조의 부름을 받고 황제를 알현했으며 황제는 그의 재능을 높이 평가했다. 나중에는 촉헌왕蜀獻王[1]이 그를 세자의 스승으로 초빙했다. 방효유는 행동거지가 침착하고 재능이 출중하여 사람들에게 칭송을 받았으며, 그가 전수한 학문은 또한 '정학正學'이라 불렸다. 그는 세상 지식인들의 엄연한 모범이었다.

주원장이 죽은 후에 장손이 황위를 계승했는데, 그가 바로 건문제建文帝이다. 건문제는 즉위 후에 방효유를 남경南京으로 불러 한림시강翰林侍講의 직무를 맡겼다. 그리고 이듬해에 방효유는 다시 시강학사侍講學士로 승진했다.

건문제는 국가 대사를 자주 방효유에게 자문했다. 건문제는 글을 읽는 것을 좋아했는데, 글을 읽을 때 의문이 생기면 방효유를 불러 설명하게 했다. 때로는 조정에서 시사를 논의했는데, 황제는 군신들의 논의가 적당한지 알고 싶으면 방효유를 쉬는 곳인 내실로 불러 토론했다. 나중에 건문제는 관제官制를 개혁했고, 방효유는 문학박사文學博士를 맡게 되었다. 연왕燕王 주체가 군사를 일으켜 모반하자 방효유는 건문제를 위해 연왕을 징벌하는 조서詔書와 격문檄文의 초안을 작성했다.

연왕 주체는 강대한 군사력에 힘입어 쉽게 도읍에 입성했다. 건문제는 실종되었고, 건문제에 한마음으로 충성했던 방효유 역시 감옥에 수감되었다. 방효유의 재능과 학식, 인품을 우러러보았던 연왕은 방효유를 휘하에 두고 싶은 마음이 간절했다. 더욱이 그는 지식인들에게 호소력이 있었던 방효유를 이용해 자신의 왕위 찬탈을 지지하는 여론을 만들고 싶어 했다.

그러나 방효유는 충효를 처세의 규범으로 삼은 인물로서 그에게 연왕은 반란을 일으킨 사람에 불과했다. 차라리 죽을지언정 연왕에게 굴복할 리 없었다. 수체의 스승이자 핵심 책략가인 요광효姚廣孝는 방효유의 이러한 강직한 성격을 아주 잘 알고 있었다. 방효유를 보호하기 위해 요광효는 연왕이 북경에 들어가기 전에 간언하며 부탁했다. "북경을 점령하고 전쟁에서 이기더라도 방효유는 투항하지 않을 것입니다. 그러나 그를 죽이지는 마십시오. 방효유를 죽이시면 세상 지식인들의 모범은 없어질 것입니다." 연왕은 그의 말에 동의했다.

연왕은 북경에 입성하자 지체하지 않고 방효유를 불렀다. 그러나 방효유를 직접 보기도 전에 천지를 뒤흔드는 방효유의 곡성哭聲을 먼저 듣게 되었다. 곡성을 듣고 연왕은 마음이 아주 언짢았으나 그래도 꾹 참고 방효유를 설득할 수 있기를 바랐다. 연왕은 시종에게 종이와 붓을 가져오게 한 후, 방효유에게 다시 건네며 자신을 위해 즉위 조서를 써줄 것을 요구했다. 방효유는 붓을 땅바닥에 던져 버리고 울면서 연왕을 비난했다. "나를 죽이시오. 내 절대로 당신을 위해 조서를 쓰지는 않을 것이오." 연왕은 크게 분노했고 거리에서 방효유를 능지처참하라고 명령했다. 방효유는 이렇게 46세에 생을 마감했다.

방효유가 사형당한 후 연왕이 즉위하니 그가 명 성조成祖이다. 그는 방효유의 죄에 연좌제를 적용하도록 명령했다. 그의 모든 친척을 모조리 죽였을 뿐 아니라 친구들도 모두 죽이라고 명령했다. 이 사건으로 주살된 사람은 모두 합해서 수백 명에 이른다. 방효유의 학생 중에도 자결하여 스승을 따라 죽은 사람이 있었으니 모두 절강 영해 사람인 노원질盧原質, 정공지鄭公智, 임가유林嘉猷 등이다.

| 2 | 전무후무한 지식인 탄압

법률의 측면에서 보면 방효유 사건에는 두 가지 두드러진 특징이 있다.

첫째, 이번 사건에는 일반적인 절차가 없었다. 고발한 사람도 없었고 사건을 심리하여 판결한 사람도 없었고 판결도 없었다. 피가 낭자한 참혹한 처리 결과만이 있을 뿐이었다. 이 사건의 발생과 처리는 모두 명 성조와 방효유 간의 대화에서 이루어졌다.

방효유 사건이 발생한 데에는 역사적인 배경이 있다. 명 건문제는 즉위했을 때 나이가 아직 어려 국가와 군대를 다스리는 수완이 부족했다. 삼촌인 연왕 주체는 원래 태자가 아니었는데, 황제의 자리를 빼앗기 위해서 서슴지 않고 병란을 일으켰고 '정난의 변靖難之役'(즉 반란을 평정하는 전투)을 구실로 황제의 자리를 빼앗았다. 그리고 조카인 건문제를 전란의 불길 속에서 죽게 했다. 봉건사회의 가치관으로 판단하면 주체는 윤리와 효도를 지키는 군자가 아닌, 권위를 위해서 수단을 가리지 않는 소인이다. 주체 또한 자신의 행위가 명분이 정당하지 않다고 느낀 것 같다.

그는 전쟁에서는 승리했지만 아직 민심을 얻지 못한 것 같았다. 그러므로 주체는 천하를 얻은 후에, 먼저 그 최고 권력의 근원이 합법적인가 하는 중대한 문제에 직면했다. 주체의 입장에서는 하루라도 빨리 민심이 자신에게 돌아와야 했고, 합법적이고 합리적인 사상과 여론을 형성해야 했다. 사상과 여론을 통제하려면 먼저 지식인을 대상으로 해야 한다. 지식인들은 민간의 여론을 좌우하는 거대한 영향력을 가지고 있기 때문이다.

이러한 때 주체와 협력하지 않겠다는 방효유의 단호한 태도는 주체에게는 일종의 '반역 행위'였다. 반역 행위와 관련된 데다 방효유가 명 성조 주체의 면전에서 그의 왕위 찬탈에 대해 경멸과 불만을 나타냈기 때문에, 그에 대한 처벌과 선고도 일반적인 사법재판 과정을 거치지 않고 명 성조가 직접 했다.

이로써 다른 문자옥文字獄과 마찬가지로 방효유 사건 역시 왕조 사상, 황권 의식, 정통(적장嫡長의 혈통) 사상이 낳은 산물임을 알 수 있다. 방효유와 그의 십족을 주살한 근본 목적은 황권의 합법성에 도전하는 사상이나 행위를 잔혹한 수단으로 엄하게 처벌함으로써 왕조의 통치를 굳건히 다지고 지속시키는 데 있었다. 정치적인 억압과 문화사상의 속박이

심했던 명 왕조이므로 이처럼 거리낌 없이 살육한 것도 이해하기 어렵지 않다.

둘째, 이 사건의 처리 결과는 전무후무한 것이었다. 족형族刑은 한 사람이 죄를 저지르면 온 가족이 불행을 당하는 형벌인데, 통치자들이 지극히 중대하다고 여기는 범죄는 족형으로 처벌할 수 있었다. 봉건사회에서는 만일 어떤 사람이 그러한 범죄를 저질렀다면, 그는 자신이 저질렀으니 자신만 책임지면 된다고 주장할 수 없었다. 그 자신이 중벌을 받는 것은 물론이고 그의 가족도 화를 피할 수 없었다. 그러나 사건에 따라 실제로 족형을 적용하는 데에 차이가 있었다.

먼저 족형의 적용 범위에서 차이가 있었다. 범죄가 심각한 정도와 황제의 뜻에 따라 연루되는 친족의 범위가 달랐는데, 일반적으로는 삼족三族 또는 구족九族을 주살했다. 다음으로는 적용되는 형벌의 종류가 달랐다. 예를 들면 범죄를 직접 행한 사람은 일반적으로 사형에 처해진다. 그러나 고대의 법률에서는 사형 방식에도 여러 종류가 있어 황제는 개인의 상황에 따라 정도가 다른 족형을 가했다.

방효유 이전에는 "십족을 주살한다"는 말이 없었다. 가장 무거운 형벌이라도 '구족을 주살하는' 것이었다. 이른바 '구족'에 대한 해석에는 왕조마다 차이가 있었는데, 명나라와 청나라 시기에는 일반적으로 죄인의 위로 4대와 아래로 4대, 거기에 죄인 자신의 세대를 더한 것이었다. 왕조마다 해석이 어떻게 달랐든, 친구나 제자를 일족으로 삼은 적은 없었다.

그러나 방효유 사건에서는 친구와 제자까지도 연루되었다. 『명사기

사본말『明史紀事本末』「임오순난壬午殉難」에 주체가 자신에게 협력하지 않으면 구족을 멸하겠다고 위협한 것, 방효유가 십족을 멸한다 해도 굴복하지 않겠다고 한 것, 분노한 황제가 방효유의 친구와 제자까지 잡아들여 처형한 것 등이 상세하게 기재되어 있다(100~101쪽 참조). 십족을 벌한 이 전무후무한 족형 사건은 이렇게 생겨났으며, 방효유의 비극은 당시 지식층에게는 대재난이라고 할 수 있다.

| 3 | 역사의 잔재

억울한 문자옥

중국 고대 사상과 문화 영역에서 가장 전제적이고 가장 잔혹한 것으로 문자옥보다 더한 것은 없다. 문자옥은 중국 봉건사회의 중요한 문화 정책이자 억압의 수단으로, 역대 거의 모든 통치자가 사용해 왔다. 수천 년간 이어진 중국 봉건사회에서 중앙집권이 날로 강화되었다는 것은 문화적인 면에서는 문자옥이 날로 흥성했다는 데 잘 반영되어 있다.

방효유 사건 이후 그의 서적 역시 금지되었는데, 방효유의 시문을 간직하면 죄가 사형에 이르렀다. 방효유의 문하생들은 어쩔 수 없이 방효유의 시문집의 제목을 『후성집侯城集』으로 바꾸었고 이렇게 해서 비로소 후세에 전해질 수 있었다. 영락永樂 3년(1405), 서길사庶吉士 장박章樸이 집에서 방효유의 시문을 간직하고 있다가 참형에 처해졌다. 방효유와 관련된 문자 역시 사용이 금지되었는데, 예를 들면 방효유의 스승인 송렴

(『원사元史』의 저자)의 시집 가운데 "방 서생書生이 영해寧海로 돌아가는 것을 배웅하다"라는 구절이 있는데, 전부 삭제하고 먹을 칠해 놓았다.

자유와 사상에 대한 법률이자 문화를 억압하는 수단으로서의 문자옥은 봉건 독재의 산물로 오랫동안 봉건사회에 존재해 왔다. 명대에 이르러 관리들 가운데 문자옥으로 인해 유죄를 선고받는 사람이 많아졌고 통치자들은 또한 가혹한 형벌로 이들을 다스렸다.

태조 주원장은 출신이 보잘것없는 데다 중도 되었다가 홍건군에도 참여했기 때문에 문자에 대해 여러모로 의심했으며, '적賊(도둑)' '도盜(훔치다)' '승僧(중)' '곤髡(삭발하다)' 등과 음이 같거나 비슷한 글자들을 특히 싫어했다. 그는 위씨현尉氏縣의 교유敎諭 허원許元이 쓴 『만수하표萬壽賀表』의 한 구절 '체건법곤體乾法坤, 조식태평藻飾太平'에서 '법곤'은 '발곤髮髡'[2]을 의미하고 '조식'은 '조실早失'[3]을 의미하는 것이라고 보고 허원을 참형에 처했다. 처주處州 부학府學의 교수敎授 소백형蘇伯衡도 마찬가지의 경우이다. 『명사明史』「소백형전蘇伯衡傳」은 이렇게 전한다. "임금께 올린 표문에 오류가 있다고 하자, 그를 심문하여 죽였다." 절강浙江 부학의 교수 임원량林元亮이 지은 『사증봉표謝增俸表』에는 '작칙수헌作則垂憲'이라는 구절이 있다. 주원장은 '칙'이 '적賊'을 의미하는 것으로 보고, 이는 자신이 군사를 일으켜 홍건적이 되었던 것을 욕한 것이라 하여 임원량을 참형에 처했다.

명 초기의 이 같은 문자옥은 청대 문자옥의 서막이었다. 청나라 통치자들은 명대의 문자옥을 그대로 답습하여 대형 문자옥을 잇달아 일으켜 사상문화 영역의 '백색 테러'를 자행했다. 현실 통치에 불리한 사상이나 학설은 모두 억압하고 말살했다.

가혹한 족형

봉건사회의 정통 사상은 유가사상이다. 봉건사회의 법률 역시 한나라 때부터 유가의 학설을 철저하게 실현했고 유가 학설의 핵심 내용을 법률 속으로 점차 포함시켰다. 그렇다고 해서 법률의 모든 내용에 유가사상을 반영한 것은 결코 아니었다.

『대명률大明律』에 족형을 설치하고 방효유 사건에서 '십족을 멸하는' 형벌을 집행한 것은 유가의 주장과는 완전히 상반된 것이다. 유가에서는 "악을 미워하는 것은 당사자에서 끝내야 한다"[4]고 말한다. 즉 어떤 사람이 좋지 못한 행동을 했으면 그 사람에게만 형벌을 가해야 한다는 것이다. 통치자들이 이러한 혹형을 만든 것은 단지 화근을 철저히 없애서 통치를 유지하고자 함이었음을 알 수 있다.

사서의 기록에 의하면, 연왕 주체가 방효유에게 즉위 조서를 대신 쓰게 한 날 방효유는 사람들 앞에서 엉엉 소리 내어 울었는데, 그 소리가 궁궐의 뜰까지 들렸다. 명 성조, 즉 연왕 주체 역시 상당히 마음이 움직여 어전에서 내려와 그에게 말했다. "선생, 이러지 마시오. 나는 그저 주공周公이 성왕成王을 보필한 것을 본받으려 하는 것뿐이오." 그러자 방효유가 반문했다. "성왕은 어디에 있습니까?" 명 성조는 대답했다. "이미 스스로 불에 타 죽었소." 방효유가 물었다. "그렇다면 어찌 성왕의 아들을 세우지 않는 것이오?" 성조가 대답했다. "나라는 성년이 된 사람이 임금이 되어야 합니다." 방효유가 말했다. "그렇다면 어찌 성왕의 동생을 세우지 않는 것이오?" 성조가 대답했다. "그것은 짐의 집안일이오!" 그리고는 사람을 시켜 붓을 방효유에게 건네주고 말했다. "이 일은 선생이 하지 않으면 안 되오!"

방효유는 붓을 집어 들고 빠른 속도로 '연왕이라는 도적이 제위를 찬탈하다燕賊簒位'라고 몇 글자 적고는 붓을 땅에 던지고 울면서 욕했다. "죽으면 죽었지 조서의 초안을 작성할 수 없소." 주체는 화를 내며 말했다. "너는 네 구족九族은 생각하지 않느냐?" 방효유는 단호하게 대답했다. "십족을 멸한다 해도 나를 어찌할 수 없을 것이다!" 목소리가 더욱 준엄했다.

주체는 분노로 제정신이 아니었다. 방효유의 강경한 말투에 격분하여 사람을 시켜 방효유의 입을 귀밑까지 찢게 했다. 피와 눈물이 마구 흘렀다. 그런데도 방효유는 피를 뿜으며 매섭게 욕설을 퍼부었다. 주체는 엄한 목소리로 말했다. "네 어찌 빨리 죽을 수 있겠느냐? 십족을 멸해야 한다!" 주체는 방효유를 옥에 가두고 그 가족들을 체포해 수도로 압송하여 방효유가 보는 앞에서 한 사람씩 죽였다. 방효유는 비통함을 가까스로 참으면서도 끝까지 굴복하지 않았다. 친동생인 효우孝友가 사형에 처해지자 방효유는 비 오듯 눈물을 쏟았다.

효우는 태연히 시를 읊었다. "형님 어찌하여 눈물을 흘리십니까? 정의를 위해 이곳에서 목숨을 바치는데. 아름답게 조각한 돌기둥이 천 년 후, 떠도는 혼을 예전처럼 고향 산천으로 돌아오게 하리니." 방효유도 임종을 맞아 시 한 수를 지었다. "하늘이 전란으로 뿔뿔이 흩어지게 하니 누가 그 이유를 알까. 간신의 꾀가 먹혀드니 계략으로 나라를 차지하는구나. 충신은 분노로 피눈물이 흐르네. 이제 군주를 위해 목숨을 바치니 더 무엇을 바랄까? 아! 슬프도다! 무릇 나의 허물은 아니거늘."

주체는 급기야 구족에 일족을 더하여 방효유의 제자와 친구까지도 이 일에 연루시켰다. 이것이 바로 전대미문의 '십족을 멸한' 사건으로 도합 873명의 사람이 모두 능지처참되었고, 감옥에 갇히거나 유배형에 처해진 사람은 수천 명에 이르렀다.

방효유는 닭 잡을 힘도 없는 일개 서생에 불과했지만 전제 군주의 폭력에 맞서서도 죽음을 두려워하지 않았고, 지조를 지켜 굴복하지 않았으니 온 천지와 귀신조차 감동시켰다고 할 수 있다. 그는 후대 사람들로부터 무한한 존경과 칭송을 받았다. 그의 절개는 역사적으로도 실제로 보기 드물었고, 이것이 바로 중국인들이 말하는 '선비는 자기를 알아주는 사람을 위해 죽는다'는 말에 들어맞는 것이다. 방효유가 죽은 후 그의 문하생인 덕경후德慶侯 요영충廖永忠의 자손인 용庸, 명銘 등의 사람들이 그의 유해를 거두어 취보문聚寶門 산 위에 묻었다. 영해현의 현도縣都에서 죽은 방씨 일족은 수양아들인 마자동馬子同이 그 유해를 거두어 우물 안에 던져 넣으니 뒷날 이 우물은 '의로운 우물義井'이라 불렸다.

역사가 남긴 것

사람을 죽이고 살릴 수 있는 대권을 장악한 황제라는 집권자는 법률에 있는 형벌을 마음대로 집행할 수 있을 뿐 아니라 법률이 규정한 기초에서 확대하여 미증유의 혹형을 만들어낼 수 있었다. 또 이 같은 형벌로 자신들이 극악하다고 여기는 죄인들을 죽일 수 있었다.

우리는 명나라 초기 4대 사건에서 황제의 격노, 증오, 의심 등의 여러 정서로 인해 생긴, 시체가 온 들판에 널리고 피가 흘러 강이 되는 참상을 볼 수 있었다. 또한 이들 사건을 통해 황제가 자의적으로 혹형을 만들어낸 것을 알 수 있었다.

명 성조는 방효유의 친족과 친구들을 죽인 후에 방효유의 서적 간행은 물론 그의 시문을 간직하는 것에도 죄를 물어 죽음에 이르게 했으며, 사서에서 방효유와 관련된 자구들도 모두 삭제했다. 이것은 방효유에 대한 명 성조의 증오심이 이미 더할 나위 없는 정도에 달했음을 보여 준다. 그의 몸과 혈통을 끊은 것은 물론이요, 그의 사상도 없애고 게다가 그를 역사에서 지우려 했다. 이러한 징벌의 참혹함은 이 사건을 통해 그 전모를 짐작할 수 있다.

이같이 두려운 사건은 오늘날에는 다시 일어날 가능성이 없다. 법률 규정을 보면 각종 혹형은 이미 폐지되었다. 오늘날에는 '죄는 당사자에 그친다'는 형벌 원칙을 특히 강조한다. 다시 말해 범죄 행위를 한 사람만 형벌의 집행 대상으로 삼을 뿐이지 무고한 친척이나 가족을 연루시키지 않는다. 이 같은 처벌 방식은 형벌이 문명화되었음을 나타내며 또한 자신의 행위는 자신이 책임진다는 취지를 구현한 것이다.

가혹한 형벌들 2

혀 절단

한나라 초기에는 혀의 절단이 사형에 부가된 일종의 수단이었다. 당시 반란을 도모하거나 반역죄를 저질러 삼족이 처형되는 중대 사건의 범인들에게는 '오형을 갖추어' 사형을 집행했다. 그 가운데 비방하거나 욕설을 한 범인에게는 경면鯨面, 의형劓刑, 발가락을 자르는 형벌 외에도 반드시 먼저 혀를 베는 형벌을 가했다. 후에 명청시대에 이르러서도 여전히 사용되던 능지처참형을 집행할 때도 일부 범인들의 경우 먼저 혀를 베는 일이 흔했는데, 이것은 그가 사형 집행에 이르러 소리를 지르거나 욕설을 퍼붓지 못하게 하기 위해서였다. 그밖에도 혀를 베는 동시에 치아를 때려서 떨어지게 하는 경우도 있었다.

혀를 베는 형벌은 한나라 이후 여러 차례 기록에 보인다. 한나라 말기 동탁董卓이 난을 일으켰을 때였다. 동탁은 북방의 반역자들 수백 명을 꾀어내어 투항하게 했다. 그러고는 무사들을 시켜 자신 앞에서 그들의 일부는 혀를 자르고 일부는 수족을 자르고 일부는 눈을 파내었으며, 또 다른 자들은 큰 가마솥 안에 넣어 삶아 죽였다. 미처 죽지 않은 사람들이 연회 자리 옆에서 몸부림치며 비명을 질렀다. 자리에 앉은 손님들은 놀라서 젓가락과 국 숟가락을 제대로 잡지 못했다. 그러나 동탁은 늘 그랬듯이 먹고 마시며 태연자약하게 담소를 나누었다.

삼국시대에 위나라의 제갈탄諸葛誕은 군사를 일으켜 사마씨司馬氏를 정벌하고 사마씨에 충성한 악진樂進의 차남인 악림樂琳을 죽였다. 어떤 전농

도위典農都尉가 평소에 자주 악림 앞에서 제갈탄을 나쁘게 말했는데, 그 역시 이때 잡혀 왔다. 제갈탄은 그에게 욕설을 퍼부었다. "너는 단지 세 치 혀로 시비를 일으켰으니, 내 오늘 너를 어찌 용서할 수 있겠느냐!" 제갈탄은 무사에게 명령하여 대꼬챙이로 그의 혀를 뚫고 뽑아내 입 밖에 가로로 걸쳐 놓은 후에야 그를 죽였다.

당나라 안사의 난 때, 상산常山 태수太守인 안고경顔杲卿은 부대를 이끌고 저항하다가 전투에서 패하고 포로가 되었다. 그는 투항을 거부했을 뿐 아니라 격한 어조로 안녹산安祿山에게 욕을 했다. 안녹산은 크게 분노하여 그를 다리 기둥에 묶고 살을 베어내게 했다. 그런데도 안고경이 계속 욕을 하자 안녹산은 그의 혀를 베어내라고 명령하고 그에게 물었다. "아직도 욕을 할 수 있느냐?" 안고경은 입안에 피가 가득하여 말소리가 분명하지 않았다. 그는 조금 지나서야 비로소 죽었다.

명대에는 각종 혹형이 넘쳐났다. 연왕 주체는 정난의 변을 일으켜 남경을 점령하고 조카 건문제의 제위를 찬탈한 후 방효유에게 천하에 알릴 조서의 초안을 쓰게 했다. 방효유는 쓰려 하지 않았고 연왕에게 의롭지 못하다며 욕을 했다. 주체는 격노하여 무사들에게 방효유의 혀를 당겨 칼로 베도록 했고 그의 입을 양 귓가까지 찢게 했다. 방효유는 그래도 굴복하지 않았고 장렬하게 목숨을 바쳤다.

손 절단

전국 말기에 연燕나라 태자인 단丹은 진秦나라의 왕 영정嬴政을 암살하려는 계획을 세웠다. 그는 이 계획을 실현하기 위해 온갖 방법을 써서 무술의 달인인 자객 형가荊軻를 구슬려 끌어들였으며, 돈이든 미녀든 형가가 원하면 뭐든 갖게 해주었다. 형가가 무심코 천리마의 간이 맛있다고 말하자 태자 단은 자신이 몹시 아끼는 말을 곧바로 죽였다. 어느 날 태자 단은 화양華陽의 대臺에서 연회를 베풀면서 미녀 한 명에게 거문고를 타게 해 주흥을 돋우었다. 여자는 구성지고 은은하게 거문고를 연주했다. 거문고 소리에 감동한 형가가 감정을 억제하지 못하고 칭찬했다. "훌륭한 손이요!" 태자 단이 즉시 형가에게 이 미녀를 주겠다고 하자 형가가 말했다. "그녀의 미색에 빠진 것이 아니라 그녀의 두 손이 마음에 든단 말이오!" 태자 단은 사람을 시켜 그녀의 두 손을 베어내어 옥쟁반에 담아 형가 앞에 내려놓게 했다.

후대 사람들은 연나라의 태자 단이 사람의 손을 절단한 것을 모방하여 사람을 징벌하는 혹형으로 삼았다. 한나라 초에 여후呂后가 독재할 때, 여후는 유방이 생전에 사랑했던 척戚부인을 두 손과 두 발을 자르고 변소에 내던진 후 '사람돼지'라고 칭했다. 어떤 왕조는 손 절단을 관가에서 정식으로 사용하는 형벌에 넣었다. 진晉나라 초기, 정위廷尉였던 유송劉頌은 진 무제武帝인 사마염司馬炎에게 상소를 올려 육형肉刑을 다시 사용할 것을 건의했다. 그는 고대사회에서 육형을 사용한 것은 일리가 있다고 생각했다. 범죄를 처벌하려면 반드시 범죄를 저지른 '도구'를 제거하는 것이 '간사한 행위를 멈추게 하고 원인을 없애는 것'이기 때문이다. 그러므로 그는 절도를 한 범인은 손을 자르는 형벌에 처해야 한다고 생각했다.

일부 왕조에서는 손목을 절단하는 형벌을 정식으로 규정하지 않았어도 실행했던 사례가 가끔 있었다. 북위北魏 때 가혹하기로 유명했던 관리 우락후于洛侯는 손목을 절단하는 형벌을 썼는데, 그가 다스리는 백성 가운데 부치富熾라는 사람이 가벼운 절도죄를 저질렀다. 우락후는 그에게 100대의 채찍질을 가하고 그의 오른손을 절단했다. 또 왕롱객王隴客이라는 백성이 두 명을 찔러 살해한 사건이 있었다. 법률에 따르면 사형만 판결해야 하는데, 우락후는 왕롱객의 혀를 뽑고 가슴과 배 20여 곳을 찌르게 했다. 그리고 네 개의 나무기둥을 세워 그의 팔다리를 고정시킨 후 손목과 발목을 절단하고 마지막으로 목을 베었다.

명대의 혹형은 명목이 아주 많았다. 연왕 주체는 정난의 변을 일으켜 남경을 점령한 후 건문제 때의 형부 상서 폭소暴昭를 잡았는데, 폭소가 굴복하지 않자 무사를 시켜 먼저 그의 이를 때려 떨어지게 한 후 손과 발을 절단했다. 폭소는 그래도 욕설을 그치지 않았고 목이 잘리고 나서야 절명했다.

중국 국경 내의 일부 소수민족도 역사적으로 절도죄를 저지른 사람들을 처벌하는 데 손목을 절단하는 형벌을 관습적으로 사용했다. 그 가운데 티베트 민족에게는 '소가죽으로 손을 싸매는' 전통적인 형벌이 있었다. 먼저 죄인의 손에 칼로 여러 군데 길게 상처를 낸 뒤, 손바닥에 소금을 올려놓고 꼭 쥐게 한다. 그런 다음 가공하지 않은 소가죽으로 손을 싼 후 줄로 단단히 꿰맨다. 손에 난 상처에 소금이 배어들면 죄인은 고통으로 까무러쳤다 깨어날 정도가 된다. 시간이 어느 정도 지나서 소가죽을 벗겨 보면 손의 근육이 전부 괴사하여 백골만이 남는다. 이런 형벌은 비록 손을 절단하지는 않지만 그 고통은 손을 절단하는 것보다도 더 크다.

능지처참

고대 중국의 여러 잔혹한 형벌 가운데 가장 잔인무도한 것으로 능지凌遲보다 더한 것은 없다. 능지는 원래 '陵遲'로 쓴다. 본래는 산언덕이 완만하게 아래로 경사져 있는 비탈을 뜻하는데, 후세 사람들이 이 말을 형벌의 명칭으로 사용한 것은 거기서 '완만하다'는 뜻만을 취한 것이다. 즉 아주 느린 속도로 사람을 죽이는 것이다.

이 '느리다'는 뜻을 구체적으로 표현하면, 사람 몸의 살을 한 점씩 베어내기 시작하여 거의 모든 살을 다 베어내면 비로소 배를 가르고 목을 베어내 죄인을 죽게 한다는 뜻이다. 그래서 능지를 또한 연할臠割(잘게 저미다), 과刮(살을 바르다), 촌책寸磔(사지를 찢는 형벌) 등으로도 불렀다. 이른바 '천도만과千刀萬剮'(갈래갈래 자르다)가 가리키는 것이 바로 능지이다.

능지가 정식 형벌이 된 것은 대부분 오대五代부터 시작된 것이라고 보고 있다. 남송南宋 때 간행된 『경원조법사류慶元條法事類』에서는 능지와 참斬, 교絞를 사형의 종류로 같이 나열했다. 원元대 법률이 규정한 사형에는 참수형은 있었으나 교수형은 없었다. 또 극악한 대죄에 대해서는 능지처참할 수 있도록 규정해 놓았다. 명대의 능지 형벌은 모반한 대역大逆 행위 등에 적용되었을 뿐 아니라 때로는 죄가 비교적 가벼운 죄인도 능지처참했다.

명대에 유명한 능지처참 사례가 두 건이 있다. 하나는 정덕正德 연간의 환관 유근劉瑾의 사례이고, 다른 하나는 숭정제崇禎帝 때의 진사進士 정만鄭鄤의 사례이다. 정덕 5년, 유근은 모반죄로 사형을 판결받았다. 황제가 명령을 내려 그를 '3일간 능지에 처하고' 그런 후에 시체를 절단해 효수

梟首하도록 특별 비준했다. 전례에 따르면 살을 베어내는 횟수는 3357차례가 되어야 하고, 열 번 베어낸 후 한 번 쉬며 큰 소리를 낸다. 유근은 최종적으로 3357번 살점이 베였다.

사람을 분노케 하는 또 다른 능지 사례는 명말의 명장 원숭환袁崇煥 사건이다. 숭정제는 이간책에 넘어가 그가 적과 내통하고 나라를 팔아먹으려 했다고 오해하고 그를 능지처참에 처하도록 판결했다. 형을 집행하기 전에 어망으로 몸을 덮고(근육이 튀어나오게 하여 칼로 베어내기 편하도록) 그를 거리에 끌고 다니면서 조리돌림을 했다. 북경의 무지한 민중들은 앞다투어 그의 살점을 한 점 한 점 베어 물었고, 나중에는 심장까지 베어 물었다. 회자수(망나니)가 규정에 따라 그의 몸의 근육을 한 점씩 베어냈는데, 많은 백성이 주변에 둘러서서 잘한다고 외치며, 돈을 내고 그의 살을 사서 한 입 베어 물고 '매국노'라고 욕했다.

무술변법 이후, 청 조정은 국내외의 시대적 조류에 순응하여 전통적인 악정惡政을 개혁하지 않을 수 없었다. 광서 31년, 법률을 수정하는 일을 맡은 대신大臣 심가본沈家本이 상주를 올려 능지 등의 중형을 폐지할 것을 아뢰었고, 청 조정은 이를 비준하여 능지와 효수, 육시戮屍(이미 죽은 사람의 목을 베는 형벌) 등의 법을 "영원히 폐지하고 모두 참형에 처하는 것으로 바꾸라"는 명령을 내렸다.

가항(목에 칼 씌우기)

가항枷項은 범인을 포박한 채 칼을 씌워 관아 앞이나 시내 한복판에 두어 대중에게 보이는 형벌이다. 만일 칼의 무게가 지나치게 무거우면 형벌을 받는 사람이 쉽게 죽음에 이를 수 있어 이는 혹형일 뿐 아니라 일종의 사형이기도 했다.

칼은 상나라와 주나라 때부터 사용되기 시작했다. 동진東晉의 건위장군建威將軍 염수閻粹는 병주幷州 자사刺史인 동영공東瀛公 사마등司馬騰을 부추겨 산동에서 북방의 오랑캐들을 잡아다 부잣집에 노예로 팔아넘기고 그 돈으로 군수품을 충당하게 했다. 사마등은 부하 무관인 곽양郭陽, 장륭張隆 등을 보내 적지 않은 오랑캐들을 잡아다가 두 사람씩 함께 칼을 씌워 기주冀州로 압송할 채비를 했다. 나중에 후조後趙의 황제가 된 석륵石勒이 당시 겨우 20세 정도였는데 칼을 쓴 채 그 대열에 끼어 있었다.

당시의 칼의 모양이나 크기, 무게는 자세히 고증하기 어렵지만, 포로의 목을 고정하는 나무로 제작됐다는 것은 분명하다. 두 사람에게 하나의 칼을 씌운 것은 이들이 도망가지 못하도록 한 것이다. 나중에 칼은 점차 개선되어 널리 쓰였고, 모양도 대체로 통일되었다.

북위北魏에서는 칼을 정식으로 관가에서 사용하는 형구의 하나로 선포했다. 그리하여 후대의 누군가는 칼이 '후위後魏에서 시작되었다'고 생각했다. 북위 효문제孝文帝 태화太和 연간에도 칼은 여전히 통일되어 있지 않았다. 당시 법관들과 주군州郡의 고급 관리들은 대체로 무거운 칼이나 큰 칼을 제작했다. 칼을 씌우는 것 외에도 범인의 목에 돌을 매달기도 했는데, 돌을 묶은 새끼줄이 살가죽을 깊이 파고들었고 심지어 목등뼈를 부러뜨리기도 했다.

북제北齊, 북주北周에서 수隋나라에 이르기까지 모두 북위의 법규를 답습하여 보편적으로 칼을 사용했다. 수 개황開皇 연간에 조정에서는 칼의 크기에 대해 구체적으로 규정했다.

　당唐대에는 칼을 사용하는 것이 더욱 흔히 있는 일이었다. 『당육전唐六典』에 다음과 같이 기재되어 있다. "유형이나 징역형에 처해져 노역을 하게 된 사람들에게는 겸鉗(작은 칼)을 씌우고, 겸이 없으면 반가盤枷(큰 칼)를 씌운다. 병이 있거나 보증인이 있으면 벗게 해 준다. 큰 칼의 길이는 다섯 자 이상 여섯 자 이하이며, 작은 칼의 길이는 두 자 다섯 치 이상 여섯 치 이하이다(1자는 약 30.3cm, 1치는 약 3.03cm). 너비는 한 자 네 치 이상 여섯 치 이하이며, 지름은 세 치 이상 네 치 이하이다. 그러나 당대의 가혹한 관리들은 규정한 길이를 따르지 않고 갖은 궁리를 다해 크고 무거운 칼을 제작했다.

　가장 유명한 칼은 측천무후 때 가혹한 관리로 이름난 내준신來俊臣이 제작한 것이다. 그가 만든 큰 칼에는 열 종류가 있었다. '정백맥定百脈' '천불득喘不得' '돌지후突地吼' '저즉승著卽承' '실혼담失魂膽' '실동반實同反' '반시실反是實' '사저수死猪愁' '구즉사求卽死' '구파가求破家'가 그것이다. 그밖에 특히 무거운, '꼬리'라 불린 칼이 있었다. 내준신과 같은 시기의 또 다른 가혹한 관리 삭원례索元禮의 방법은 더욱 괴상하다. 그는 범인을 바닥에 꿇어앉게 한 후, 두 손으로 칼을 받쳐 들게 하고 칼의 앞부분에 벽돌을 한 무더기 올려 놓았다. 그리고 이것을 '신선이 열매를 바치는 것仙人獻果'이라고 불렀다. 또는 범인을 높은 곳의 횡목橫木 위에 세워 놓은 후 목에 씌워진 칼을 돌려서 긴 쪽을 목 뒤로 가게 하면, 범인은 몸을 앞으로 기울일 수밖에 없고 목은 더욱 조여지게 되는데, 이것을 '선녀가 사다리를 오르는 것玉女登梯'이라 불렀다.

송대에는 칼의 무게를 일정하게 제한했는데, 처음에는 25근과 28근 두 등급으로 나눴다. 경덕景德(1004~1007) 초기에는 제점提點(송나라 때 벼슬)인 하북로河北路 형옥刑獄의 진강陳綱이 글을 올려 장형죄를 제정하도록 청하고, 또한 15근 무게의 칼을 추가로 사용하여 세 등급이 되도록 요청했다. 송 진종眞宗 조항趙恒은 이를 허락하고 조서를 내려 시행을 공포했다. 그러나 시행할 때 칼의 무게가 자주 규정을 초과했다. 일부 지방에서 제작한 칼은 얇은 철판으로 가장자리에 테를 둘러 '철엽가鐵葉枷'라고 불리었다.

명대 초년에 태조 주원장은 칼의 크기를 통일하라는 명령을 내렸는데, 칼의 길이는 다섯 자 다섯 치, 폭은 한 자 다섯 치로 하며 건목乾木으로 제작할 것을 규정했다. 사형수가 쓰는 칼은 무게가 35근, 징역이나 유형流刑을 받은 죄인들이 쓰는 칼은 20근, 장형杖刑을 받은 죄인들이 쓰는 칼은 15근이었는데, 길이나 무게를 모두 칼 위에 새겨 놓았다. 홍무 26년, 북경의 각 관아에서 사용하는 형구는 모두 검사를 거쳐 규정된 기준에 맞는 것만 사용하라는 황명이 내려졌다. 더욱이 각종 형구는 반드시 지정된 곳에서 제작되어야 하며 마음대로 만들어 사용할 수 없도록 했다.

그러나 실제로 명대에 규정된 무게를 초과하는 칼을 사용하는 상황은 이전 왕조들에 비해 더욱 심했다. 환관이 통제하는 동창東廠, 서창西廠, 금의위錦衣衛의 졸개들은 너 나 할 것 없이 살인에 이골이 나서 풀 베듯 사람을 죽였다. 그들이 사용한 칼은 점점 더 무거워졌고 점점 더 기이한 형태로 제작되었다.

정덕正德 초년에 환관인 유근劉瑾이 권력을 독점했을 때 만든 큰 칼은 무게가 150근에 달했다. 급사중給事中 안규安奎와 어사御使 장욱張彧이 황제의 명을 받들어 다른 지역에 가서 토지세를 자세히 조사하고 북경으로 돌아왔다. 유근은 그들에게 뇌물을 요구했으나 만족하지 못하자 트집을 잡아 두 사람에게 무게가 150근인 큰 칼을 씌워 동서공생문東西公生門 앞에 세워 놓았다. 당시는 여름철이라 폭우가 밤낮으로 그치지 않고 내려 두 사람은 물에 빠진 병아리 같았지만 그 어느 누구도 감히 그들을 한 발자국도 옮겨 주지 못했다. 또 도어사都御史 유맹劉孟이 부임이 늦어지자, 그를 수도로 압송해 칼을 씌우고 이부吏部의 관아 밖에 세워 놓았다. 어사御史 왕시중王時中도 유근의 미움을 사서 삼법사三法司의 패루牌樓 아래에서 칼을 쓴 채 있어야 했다. 멀리 또는 가까이에서 에워싸고 보던 사람들은 모두 참지 못하고 눈물을 흘렸다. 문관들은 멀리서 이를 지켜보고 모두 풀이 죽어 고개만 떨굴 뿐 감히 한 사람도 가까이 가 보지 않았다.

만력 연간에 명 신종神宗 주익균朱翊鈞은 신식 형구를 만들었는데, 이름을 입가立枷라고 불렀다. 이 칼은 앞부분이 길고 뒷부분은 짧았다. 죄인의 목에 이 칼이 씌워지면 긴 쪽이 땅에 닿아 선 채로 있어야만 했고 무릎을 꿇거나 앉을 수도 없었다. 입가는 무게가 300근도 넘었으며 죄인들은 선 채로 죽었다.

동창과 금의위에서는 황제가 직접 결정을 내린 범인에게 자주 입가를 사용했는데, 범인들은 대부분 하루 안에 목숨을 잃었다. 만일 빨리 죽지 않는 사람이 있으면 형 집행을 감독하는 교위校尉가 칼을 줄로 쓸어 높이를 세 치 낮춘다. 그러면 죄인은 똑바로 서지 못하고 두 다리를 조금 굽히고 억지로 버티게 되는데, 잠시 후 힘이 다 빠지면 숨이 끊어져 죽는다. 만일 죄인이 동창이나 금의위에서 눈여겨보는 중요한 죄인이 아니거나 혹은 원수가 감독하지 않는 상황이라면, 범인의 가족들은 거지를 고용해 그로 하여금 밤에 등으로 죄인의 엉덩이를 짊어지게 했다. 이렇게 하면 죄인이 거지의 등에 엉거주춤한 자세로 앉아서 조금이라도 다리를 쉬게 되어 빨리 죽지 않을 수 있었다.

청대에도 목에 칼을 씌우는 형벌과 칼을 씌워 대중에게 공개하는 조치가 있었다. 강희 8년(1669), 칼을 씌워 공개해야 하는 범인들이 쓰는 칼은 무거운 것은 70근, 가벼운 것은 60근으로, 길이는 세 자, 폭은 두 자 아홉 치로 규정했다. 또 각 관아에서는 형부刑部에서 제작한 모양대로 집행하고 규정을 어기지 말라고 황명을 내렸다. 각지의 관리들은 대부분 규정을 준수했지만 일부 가혹한 관리들은 독창적인 방법으로 칼의 모양에 변화를 주었다.

장주長州의 현령縣令 팽彭아무개는 지가紙枷, 즉 얇은 종이로 칼을 만들었고 동시에 종이로 만든 조끼인 '지반비紙半臂'도 제작했다. 식량을 빚진 사람들에게 팽아무개는 지가를 씌우고 지반비를 입혀 포박하여 관아의 문 앞에 두고 사람들이 보게 했다. 종이로 만든 이 형구는 비록 가볍지만 팽아무개는 조금도 훼손하지 못하게 했다. 훼손할 경우 다른 가혹한 형벌로 엄하게 처벌했다. 지가를 쓴 사람은 반드시 하루 종일 조금도 움직이지 않아야 했다. 이러한 구속이 주는 고통은 나무로 만든 진정한 칼을 쓰는 것보다 더 견디기 어려웠다. 옛날 종이는 가볍고도 쉽게 훼손되어 지가와 지반비를 훼손하지 않고 온전하게 유지하는 것은 어려웠다. 따라서 칼을 쓴 사람들은 자주 칼을 쓴 지 얼마 되지 않아 칼을 망가뜨렸고, 뒤이어 가혹한 형벌에 처해졌다.

태형과 장형

태형과 장형은 고대에 가장 광범위하게 사용된 형벌이다. '태笞'의 본래 의미는 댓가지나 가늘고 긴 나뭇조각으로 때리는 것이고, '장杖'의 본래 의미는 지팡이다. 옛날 아들이 불효하면 아버지는 지팡이로 아들을 때릴 수 있었다. 순舜임금은 어릴 때 무척 효성스러웠는데, 아버지가 작은 막대기로 때리면 참고 맞았지만 큰 몽둥이로 때리면 달아났다. 나중에 태장笞杖은 일종의 형벌이 되었는데, 고대에 아버지가 아들을 때릴 때의 가르침과 훈계의 의미를 따른 것이라 한다. 그래서 태장笞杖을 교형教刑이라고도 칭했다.

한대漢代 이전에 조정에서 규정한 다섯 가지 형벌은 묵형墨刑, 의형劓刑, 궁형宮刑, 월형刖刑(발꿈치를 베는 형벌), 사형이었고 태장은 없었다. 한 문제 유항劉恒은 육형肉刑을 폐지하고 다른 형벌로 대체하도록 명령을 내렸는데, 그중에 의형은 300대의 태형으로, 왼쪽 발가락을 베는 형벌은 500대의 태형으로 바꾸었다. 그러나 300대나 500대의 태형은 대개 사람을 죽음에 이르게 하므로 원래의 육형보다 더 가혹했다. 태장은 사형과 별로 다르지 않고 죽지 않더라도 심한 불구가 되므로, 한 경제景帝 유계劉啓는 전원前元 원년(기원전 179)에 문제가 정한 500대의 태형은 300대로, 300대의 태형은 200대로 바꾼다고 명령을 내렸다. 이렇게 해도 많은 죄수가 여전히 매를 맞고 목숨을 잃었다. 중원中元 원년(기원전 149)에 경제는 다시 조서를 내려 300대의 태형은 200대로, 200대의 태형은 100대로 줄이고, 다음과 같이 '매와 관련된 명'을 내렸다. 추箠는 태장 시에 사용하는 형구로, 당시 규정에 의하면 대나무로 만들고 길이는 다섯 자, 굵은 부분의 지름은 한 치, 가는 부분의 지름은 반 치였다. 대나무의 마디는 평평하게 깎아야 하며, 형을 집행할 때는 엉덩이를 때렸다.

한대 이후에 태장형의 집행은 비교적 혼란하여 일정한 규정이 없었다. 남북조 시기 일부 왕조에서는 태장이 지나치게 가벼운 형벌이라 꺼려 편형鞭刑 또는 편장鞭杖이라 불린 형벌로 바꾸었다. 수대隋代부터 비로소 정식으로 태형과 장형을 분리하여 다섯 형벌(즉 태형, 장형, 징역, 귀양, 사형) 안에 넣었다. 이 가운데 태형이 가장 가벼운 형벌이고 장형은 태형보다 조금 무거운 형벌이다. 또한 태형과 장형의 대수, 형구의 크기, 형벌을 받는 부위 및 양형量刑의 조항도 명확하게 규정하여 제도로 만들었다.

수, 당, 송, 금에서 명, 청에 이르기까지 모두 태형을 다섯 등급으로 나누고, 10~50대까지 10대가 늘어날 때마다 한 등급이 올라가는 것으로 정했다. 장형은 60대에서 100대로, 역시 10대가 늘 때마다 한 등급이 올라갔다. 요대遼代에는 형벌이 무거워 태형은 없었고 장형만 여섯 등급이 있었는데, 50대에서 300대까지 50대가 늘어날 때마다 한 등급이 올라갔다.

원대元代의 태장형 수는 비교적 독특하다. 원나라에서는 태형을 여섯 등급으로 나누었는데, 7대에서 57대까지 10대가 늘어날 때마다 한 등급이 더해졌다. 장형은 67대에서 107대로 10대가 늘어날 때마다 한 등급이 더해졌다. 이 숫자는 원 세조 쿠빌라이가 규정한 것으로 형벌을 줄여 주려는 생각에서 나온 것이다. "하늘이 그를 한 번 용서하고 땅이 그를 한 번 용서하고 내(쿠빌라이)가 그를 한 번 용서한다." 그러므로 송나라에서 규정한 수에서 등급마다 3대를 줄여 준 것이다.

형구의 크기와 형벌을 받는 부위에 대해서는 왕조마다 규정이 달랐다.

한대에는 태와 장을 구분하지 않고 모두 추棰라고 불렀고 크기는 이미 앞에서 밝힌 것과 같다. 진대晉代의 태는 댓가지로 만들었으며 한나라의 것을 그대로 따랐다. 장은 싸리나무로 만들었는데, 길이는 6자이고, 둘레는 굵은 부분이 1치이고 가는 부분이 3.5푼(푼은 치의 10분의 1로 1푼은 약 0.3cm)이다. 남북조의 양梁나라 때는 장도 싸리나무로 만들었는데, 길이는 6자로 대장大杖, 법장法杖, 소장小杖의 세 종류로 나뉘었다. 대장의 둘레는 굵은 부분이 1.3치, 가는 부분이 8.5푼이었다. 법장의 둘레는 굵은 부분이 1.3치, 가는 부분이 5푼이었다. 소장의 둘레는 굵은 부분이 1.1치, 가는 부분은 가늘고 뾰족한 모양이었다.

북위北魏 시기에 장은 싸리나무 가지를 썼는데 마디를 평평하게 깎았으며 세 가지로 나뉘었다. 죄수를 고문할 때 사용하는 장은 지름이 3푼이었다. 죄수의 등을 때리는 장은 지름이 2푼이었고, 다리를 때릴 때 쓰는 장은 지름이 1푼이었다. 북제北齊 때의 장은 두 가지로 나뉘었는데, 하나는 길이가 4자이고 굵은 부분의 지름이 3푼, 가는 부분이 2푼이었다. 다른 하나는 굵은 부분의 지름이 2.5푼, 가는 부분의 지름이 1.5푼이었다. 형을 집행할 때는 엉덩이를 때렸다. 한 사람에게 형을 집행할 때, 형을 집행하는 사람을 바꾸지 못하도록 규정했다. 수나라 때에는 장의 사용이 비교적 마구잡이식이 되어 고정된 규격이 없었다.

당나라 때에는 태와 장을 분리했는데, 길이는 모두 3자 5치였다. 태의 지름은 굵은 부분이 2푼, 가는 부분은 1.5푼이었다. 장은 두 종류로 나뉘었는데, 하나는 신수장訊囚杖(죄수를 심문하는 장)으로 불렸고 그 지름은 굵은 부분이 3.2푼, 가는 부분이 2.2푼이었다. 다른 하나는 상행장常行杖(보통 장)으로 불렸는데, 지름은 굵은 부분이 2.7푼, 가는 부분이 1.7푼이었다. 형을 집행할 때는 등, 엉덩이, 다리를 각각 때렸다. 북송北宋 초년에 태조 조광윤趙匡胤은 상행장은 후주後周 현덕顯德 5년(958)에 반포한 규격을 계속 사용한다고 규정했다. 즉 길이는 3.5자, 굵은 부분의 폭도 2치를 넘을 수 없고 가는 부분의 폭도 9푼을 넘을 수 없었다.

본래 태장은 사형의 범위에 속하지 않지만, 각 왕조에서 위로는 황제에서 아래로는 현령에 이르기까지 자주 태장을 사형을 집행하는 방식으로 사용했다. 즉 범인이 매를 맞아 죽는 것을 태살笞殺 또는 장살杖殺이라고 했다.

역대 왕조에서는 태장의 형벌을 집행할 때 종종 갖은 명목을 교묘하게 만들어 가중 처벌했다. 북조 시기 주周의 선제宣帝 우문윤宇文贇은 매번 장형을 집행할 때 반드시 120대를 다 때리도록 하고 '천장天杖'이라 칭했다. 또는 두 배인 240대를 때리도록 했다. 양문우楊文佑라는 사람이 조정을 풍자하는 시를 지었는데, 정역鄭譯이 이를 선제에게 보고했다. 선제는 240대를 때리도록 명하여 양문우를 죽음에 이르게 했다.

오대五代 시기 남한南漢의 유수劉鋹는 장형을 집행할 때 늘 두 개의 장으로 같이 때리며 '합환장合歡杖'이라 칭했다. 또 형을 집행하기 직전 수형자의 나이를 물은 후, 수형자의 나이대로 때리며 '수년장隨年杖'(나이에 맞춘 장)이라 칭했다. 나이가 비교적 많은 죄수는 그 자리에서 맞아 죽는 일이 흔했다. 남송南宋 때, 이종理宗 조윤趙昀은 악독하게 형을 집행했는데, 흔히 '부러뜨린 장작'으로 수형자의 손이나 발을 때리며 '도시掉柴'라 칭했다.

명대에는 어전御前 교위校尉가 사용하던 무기인 금과金瓜가 신하들을 처벌하는 데 종종 쓰였다. 홍희洪熙 원년(1425)에 이시면李時勉이 상소로 인종仁宗 주고치朱高熾의 노여움을 샀다. 인종은 무사에게 금과로 그를 때리도록 명령했는데, 17대를 맞고 갈빗대가 부러졌다.

또 일부 가혹한 관리들이 사용하는 장은 특별히 제작된 것이었다. 명 성화成化 연간에 감찰어사 왕염王琰이 소주蘇州를 순행하며 취조할 때, 아주 큰 대나무를 쪼개 곤장을 만들어 '번황番黃'이라 이름 지었다. 번황으로 형을 집행하면 많은 사람이 다 맞기도 전에 숨이 끊어져 죽었다. 요행히 죽지 않아도 반드시 장인에게 가느다란 족집게로 문드러진 살에서 조심스럽게 대나무 가시를 골라내게 한 후, 의사에게 보여 약을 바르고 어혈을 깨끗이 제거한 다음 100일 이상 침대에 누워 있어야 비로소 완쾌될 수 있었다.

고문

고대에는 각 관아에서 사건을 심리할 때 죄수에게 잔혹한 형벌을 가하며 범행을 자백하라고 강요했는데, 이를 고문이라 했다. 고문할 때 사용하는 여러 잔혹한 형벌에 대해서는 일반적으로 법전에는 구체적으로 규정되어 있지 않았고, 심문하는 관리가 죄수를 고통스럽게 하는 형벌이라면 마음대로 사용했다. 만일 범인이 자백하지 않으면 심문하는 관리는 수법을 바꾸어 반복해서 죄수를 유린했다. 이 같은 상황에서 죄수는 살려 해도 살 수 없고 죽으려 해도 죽지 못하며, 극도의 고통을 받아 반죽음 상태가 된다. 그 결과 부상이 무척 심해 죽거나 형벌을 견디지 못하고 허위 자백을 하게 된다.

진대秦代에 관리는 사건을 심리할 때 이미 고문을 사용하는 데 익숙해 있었다. 진秦 2세인 호해胡亥 2년(기원전 208)에, 환관 조고趙高는 이사李斯와 그의 아들 이유李由가 반역을 꾀했다고 모함하여 그들을 체포하고 직접 고문했다. 몽둥이로 1000대가 넘게 맞고 나서야 이사는 반역을 꾀했다는 죄명을 인정했다.

조고는 측근들을 어사御史, 알자謁者(지역 실정과 민심을 파악하여 보고하는 직책), 시중侍中 등으로 위장시켜 이사를 다시 심문하게 했다. 이사는 이것이 계책인 줄 모르고 그들에게 억울함을 호소했다. 조고는 보고를 받고 다시 이사를 고문하라고 명령했다. 나중에 호해는 정말로 사람을 보내 이사의 자백이 사실인지 아닌지 조사하게 했는데, 이사는 더 이상 감히 판결을 뒤집으려 하지 못하고 자신이 반역을 꾀했다고 줄곧 인정했다. 그래서 사형에 처해졌다.

일부 왕조에서는 범인을 고문하는 시간, 횟수 등에 대해 규정해 놓았다. 예를 들면 당나라의 형률刑律에는 70세 이상이나 15세 이하 및 장애가 있는 죄수에게는 고문을 할 수 없으며 죄수가 저지른 죄상에 근거해

서만 죄명을 결정할 수 있다고 기재되어 있다. 또한 관아에서 죄수를 고문할 때는 세 차례를 초과해서는 안 되며, 20일 이상 쉬었다가 고문해야 하고, 세 차례 고문을 합하여 200대를 초과하여 때릴 수 없다고 기재되어 있다. 만일 세 차례의 고문 횟수를 다 채우지 않고 다른 관아로 넘겨 재심을 받게 할 경우, 고문하는 횟수는 반드시 전의 것에 이어서 계산해야 한다. 만일 죄수가 고문으로 죽는다면 심문한 관리에게 책임을 추궁한다.

역대 관아에서 범인을 고문할 때 자주 사용한 형벌로 찰拶과 협夾이 있다. 찰은 죄수의 손가락을 형틀에 끼우는 형벌이므로 찰지拶指라고도 한다. 형구는 다섯 가지의 가는 나무 막대기를 뚫어 두 가닥의 가는 줄을 끼워 만들었는데, 범인의 손에 씌우면 여덟 개의 손가락이 단단히 끼인다. 두 사람이 양쪽에서 세게 줄을 잡아당기면 막대기가 조여지고 죄수는 견디기 힘든 고통을 느낀다. 흔히 그 자리에서 혼절하기도 하고 심할 경우 손가락뼈가 절단되기도 한다.

협은 협곤夾棍을 죄수의 다리에 끼우는 것인데, 찰지의 원리와 같다. 협곤은 길이가 같은 세 개의 나무 막대기로 만드는데, 명청 시기에는 속칭 '삼목三木'이라 불렀다. 한쪽 끝은 쇠꼬챙이로 고정하고 다른 한쪽 끝은 밧줄로 연결했다. 형을 집행할 때는 협곤을 땅에 수직으로 놓고 죄수의 아랫다리를 끼워 넣은 후, 두 사람이 양 끝에서 밧줄을 당기면 협곤이 조여지며 죄수는 골수까지 사무치는 고통을 느낀다. 협곤에는 길이가 다른 것들이 있는데, 짧은 것일수록 수형자의 고통이 커지며, 다리뼈가 부러지는 일이 종종 발생했다.

역대에는 죄수를 고문할 때 한 종류의 형벌만을 사용한 것이 아니라 여러 형벌을 함께 사용했다. 일부 가혹한 관리들은 기발하게 별 괴상한 형벌을 다 만들어 냈는데, 그들의 잔인하고 포악한 본성은 죄수를 고문할 때 남김없이 발휘되었다.

당나라 초기 측천무후則天武后 시기는 가혹한 형벌이 크게 범람하고 가혹한 관리가 잔혹함을 겨루던 시대이다. 가장 대표적인 관리로 내준신來俊臣을 들 수 있다. 그는 죄수를 심문할 때 죄의 경중을 따지지 않고 먼저 식초를 콧구멍에 쏟아 부었다. 또는 땅에 큰 구멍을 파고 감방으로 쓰면서 지하 감옥이라 불렀다. 죄수를 그 안에 밀어 넣고 식사와 잠, 대소변도 그 안에서 해결하게 했다. 때로는 음식을 주지 않아 죄수들은 굶주림에 솜옷 속의 너덜너덜한 목화솜을 삼키기도 했다. 많은 사람이 고통 속에 죽었고, 죽지 않더라도 지하 감옥을 나올 생각은 하지도 못했다. 조정에서 특별사면령을 내릴 때마다 내준신은 먼저 중죄범 한 무리를 사형에 처한 후, 비로소 조령詔令을 읽기 시작했다. 내준신이 만든 큰 칼은 열 종류로 나뉜다. 새로운 죄수가 압송되어 올 때마다 내준신은 각종 칼과 다른 형구들을 내와 전시했는데, 죄수들은 이를 보자마자 무서워 벌벌 떨며 허위 자백을 했다.

그다음으로는 삭원례索元禮를 꼽을 수 있다. 그는 죄수를 고문할 때 내준신과 마찬가지로 악독했다. 당시 사람들은 그들을 '내삭來索'이라고 합쳐 불렀다. 그는 일종의 쇠로 만든 틀을 죄수의 머리에 씌우고 틀과 두피 사이에 나무 쐐기를 끼웠다. 그리고 쇠망치로 나무 쐐기를 두드려 박으면 쇠로 만든 틀이 점점 더 조여져 죄수들은 머리를 칼로 쪼개는 듯한 아픔을 느꼈다. 어떤 사람들은 머리가 터져 뇌척수액이 흘러나오는 지경에 이르기도 했다. 쇠로 만든 이러한 틀은 뇌고腦箍라 불리며 후대까지 줄곧 사용되었다.

삭원례는 또한 거대한 나무 십자가를 만들어 죄인의 두 팔을 수평으로 뻗게 하고 두 발을 아래로 내리게 한 후 거기에 고정시켰다. 그리고 이 나무 십자가를 높은 곳에 걸어 놓고 빙빙 돌아가게 회전시키며 이를 '쇄시曬翅(날개를 햇볕에 말리기)라고 불렀다.

당 현종 천보天寶 연간에 길온吉溫, 나희석羅希奭은 간사한 재상 이림보李林甫에게 의지하여 여러 차례 큰 옥사獄事를 일으켜 반대파들을 모함했다. 심문할 때는 덮어 놓고 모진 고문으로 자백을 강요하여, 당시 사람들은 '나羅의 칼과 길吉의 그물'이라고 칭했다.

숙종肅宗 지덕至德 연간에 감찰어사를 맡았던 경우敬羽는 심문할 때, 죄수를 땅에 눕히고 굵은 문빗장으로 죄수의 배를 찧으며 이를 '고기 수제비'라 일컬었다. 또 땅에 흙구덩이를 파고 구덩이 밑과 네 벽에 가시가 촘촘히 박혀 있는 가시나무 가지를 놓고, 그 위를 바닥에 까는 자리로 덮어 놓았다. 경우는 구덩이 근처에서 죄수를 심문하면서 죄수가 죄를 인정하지 않으면 그를 구덩이 안으로 밀어 넣었다. 어떤 사람은 가시에 찔려 온몸이 피투성이가 되었으며 상처가 짓물러 사망했다.

명 천계天啓 연간에 위충현魏忠賢이 조옥詔獄을 장악하자 모진 고문으로 죄수를 심문하는 일이 절정에 이르렀다. 가장 두드러진 사건은 천계 5년(1625)에 시작된 동림당東林黨 사람들에 대한 고문이었다. 위충현의 양자인 전이경田尒耕과 허현순許顯純 및 그 패거리인 손운학孫雲鶴, 양환楊寰,

최응원崔應元 등이 조옥에서 심문을 맡았는데, 모두 염라대왕의 살생부를 맡은 관리를 능가했다. 이해 3월 위충현은 왕문언汪文言 사건에 착수하여 동림의 이름난 선비들인 양련楊漣, 좌광두左光斗, 위대중魏大中, 원화중袁化中, 주조서周朝瑞, 고대장顧大章 등 여섯 명을 잡아들였다. 허현순은 위충현의 뜻을 삼가 받들어 양련 등이 왕문언의 부정한 돈을 받았다고 날조하고 혹독하게 고문하며 추궁했다.

여섯 사람은 처음 심문을 받을 때 "각각 40대의 곤장을 맞았고, 손가락에 형틀(찰)이 끼워진 채로 100번, 다리에 형구(협곤)가 끼워진 채로 50번 조여지는 고통을 겪었다." 그 후 그들은 감방으로 보내졌고, 정해진 기한이 되어도 은을 내놓지 못해 또다시 이러한 방식으로 고문받으며 '비교'당했다. 비교할 때는 제1심보다 더욱 모질게 형벌을 가했다. 일부는 '전형全刑'(모든 형)을 받아야 했다. 이른바 '전형'은 진무사鎭撫司에 상비된 다섯 가지 형구인 형틀械, 족쇄鐐, 몽둥이棍, 찰, 협곤을 동시에 사용하는 것을 말한다.『명사明史』「형법지刑法志」에 기재된 바와 같이 "잔혹한 형벌이 모두 갖추어지니 크게 부르짖는 소리가 떠들썩했고, 피와 살이 짓무르니 몸부림치며 죽으려 해도 죽지 못했다."

제1심이 진행된 것은 6월 말이었다. 7월 초나흘에 그들이 감방에서 끌려나와 처음으로 비교당할 때, 모두 고문으로 몸이 상하여 걸을 수 없었다. 마침 여름이라 상처가 짓물렀고 옷에 피고름이 물들었다. 허현순은 한바탕 그들을 고문하고 다시 감방으로 보냈다. 이후 2일이나 3일 또는 4일 걸러 한 차례씩 비교했다. 모두 상처 위에 다시 상처를 입으니 아파서 살고 싶어 하지 않았다.

7월 17일, 양련, 좌광두 두 사람은 각각 30대의 곤장을 맞았다. 19일에는 양련, 좌광두, 위대중 세 사람이 각각 전형을 받았다. 이때 양련은 이미 외쳐도 소리도 내지 못할 정도였고, 위대중은 벌써 가족들에게 사후死後의 일을 돌봐 달라고 당부한 뒤였다. 이틀이 지난 21일 다시 비교할 때 양련, 좌광두 두 사람은 다시 전형을 받았고 위대중은 30대의 곤장을 맞았으며, 주조서와 고대장은 20대씩 맞았다. 양련과 좌광두는 형을 받은 후 밖으로 실려 나갔는데, 온몸이 피와 살이 구분이 가지 않을 정도였고, 땅에 엎드려 있는데 죽은 사람 같았다.

이후에도 여전히 2, 3일 걸러 한 번씩 비교당하고, 곤장을 맞거나 전형을 받았다. 위대중의 두 발은 곧게 펴져서 마치 죽은 개구리 같았다. 원화중의 음낭은 부어올라 식량을 서 말이나 담을 수 있는 광주리 같았다. 이 여섯 사람은 한 달이 넘도록 수차례 고문당한 후 잇달아 참혹한 모습이 되어 죽었다.

청나라는 명나라와 비교했을 때 형벌이 조금 가벼웠다. 특히 가혹한 형벌로 고문하는 것을 제한했다.

제 5 장

장문상의 마씨 살해 사건

영웅 협객의 의로운 복수인가, 소인배의 원한 살인인가

사람들은 협객(俠客)이라 하면 흔히 몸집이 크고 용맹하며 능력이 뛰어나고 게다가 사람들의 존경을 받는 영웅적인 인물을 떠올린다. 여러 허구의 무협소설과 기이한 이야기에서 의로운 일을 하고 부자를 죽이고 가난한 사람들을 구하는 협객은 바로 정의의 화신이다. 그들은 의리를 소중히 생각하고 신용과 명예를 따진다. 말을 했으면 반드시 행하고 감정은 진실하며 품행은 성실하다.

  2007년에 진가신 감독의 영화 「명장」이 상영되어 관중의 호평을 받았다. 영화에서 강오양姜午陽은 형을 위해 복수하려고 신의를 저버린 방청운龐靑云을 암살했다. 이 영화가 관중의 호평을 받은 것은 강오양의 협객으로서의 이미지를 성공적으로 그려 낸 것과 큰 관계가 있다. 이 영화는 원래 청말 4대 기이한 사건 가운데 하나인 '장문상張文祥의 마신이馬新貽 살해 사건'을 바탕으로 제작된 영화이다. 이연걸이 연기한 방청운은 암살된 청나라 양강兩江 총독總督 마신이이며, 금성무가 연기한 강오양은 자객 장문상이다.

장문상이 마신이를 암살한 이야기는 민간에서 오래전부터 전해 내려왔는데, 사건의 원인 자체가 분명하지 않아서 현재까지 뚜렷하게 정해진 이야기가 없다. 전해지는 이야기는 대체로 다음과 같다.

(1) 마신이가 친구를 팔아 부귀영화를 꾀하고 친구의 아내를 강제로 차지했기 때문에 장문상이 복수했다.

(2) 마신이는 정혜형丁惠衡 사건을 심리했는데, 이 일로 총독과 순무巡撫가 불화하게 되어 목숨까지 잃는 재앙을 초래했다.

(3) 태평천국의 난이 평정된 후 만주족의 청나라 조정과 상군湘軍(한족의 의용군)과의 정치적 갈등이 격화되었다. 조정에서 직접 파견되어 상군을 감시하고 철수시키는 일을 맡은 마신이가 상대의 계략에 말려 암살되었다.

(4) 마신이가 회부回部(동투르키스탄의 이슬람 부족)와 사통했기 때문에 장문상이 세인들을 대신해 불공평함을 호소하며 마신이를 암살하기로 결심했다.

(5) 마신이가 해적을 엄하게 다스렸고, 그로 인해 장문상과 쌓인 원한이 매우 깊어 장문상이 나서서 마신이를 암살했다.

정부나 민간에서 나온 이런 이야기들은 한도 끝도 없다. 여기에 130여 년이라는 역사의 시련이 더해지면서 이 사건은 더욱 신비로운 베일에 싸이게 되었다. 이 사건이 '청말 4대 기이한 사건'에 들게 된 것은 당시에 사회적으로 큰 반향을 불러일으켰기 때문이다. 또한 이 사건이 '기이하다'고 하는 것은 이 사건에는 남자들의 혈기, 강호의 영웅, 정의를 위해 용감하게 뛰어드는 협객의 기개에 관한 내용이 있을 뿐 아니라 시동생과 형수의 간통, 인과응보, 배반과 복수 같은 애증에 관한 내용도 있기 때문이다. 더욱이 사건을 심리할 때 정치적인 소용돌이에 휘말려 당시 더 큰 사회적 모순과 정치적 갈등을 은폐하기도 하고 반영하기도 함으로써 이 사건은 더 이상 고의적인 살인 사건에만 머물지 않게 되었다. 다음에서 이 '이상한 피살' 사건을 자세히 살펴보겠다.

|1| 암살의 탄생

사건의 인과관계를 돌아보기 전에 먼저 이 사건의 두 주인공, 피살자인 청말 양강 총독 마신이와 자객 장문상에 대해 알아보자.

단번에 높은 지위에 오르다

마신이(1821~1870)의 자는 곡산谷山이며, 회족回族으로 산동山東 하택菏澤 사람이다. 선비 집안 출신으로 어려서부터 총명하고 배우기를 좋아하여 조부 세대의 사랑과 보살핌을 받았다. 그는 시서詩書를 열심히 공부하며 과거 준비에 몰두했다. 도광道光 27년(1847) 회시會試에 응시하여 이홍장李鴻章 등과 함께 합격, 제3급三甲의 6등으로 동진사출신同進士出身이라는 칭호를 받고 임금의 명을 받들어 지현知縣이 되었다. 마신이는 처음 관리가 되고 나서 한동안은 안휘安徽와 인연이 깊었는데, 그 지역으로 파견되어 태화太和, 숙송宿松, 박주亳州의 지현을 잇달아 역임했던 것이다.

당시 홍수전洪秀全이 이끄는 태평천국은 1851년 광서廣西 계평桂平 금전촌金田村에서 봉기한 이래, 전력으로 진격하여 싸울 때마다 승리를 거두었다. 그리하여 곧바로 강녕부江寧府(지금의 난징)를 점령했고, 강남의 많은 지역을 점거하여 중국 남부 지역에서 청 왕조와 들쭉날쭉한 경계선을 이루며 전쟁 국면을 형성하고 있었다.

함풍咸豊 3년(1853)에 누군가 마신이를 건평현建平縣의 지현으로 책임지고 추천했다. 당시는 태평천국이 크게 흥한 때로 수십만의 대군이 서쪽을 정벌하여 환북皖北(안휘성의 양자강 북부 지역)을 다스렸다. 건평현은 상당히 외진 곳이지만, 태평군이 점거한 남경과 청 조정을 돕는 상군의 근거지인 안경安慶 사이에 있어서 두 군대가 쟁탈하려는 전략적인 거점이었다.

마신이는 시골의 민병을 모집하여 방위를 강화하고, 지방의 자체적인 무장 조직인 단련團練을 조직해 관리하며, 적극적으로 태평군에 대항했다. 주위의 성들이 대부분 태평군에게 함락되었을 때 이 작디작은 건평현만 굳세게 버티어 함락되지 않았다. 전란으로 어수선한 특수한 시기에 관리가 된 지 얼마 되지 않은 자로서 청 왕조를 위해 큰 공을 세운 셈이었다. 마신이는 이처럼 전쟁 중에 세운 공로로 두각을 나타냈고, 다음 해에 지리적인 위치가 비교적 좋은 정원현定遠縣으로 파견되어 지현을 맡았다.

함풍 5년(1855)에 태평군 임봉상林鳳祥, 이개방李開芳이 병사를 이끌고 북벌에 나섰다. 그들은 안휘에 들어가 환북을 근거지로 하는 염군捻軍(농민 반란군)의 협조를 얻어 여러 개의 성을 잇달아 함락시키고 파죽지세로 서쪽 지방을 정벌했다. 안경을 점령한 태평군은 여주廬州(지금의 허페이合肥)로 부府를 옮겼다.

마신이는 명령에 따라 군대를 이끌고 방어를 도왔다. 그러나 뜻밖에 여주가 함락되었고 안휘의 순무巡撫는 만주족 사람인 복제福濟가 맡게 되었다. 복제는 마신이가 과거 시험을 볼 때 좌사坐師(시험관)였다. 그는 마신이를 여주의 지현으로 임명하고, 이문안李文安(이홍장李鴻章의 아버지), 전임前任 지부知府 부계훈傅繼勛, 단련의 우두머리 방유신方有莘, 거인擧人[1]왕인렴汪人廉 등과 함께 의용군을 거느리고 단련의 병사들 1000여 명과 소호巢湖의 남쪽 언덕에 주둔하면서 여주의 태평군이 외부로부터 받는 원조를 차단했다. 마신이는 태평군 진영을 여러 차례 습격하고 청나라 군대 최고사령관 화춘和春과 협력하여 여주를 함락시켰다. 마신이는 이 공로로 상을 받고 추천을 받아 지주知州로 승진했으며, 쌓은 공으로 화령花翎(황족 또는 고관에게 하사하던, 모자 뒤에 늘어뜨리는 공작 깃털)을 하사받았다. 또한 여주 지부의 직무를 대행하니, 직급이 현재의 허페이 시장직에 상당했다.

함풍 7년(1857)에 태평군의 고급 장교인 진옥성陳玉成, 이수성李秀成이 함께 환북으로 행군하니, 복제는 여주에서 후퇴하여 수세를 취했다. 마신이는 서성舒城에서 태평군 및 염군과 전투를 치르고, 행정 감찰관리道員로 이름을 올렸다.

함풍 8년(1858), 복제는 면직되어 수도로 소환되고 옹동서翁同書가 안휘의 순무로 임명되어 군대의 사무를 감독하고 처리했다. 마신이는 옹동서에게도 능력을 인정받았으며, 위아래 사람들과 사이가 좋았다. 옹동서는 그를 '환성皖省(안휘성)에서 규정을 제일 잘 지키는 선량한 관리'라고 칭찬하고, 동시에 조정에 상소를 올려 마신이를 안휘 안찰사按察使로 임명해 달라고 요청했다. 비록 이루어지지 않았지만 마신이는 이미 조용히 성省급 관리의 대열에 들어선 셈이었다.

이때 태평군은 청나라 군대가 끊임없이 포위하여 섬멸하는 바람에 점점 더 견디기 어려워졌다. 홍수전은 강녕부를 태평천국의 수도로 삼고 이곳을 천경天京이라 불렀다. 동시에 청 조정에서는 지방의 한족漢族 지주의 군대인 증국번曾國藩의 상군湘軍을 기용했다. 태평천국은 젊은 장교 진옥성을 중용하여 상군의 포위를 뚫으려 했는데, 주요 공격 지점이 바로 마신이가 다스리던 여주였다.

1858년 8월, 태평천국의 지도층은 종양樅陽에서 군사회의를 열고, 북상하여 여주를 공격해 빼앗기로 결정했다. 여주 전투에서 진옥성이 이끈 태평군은 마신이의 청나라 지방 군대를 크게 물리쳤다. 마신이는 피범벅이 되어 포위를 뚫고 도망쳐 나왔다. 당시 시금표時金彪 등 세 사람만이 마신이를 수행했는데, 황급히 도망치다 지부知府의 공인公印과 얼사臬司2)의 도장을 모두 잃어버렸다. 청나라의 법률에 의하면 성을 잃든 도장을 잃든 모두 죽을죄였다. 마신이는 자신의 책임이 무거운 것을 잘 알고 매우 슬퍼하며 강물에 투신하여 죽으려 했으나, 수행원들이 말려 죽지 못했다고 한다. 청 조정은 전시의 긴박한 상황을 헤아리고, 또 마침 일손이 필요한 때라서 지켜보기로 하고 면직 및 유임 처분만을 내렸다.

1859년 마신이의 모친이 병사했다. 마신이는 봉건적인 예법에 따라 고향으로 돌아가 탈상할 때까지 근신하려 했으나, 일행이 서주徐州에 도착했을 때 태평군이 이미 정원을 함락했다는 소식이 들려 부득이 안휘로 급히 되돌아갔다. 이때 군의 상황이 긴박했기 때문에 당시 안휘의 군사 업무를 감독하여 처리하던 원갑삼遠甲三(위안스카이遠世凱의 작은할아버지)은 마신이를 병영의 병참 업무, 즉 안휘 군대의 군량과 마초의 보급 업무를 책임지도록 배속했다. 동시에 조정에 마신이가 원래의 관직을 되찾게 해달라고 아뢰었다.

함풍 11년(1861), 이번에는 마신이의 부친이 병으로 사망했다. 마신이는 예법에 따라 다시 고향인 산동 하택으로 돌아가 부친을 위해 탈상할 때까지 근신했다. 이때 안휘 일대에서 봉기한 염군이 북상하여 산동에 들어가 현지의 안전을 위협했다. 마신이는 즉각 고향에서 지방 무장 단체인 단련을 조직하고, 염군 토벌을 위해 청 조정에서 파견한 장교로서 왕 작위를 받은 몽골인 셍게린친僧格林沁과 협력하여 조주부曹州府(지금의 산동성 허쩌荷澤) 일대의 염군을 진압했다. 이 일로 그는 다시 청 조정 세도가들의 관심을 받았다.

동치同治 원년(1862)에 이르러 양강 총독이자 흠차대신인 증국번과 안휘 순무 이속빈李續賓 두 사람이 다시 마신이를 기용하라고 조정에 상주했다. 상주가 받아들여져 마신이는 안휘 포정사布政使 직무를 대리하게 되었고, 명령에 따라 안휘 군영에 복귀하여 여주의 전방 업무를 처리했다. 이때 마침 안휘의 군사 업무를 감독했던 원갑삼이 병을 이유로 사직했다. 따라서 그가 이끌었던 군대도 전부 마신이가 거느리게 되었다.

동치 2년(1863)에 마신이는 여주, 봉양鳳陽, 영천潁川 등지의 병비도兵備道로 임명되었다. 후에 환북 단련의 총사령관인 묘패림苗沛霖이 군대를 보유하고 스스로 힘을 길러 청 조정에 반란을 일으켰다. 묘패림은 몽성蒙城을 포위해 공격했는데, 마신이는 반년을 고생하며 굳건히 성을 지켰다. 포위에서 벗어난 후, 마신이는 조정에 발탁되어 안휘 포정사 직무를 대행하면서, 한 성의 재정과 관리의 행실 및 업적 등을 총 관리하게 되었다. 재직 기간에는 유랑민들을 타일러 투항하게 하고, 농사를 장려하여 백성이 쉬면서 경제력을 회복하게 했다. 증국번은 이를 높이 평가하고 마신이가 관리로서 "근본을 바로잡고 사실을 토대로 진리를 구한다"고 칭찬했다.

동치 3년(1864)에 태평천국의 난이 진압되고 마신이는 조정에 중용되어 절강浙江 순무로 승진했다. 사서의 기록에 의하면 전란 뒤의 항주杭州는 열 집 가운데 아홉 집이 빌 정도였다고 한다. 전란과 유랑으로 인구가 원래의 10분의 2에도 미치지 못했다. 부임한 마신이는 부지런히 현지의 경제를 살리는 일련의 효과적인 조치들을 취했다. 관리를 선발할 때는 좌종당左宗棠과 증국번의 의견을 참고하여 상군의 옛 친구들을 가능한 한 임용하여 현지의 상황을 안정시키려 했으며, 상군이 쥐고 있는 군사 업무에는 가능한 한 개입하지 않았다.

이렇게 2년이 지나자 마신이의 정치적 업적이 상당히 눈에 띄게 되었다. 동치 7년(1868)에 마신이는 다시 청 조정에 발탁되어, 황제의 명을 받들어 민절閩浙 총독을 맡았는데, 근무지는 복건福建의 복주福州였다. 그는 복건과 절강의 군사 및 정치 대권을 쥐게 되었고, 이로써 변경을 지키는 총독의 최고 전당에 들어가게 되었다.

청 조정의 관료제도에 의하면 지방의 총독과 순무는 처음 임명되면 모두 상경하여 가르침을 청했다. 즉 북경에 가서 황제를 알현하고 황제의 훈계를 들었는데, 마신이도 황제의 은혜에 감사를 표하고 가르침을 청하려 상경했다. 그는 6월 말에 절강 순무 양창준楊昌浚과 업무를 인수인계하고 절강의 임지를 떠나 수도로 향했다. 마신이는 이해 7월 5일 북경에 도착해, 다음 날인 7월 6일에 동치황제의 부름을 받고 조정의 신하들과 함께 태화전太和殿으로 가서 황제를 알현한 후 양심전養心殿에 있는 자희태후慈禧太后(서태후)를 알현했다. 이때 자희는 이미 '수렴청정垂簾聽政'을 통해 청 정부의 실권을 장악하고 있었다. 자희는 마신이를 접견하고, 그가 안휘에서 태평군에 저항한 것과 절강을 다스린 것에 대해 극찬했다. 이후에도 마신이는 여러 차례 동치황제와 자희태후의 부름을 받고 알현했다.

마지막으로 자희태후의 부름을 받고 접견했을 때, 태후는 마신이에게 민절 총독으로 있으면서 상군이 태평군을 소탕할 당시 태평천국의 '신성한 국고聖庫'에 있던 은전이 어디로 갔는지 철저히 조사하라는 비밀 명령을 전달했다. 마신이는 이 일이 보통 일이 아니라는 것을 잘 알고 있었다. 당시 증씨 형제가 이끄는 상군은 막 태평군을 평정했으므로 강남의 전 지역(강소, 절강, 안휘)에서 세력이 중천에 뜬 해와 같이 막강했다. 그런데 이제 외부에서 온 관리가 태평천국의 '신성한 국고'에 있던 금은보화의 행방과 상군을 축소 폐지하는 일을 조사해야 한다니, 이는 그에게는 매우 위험한 일이었다. 청대의 사료와 당시 문인들의 기록에 의하면, 마신이가 양심전에서 태후를 접견하고 나왔을 때 땀이 줄줄 흘러 조복이 축축해져 있었으며 대단히 두려워했다고 한다.

태평천국은 봉기한 이후, 물자가 풍부하고 인구가 많은 강남 지방을 10년간 차지해 살면서 많은 재물을 남경으로 수탈해 갔다. 그중 홍수전의 천왕부天王府는 더욱 휘황찬란했고 금은보화가 무수했다. 상군의 최고 지휘관인 증국번의 아홉째 동생 증국전曾國荃은 천경을 함락한 후, 병사들이 방화를 하든 백성을 죽이든 약탈을 하든 3일 동안 그대로 두었다. 그러나 이곳에서 조정에 상납된 재물은 아주 적었다. 청 조정은 상군이 천경을 함락한 후 칙령을 내려 증국번과 증국전 등에게 천경의 국고에 있던 돈의 행방을 추적하게 했다. 칙령에는 특별히 증씨 형제에게 경고하는 내용이 있었다.

"증국번은 선비로서 여러 해 동안 종군하면서 많은 전공을 세우고 시종일관 신중하게 처신하여 영원히 그 업적과 명성을 간직하게 되었다. 다만 그가 통솔한 증국전 이하 여러 장교는 모두 증국번이 수시로 훈계하여 단번에 승리했다고 교만해지지 않아야 극진한 대우와 총애를 오랫동안 받을 수 있다."

이 말은 증씨 형제에게 만약 나아갈 때와 물러설 때를 모르고 교만하여 멋대로 행동한다면 '업적과 명성'은 유지하기 어려우며 '극진한 대우와 총애도 오랫동안 받을 수 없다'고 경고하는 것이니, 그 가운데에는 살기가 숨겨져 있었다. 사실 당시 북경의 정계에는, 증국번과 상군이 큰 정치적 야심을 갖고 있어 군대를 보유하고 힘을 길러 만주족의 청 정부와 대등한 지위로 대립할 것이라는 소문이 돌았다. 그러므로 자희태후는 태평천국의 난을 평정한 후 상군을 의심하면서 그들이 그다음으로 할 만한 일인 재물을 모으는 일을 할까 심히 두려워하고 있었다.

『사기史記』 「회음후열전淮陰侯列傳」을 읽은 사람들은, 나는 새를 다 잡으면 좋은 활은 모두 감춰지고 교활한 토끼가 죽으면 사냥개는 삶아 먹히는 것이 중국 봉건시대의 정치적 전통임을 잘 알고 있다. 증씨의 상군은 개인의 군대로서 혁혁한 업적을 세우고 강남에 웅거하니, 청 조정으로서는 경계하지 않을 수 없었고 따라서 상군을 폐지하여 후일의 안녕을 도모하려 했다. 그리하여 자희태후는 상 계파에 속하지 않는 마신이를 강남에 보내 그에게 태평천국의 '신성한 국고' 안의 돈이 어디로 갔는지 조사하고 상군을 폐지하는 일을 도와 전란 후의 정치를 정돈하라는 여러 임무를 맡겼다. 이 같은 조치는 마신이에게 상 지역의 군벌을 통제하고 지휘 감독하게 함으로써 상군이 계속해서 조정의 명령을 따르게 하려는 데 목적이 있었다.

마신이는 북경에서 가르침을 다 받고 난 후, 1868년 7월 15일 조정에 휴가를 내고 고향에 가서 웃어른을 찾아뵈었다. 이것은 그가 고향을 떠난 지 20여 년 만에 두 번째로 방문한 것이다. 집에서 잠시 머무는 동안 이 일품一品 중신인 민절 총독은 이목을 끌어 문제를 일으키게 될까 아주 조용하고 조심스럽게 처신했다. 그해 9월이 되어 산동을 떠나 복건으로 출발하기 전에 그는 일부러 두 형을 불러 은밀하게 당부했다. "제가 이번에 부임하면 길흉을 예측할 수 없습니다. 만일 예측하지 못한 일이 일어나더라도 절대로 북경에 가서 고소하지 마십시오. 분하더라도 참고 말씀하지 마십시오. 스스로 보호하셔야 합니다."

이 말을 들은 두 형은 매우 놀랍고 두려웠다. 후에 마신이가 정말로 암살당하자 그의 둘째 형 마신목馬新沐은 가만히 있으라는 권고를 듣지 않고 북경에 가서 소식을 알아보았다. 그러나 북경에 도착한 지 3일도 안 되어 급병에 걸려 사망했다. 들리는 바에 의하면 여행으로 피로가 쌓인 데다 예기치 않게 감기에 걸려서 그렇게 된 것이라고 하지만 이 역시 문인들의 기록에 쓰여 있는 뒷얘기일 뿐이다.

고향을 떠난 후 마신이는 남쪽으로 산동, 강소를 거쳐 복주를 향해 길을 재촉했다. 그런데 산동 제녕濟寧을 지날 때 예기치 않게 조정에서 보내온 칙령인 정기廷寄를 받았다(정기는 중앙 군기처에서 지방관에게 발송하는 기밀 성격을 띤 황제의 명령으로, 내각에서 보내는 황제의 명령인 상유上諭와는 다르다. 상유는 공개적으로 전달하는 것이다). 조정에서 보내온 칙령의 내용은 마신이에게, 당시 이미 중앙 정부 직속의 직례直隸 총독으로 전근된 증국번을 대신해 양강 총독 겸 통상사무대신을 맡으라는 것이었다. 게다가 강녕江寧을 지날 때 바로 관직을 바꿔도 괜찮다는 것이었다.

마신이의 새로운 직위는 대단한 것이었다. 양강 총독은 당시 청나라의 9명의 최고위직 지방 총독 가운데 하나로 강소, 안휘, 강서江西, 상해上海 등의 4성과 도시를 관리하는 최고 군사 및 행정 장관이다. 당시 국가의 부는 모두 양강에서 나온다는 말이 있었다. 즉 청대에 양강 총독이 관할하는 성이 청 정부 재정의 주요 원천이었다. 따라서 양강 총독이 비록 명의는 지방 총독들의 우두머리인 직례 총독 아래로 서열 2위였지만 군사, 정치, 재정의 실권을 고려하면 오히려 가장 중요한 지방 총독이었다.

그렇다면 왜 조정에서는 마신이를 민절 총독으로 임명해 놓고 얼마 되지 않아 또다시 급히 그를 양강 총독으로 전근시켰을까? 그 근본 원인은 증국번 및 상군 세력이 강남 일대에서 저절로 세력이 강대해지고 있고 병력을 철수하는 일도 지나치게 늦어지고 있는 것을 감안하여, 자희태후가 증국번을 남경에서 전출시켜 자기 눈앞에 두려고 한 데 있다. 그리고 상군과 본래 관련이 없는 마신이를 보내 양강 총독을 맡게 함으로써 상군 세력이 파벌을 만들지 못하게 하고 동시에 상군을 신속하게 철폐하려 한 것이다.

지금까지 소년으로 과거에 합격한 진사가 일품의 양강 총독이 되기까지, 지명도가 높지 않은 마신이가 겨우 20년 만인 47세밖에 안 된 나이로 당당하게 지방의 총독, 즉 성省급 고관의 자리에 앉게 된 과정을 살펴보았다. 이같이 단숨에 높은 지위에 오르는 것은 당시에는 확실히 드문 일이었다. 부임한 후 마신이는 상부에 요청하여 후보 행정감찰 관리 손의언孫依言을 양강 총독의 관아로 전근시키고 산동의 후보 행정감찰 관리 원보경袁保慶 등도 자신의 수하로 오게 하여 일을 맡겼다. 이렇게 조직이 모두 갖추어지고 이제는 적극적으로 임무를 수행할 일만 남았다.

그러나 흔히 '복福은 재앙禍이 숨겨진 곳'이라고 한다. 동치 9년 7월 26일, 즉 1870년 8월 22일 마신이는 총독의 관아에서 부대를 검열하고('열사閱射'라고 한다), 관아로 돌아가는 길에 뜻밖에 나타난 자객에 의해 암살당했다. 전성기에 있는 조정의 중신이 눈 깜짝할 사이에 사망한 것이다.

이처럼 용맹한 이 자객은 대체 어떠한 사람인가?

일당백의 영웅

장문상은 하남河南 여양汝陽 사람이다. 다른 경력은 자세히 알려져 있지 않다. 그의 이름도 사실 정확하지 않다. 각종 역사 자료에서도 일치하지 않는다. 어떤 문헌에서는 '張文詳'이라고 쓰여 있고 어떤 문헌에서는 '張汶祥'이라고 되어 있다. 비교적 믿을 만한 이야기로는 다음과 같은 것이 있다.

그의 본명은 '張文祥'인데, 후에 마신이를 암살하고 붙잡혀 살인범이 되었다. 옛날 관청의 규칙에 의하면 관청에서 형사사건을 기록할 때 종종 범인의 이름에 '문汶', '상詳'과 같이 삼수변氵을 붙이거나 초두艹 등을 붙여 경멸의 뜻을 나타냈다. 이렇게 하면 다른 사람이 보고는 그가 산적이거나 중형을 선고받은 사람임을 알 수 있었다는 것이다.

사서의 기록에 의하면 장문상은 어렸을 때 집안 형편이 좋지 못했고, 무공을 익힌 적이 있다. 당시 사회가 매우 혼란스러웠으므로 어른이 된 장문상은 고향에서 곤궁하게 살고 싶지 않아서 가산을 팔고 절강浙江 영파寧波에 가서 융단으로 만든 모자를 팔았다. 이 기간에 태평군이 강남 일대에까지 진출했다. 그래서 그는 태평군의 장교인 시왕侍王 이세현李世賢을 따라 태평군에 참여하여 장주漳州를 공격하기도 했고 강남 지역의 이곳저곳에서 전투를 치렀다. 그는 용감하게 싸웠으므로 여러 차례 전공을 세웠고 일정한 직무를 맡기도 했다. 나중에 태평천국이 실패하자 장문상은 이름을 숨기고 절강 일대에서 살길을 찾으며, 해적이 된 각지의 형제들과 연락하며 지냈다.

당시 마신이는 마침 절강 순무로 재직하고 있었다. 마신이는 조정의 충실한 앞잡이로 절강에서 태평군의 잔당들을 마구 잡아 죽였고 해적들(추측건대 대부분은 살아남은 태평군의 장수와 병사들이었을 것이다)을 매섭게 포위하여 섬멸했다. 장문상은 이를 몹시 증오했다. 그래서 마신이를 암살하기로 결정했고, 1870년 8월 22일 드디어 암살에 성공했다.

그렇다면 장문상은 왜 마신이를 죽이려 했을까? 원인에 대해서는 조정의 문서에서든 민간의 이야기에서든 일치된 결론을 얻을 수 없었다. 역사에도 정설은 없다. 이에 대해선 뒤에서 자세히 분석하기로 하고, 먼저 암살 사건의 경과에 대해 이야기하려 한다.

매년 음력 7월 25일 양강 총독은 무관들(부대의 병정)이 훈련하는 것을 지켜보았는데, 이를 '월과月課'라 불렀다. 이는 증국번이 양강 총독을 맡았을 때 처음 정한 규칙이었다. '월과' 활동이 이루어질 때는 현지 백성들도 와서 구경하는 것이 허락되었는데, 이는 한편으로는 군대의 위엄을 떨치고 다른 한편으로는 관아의 관리들과 백성이 서로 접촉하게 함으로써 민심을 안정시키기 위함이었다. 그러나 이 규정은 확실히 자객이 보통 백성으로 위장하여 누군가를 암살하는 절호의 기회도 제공했다.

원래 청나라의 양강 총독 관아는 태평천국이 남경을 함락한 후 천왕부로 이름을 바꾼 곳이다. 홍수전이 바로 여기에 거주했는데, 토목공사를 하여 확장하고 다시 지으니 그 위용이 한때 휘황찬란했다. 그러나 증국전이 군사를 이끌고 천경을 공격했을 때 전화戰火가 거세어 천왕부의 많은 건축물도 불에 타 없어졌다(민간에서는 증국전이 천왕부를 태워 상군이 국고의 돈을 몰래 횡령한 증거를 없앴다는 이야기가 전한다). 양강 총독 관아는 증국번이 그 자리를 맡은 후에 다시 짓기 시작했는데, 마신이가 양강 총독을 맡게 되었을 때도 아직 다 재건되지 못했다. 그래서 그는 임시로 강녕부江寧府 관아에 거주했다.

강녕부 관아는 뒤뜰의 서문西門을 나서서 가까운 거리의 길을 지나면 병사들의 훈련을 지켜볼 수 있는 곳으로 바로 연결된다는 구조상 특징이 있었다. 오가는데 걸어 다니면 되고 탈것은 필요 없었다. 따라서 마신이의 안전이나 경호 문제는 오히려 경시되었다.

동치 9년 7월 25일(1870년 8월 21일) 다시 월과의 날이 되었다. 그러나 갑자기 큰비가 내려 총독의 열병閱兵은 부득이하게 하루 연기되었다. 다음 날, 즉 8월 22일 날씨가 개었다. 마신이는 이른 아침 순무의 관아 서쪽에 있는, 무예를 연습하고 겨루는 곳으로 갔다. 이날 열병은 네 개의 사각형 대열로 나뉘어 진행되었다. 마신이는 첫 대열을 직접 열병했다. 관례에 의하면 두 번째 대열은 순무가 열병해야 했는데, 강소 순무 정일창丁日昌은 증국번이 '천진교안天津敎案'(1870년 천진에서 교회의 영아 유괴에 대한 소문이 도화선이 되어 일어난, 서양 선교사와 현지인들의 충돌 사건)을 심사 처리하는 것을 도우러 이때 이미 천진에 갔기 때문에 양무국洋務局의 행정감찰 관리 장張씨가 두 번째 대열을 열병했다. 총무순영처總務巡營處의 행정감찰 관리 양楊씨가 세 번째 대열을 열병했고, 총리보갑국總理保甲局의 행정감찰 관리 곡郜씨가 네 번째 대열을 열병했다.

마신이는 먼저 열병을 마치고 걸어서 관아로 돌아가려 했다. 명령의 전달을 맡았던 무관이 앞에서 길을 안내했고, 뒤이어 순포巡捕, 차변差弁, 수변隨弁 등이 뒤를 바짝 따랐다. 그런데 도중에 어떤 사람이 갑자기 길가에 무릎을 꿇고 앉아 큰 소리로 외쳤다. "마대인, 저를 도와주십시오." 나중에 조사하니 이 사람은 마신이의 같은 고향 사람인 왕함진王咸鎭이라는 사람으로, 마신이가 전에도 두 번 그를 경제적으로 도와준 적이 있었다. 그런데 이번에 다시 와서 도움을 청하니 순포는 그를 한쪽으로 밀어냈고 마신이도 걸음을 멈추지 않았다.

대오가 서쪽 모퉁이의 문에 이르렀을 때 갑자기 앞쪽에서 한 사람이 뛰어나왔다. 그는 짧은 옷을 입고 빠른 걸음으로 마신이를 향해 돌진했다. 그리고는 오른손을 아래로 늘어뜨리고 왼쪽 다리를 앞쪽으로 내밀어 무릎을 꿇고 오른쪽 다리를 살짝 굽혀서 인사하며 문안을 하더니, 갑자기 오른손으로 장화에서 비수를 꺼내 마신이의 오른쪽 옆구리를 찔렀다. 마신이는 무척 갑작스러워 미처 대비하지 못하고 소리가 나자마자 땅에 쓰러졌다.

뒤따르던 호위들이 상황이 심상치 않다고 여기고 우르르 몰려들었다. 자객은 달아나지 않고 몸을 꼿꼿이 세운 채 붙잡혔다. 포박당하면서도 그가 소리 높여 외치는 소리를 들을 수 있었다. "천 날 동안 병사를 양성하는 것은 하루아침에 이용하기 위함이다. 대장부는 자신이 한 일은 자신이 책임진다. 오늘 목숨을 버려도 이십 년 후에도 여전히 사내대장부이다!" 그러고는 하늘을 우러러보며 길게 웃었다. 이 자가 바로 장문상으로 그는 그 후 상원현上元縣의 관아로 압송되어 심문을 받았다.

이때는 청나라 말기로 정치는 부패하고 사회는 불안했다. 다양한 일이 끊임없이 일어났다. 이제 당당한 양강 총독 마신이가 훤한 대낮에 평범한 남자에게 암살당하는 일까지 생기니, 조정과 민간이 모두 경악했고 나라 전체가 관심을 가졌다. 양강 총독은 평상시 수행원도 많고 호위도 삼엄하다. 그런데 자객의 한 차례 공격으로 암살되니, 이것은 청나라가 세워진 이래로 200년 동안 매우 보기 드문 중대한 사건이었다. 여기에 신문의 보도와 민간에 떠도는 소문까지 더해져 이 사건은 청말 4대 기이한 사건 가운데 하나인 '마씨 살해 사건刺馬案'으로 불리게 되었다.

|2| 말 많고 탈 많은 사건 수사

수차례의 심리

마신이는 칼에 찔린 다음 날 오후(동치 9년 7월 27일, 즉 1870년 8월 23일) 부상이 심해 숨이 끊어졌다. 임종 전에 그는 유서를 말로 전했고 그의 후계자인 아들 마육정馬毓楨이 대서했다.

(…) 26일 상주上奏한 규정에 따라 묘시卯時에 관아의 우측에 있는 전도를 직접 지나서 무관들의 월과를 관람했습니다. 사시巳時에 열병을 마치고 관청 안 뒤뜰의 옆문을 통해 관아로 돌아가려 했습니다. 문 입구에 이르자 갑자기 이름도 모르는 사람이 날카로운 칼로 신의 오른쪽 옆구리 아래를 찔렀는데, 깊이가 몇 치에 이를 정도로 부상이 매우 심했습니다. 수행하던 무관들이 그 범인을 잡아서 부현府縣으로 인도하여 엄하게 심문했습니다. 한편으로 의사를 불러 진찰을 받았는데, 찔린 데가 바로 몸의 급소여서 신은 여러 차례 기절했습니다. 신이 생

각해도 생존의 희망은 절대 없을 것 같습니다. 엎드려 생각하건대 신은 전쟁터를 다니며 여러 차례 위험을 겪었으나 모두 강인하게 버티어 다행히 생명을 보전할 수 있었습니다. 그런데 뜻밖에도 종군생활에서 살아남은 목숨이 갑자기 이 같은 변고를 맞았습니다. 목숨에 재앙이 미칠 줄 예측하지 못하여 생명이 위태로운 상황이 되었습니다. 이는 실로 신이 박복하여 재난이 생긴 것으로 더 이상 성은을 받들 수 없게 되었습니다. 그런데 변방이 아직 평정되지 않아서 외환이 잇달아 발생하고 있습니다. 전략과 정책을 세워 조정을 위해 서쪽 지역 문제를 해결해야 했는데 그러지 못했고, 적을 물리치고 승리하여 국내의 보이지 않는 재앙들을 없애야 했는데 이 역시 이루지 못했습니다. 이것이 마음에 걸려 죽어도 눈을 감지 못할 것입니다. (…)

사건이 발생한 후, 강녕의 장군 괴옥魁玉은 번사藩司 매계조梅啓照에게 강녕 지부 풍백년馮柏年, 강녕 지현 막상지莫祥芝, 상원 지현의 직무를 대리하던 호유연胡裕燕 등과 함께 자객을 밤새 심문하도록 명령을 내렸다. 또 얼사臬司 가익겸賈益謙, 강소의 후보 행정감찰 관리 손의언孫依言, 산동의 후보 행정감찰 관리 원보경(위안스카이의 숙부이자 양아버지) 등을 파견하여 엄하게 심문하도록 하고 급히 조정에 상주문을 보냈다.

1870년 8월 29일, 동치 황제는 600리를 달려온 '마신이 암살 사건' 긴급 상주문을 받고는 몹시 놀라 공포에 떨었다. 이 일을 보고받은 자희태후 역시 크게 진노하며 물었다. "너무 뜻밖의 일이 아니오?" 증국번은 두렵고 불안한 듯 대답했다. "너무 뜻밖의 일이옵니다." 이홍장 역시 다음과 같이 말했다. "곡산谷山(마신이의 자)의 이번 일은 극히 기이하며, 지금까지 없었던 일이옵니다." 당당한 지방의 총독이 훤한 대낮에 암살당했으니 조정에서 무슨 체면이 서겠는가!

그래서 황제는 하루에 잇달아 네 가지 명령을 내렸다. 첫째, "괴옥에게 명하여 사도司道3)의 각 관리와 함께 죄인을 철저히 심문하고 확실한 내막을 알아내 법에 의거해 처벌하도록 하라." "마신이의 공적을 치하하고, 최고위직 지방 총독에게 지극한 애도를 표하라."4) 둘째, "증국번을 양강 총독으로 전근시키고, 부임하기 전에는 괴옥에게 잠시 겸직하게 하라. 이홍장을 직례 총독으로 전근시킨다."5) 셋째, 안휘 순무 영한英翰에게 "장강長江의 방위와 지방의 치안을 강화하고, 강녕의 정세에 세심하게 관심을 기울여 예기치 못한 불행한 사건에 대비하라"는 비밀 칙령을 내렸다.6) 넷째, "괴옥에게 사도의 각 관리들과 함께 범인을 엄히 심문하여 암살의 이유와 교사자를 알아내고 이를 사실대로 아뢰도록 명을 내리라."7)

황제의 명령이 강녕에 이르기도 전에 괴옥이 다시 급히 아뢰었다. "암살범을 잡았는데 처음에는 무턱대고 아무렇게나 진술하여 주야로 추궁했습니다. 자백한 것에 따르면 하남 사람이고 이름은 장문상입니다. 암살한 것은 숨기지 않고 줄곧 인정했으나 암살의 이유를 심문하니 여전히 두서없이 횡설수설하는 것이 교활하기까지 합니다." 이 기간에 괴옥은 다시 사람을 보내 장문상을 받아들인 가게 주인 주정재朱定齋, 주광채周廣彩 및 그날 길에서 무릎을 꿇고 도움을 요청하던 왕함진 등 용의자들을 체포했다.

9월 3일 청 조정에서 상주문을 두 차례 접수한 후, 황제가 즉각적으로 명령을 내렸다. "상황이 중대하니 조속히 철저하게 조사하라." "반드시 암살의 연유를 캐내야 하며, 모호하게 아뢰어서는 아니 될 것이다." 이 사건이 조정에서 논의되었을 때 급사중給事中 왕서서王書瑞는 상주문을 올려 아뢰었다. "총독이 화를 입으니 변방의 신하들이 모두 자신이 위험하다고 느끼고 있습니다. 따라서 의심스러운 부분이 있으면 믿을 만한 가까운 신하를 파견하시어 조금이라도 숨기는 것이 없도록 철저히 조사하셔야 합니다."

청 조정은 9월 5일 다시 명령을 내렸다. "여러 성을 다스리는 중신인 총독이 요충지에 배치되자 악당이 관아에 잠입하여 백주에 암살하니, 암살범 혼자 원한을 품고 해친 것이 아니라는 것은 분명히 알 수 있다. 현재 그 범인은 여전히 확실하게 진술하지 않았으므로 철저한 조사가 조속히 이루어져야 한다. 장지만張之萬은 강녕에 급히 가서 괴옥과 함께 사도의 각 관리들을 감독하여 범인을 심문하고 반드시 확실한 상황을 알아내도록 하라. 그리고 그 처리 결과를 분명히 아뢰어야 하며, 조금이라도 모호함이 없도록 해야 한다." 청 조정이 이 사건의 심각성을 뚜렷이 인식하고 있었음을 알 수 있다. 동시에 마신이 암살 사건은 절대로 장문상 한 사람만의 소행이 아니라고 의심하고, 반드시 같은 패거리가 공모한 증거를 철저히 캐내야 한다고 했다. 어조는 매우 강경했으며 조운漕運 총독 장지만을 파견하여 사건을 함께 심리하도록 함으로써 이 사건을 해결하겠다는 의지를 보여 주었다.

9월 18일, 청 조정은 괴옥 등의 사건 심리가 아주 느리게 진행되고 있고 장문상 배후의 '패거리가 사건을 저질렀다는 단서'를 여전히 찾아내지 못했다는 것을 알고, 다시 명령을 내렸다.

"장문상이 총독을 암살한 사건은 결코 그 범인 한 사람이 분노로 살인한 것은 아니라고 판단되는 바이다. 반드시 철저히 심문하고 엄하게 추궁하여, 살인을 교사한 자를 알아내서 법에 따라 처벌해야 할 것이다. 괴옥은 이번 상주문에서 현재 심문 상황에 대해 언급하지 않았다. 앞서 이미 장지만에게 강녕에 급히 가서 함께 사건을 심리하도록 명령을 내렸고, 곧 조운 총독이 급히 가서 심문할 것이니 조금이라도 시간을 지체하지 말라. 괴옥은 또한 사도의 관리들에게 상세하게 심문하여 반드시 확실한 진술을 얻도록 명령을 내리고 그 과정을 감독하라. 장지만을 기다린다는 말로 조금이라도 느슨한 태도를 보여서는 안 될 것이다. 이 사안은 중대한 것이므로 큰일을 작은 일로 만들려는 생각을 결코 가져서는 안 되며, 섣부르게 종결해서도 안 되는 줄 알라."

동치황제는 관리들에게 성실하게 사건을 심리하라고 여러 차례 재촉했지만, 정작 자신은 사건을 심리하는 현장에 있지 않았다. 그는 천리 밖에서 이 사건의 배후에 틀림없이 살인을 '교사한 자'가 있거나 다른 숨은 내막이 있다고 주관적으로 단정하고, 괴옥에게 반드시 '엄한 심문'을 통해 배후의 인물을 잡아낼 것을 요구했다. 이처럼 주관으로 죄를 단정해 버리면, 구체적으로 일을 처리하는 사람은 의심의 여지없이 큰 부담을 갖는다. 땅을 세 척을 파서라도 그러한 사람을 찾아내야만 한다는 것이니, 이는 역시 현대 법률의 정당한 절차와는 확실히 배치된다. 이에 대해서는 뒤에서 자세히 분석할 것이다.

9월 24일, 조정의 계속된 질책을 받은 괴옥은 조금은 억울하고 그러면서도 어찌할 수 없어 무기력했다. 심지어는 당황스럽고 두렵기도 하여 다시 한 번 조정에 상주했다. "엎드려 생각하건대 마신이 전 총독이 살해된 사건은 중대한 사건이옵니다. 그런데 장문상이 몹시 교활하여 신은 사도의 관리들을 독려하며 주야로 조사하고 있습니다. 장문상은 자신의 극악무도한 죄가 극형을 면할 수 없다는 것을 스스로 잘 알고 있습니다. 그래서 장황하고 두서없이 진술하고 있습니다. 암살한 연유를 심문했더니 목숨을 걸고 저지른 일이니 능지처참도 기꺼이 받겠다고 합니다. 만일 지나치게 오래 고문하면 범인이 갑자기 목숨을 잃을까 저어됩니다."

이 상주문에서 괴옥은 심문으로 새로 얻은 정보도 함께 조정에 보고했다. 그는 장문상이 '법망을 빠져나온 반역자들(태평군을 얕잡아 이르는 말)의 두목'으로 태평군 시왕侍王 이세현李世賢의 이름으로 병사들을 이끌고 전투를 지휘해 장주漳州로 진격하기도 했으며, 안휘·강서·광동廣東·복건·절강 등지에서 전투를 벌였다는 사실을 밝혀냈다. 괴옥은 장문상의 딸 장보진張寶珍, 아들 장장복張長福, 그와 함께 거주하던 처남댁 나왕羅王씨 등을 모두 잡아들였다. 또한 산서山西 순무 하영何璟에게 편지를 써 장문상과 의형제를 맺은, 당시 산서에서 모 관직을 맡고 있던 시금표時金彪를 관련 부서로 넘겨 대질할 수 있게 요구했다. 그러나 이러한 사항들을 제외하고 사건 해결의 핵심인 암살 원인에 대해서는 여전히 정확한 진술을 얻지 못했다.

괴옥이 마신이 살해 사건을 심리한 지 한 달이 넘었다. 그때까지 괴옥은 매번 상주문에서, 장문상이 '진술을 얼버무린다'거나 '말의 앞뒤를 바꾼다'거나 '말을 조리 없이 한다'고만 전할 뿐이었다. 그렇다면 장문상이 '얼버무리는' 것은 무엇인가? '조리가 없다'는 것은 또 어떤 것을 이르는 말인가? 여기에 대해서 괴옥은 조정에 아뢰지 않았다. 조정에 있는 자희태후와 동치황제 및 대신들은 의심이 생기지 않을 수 없었다. 그들은 점점 더, 얼버무리는 쪽은 장문상이 아니라 심문을 담당한 괴옥과 매계조 등의 관리들이라고 생각했다. 그들이 사건을 심리할 때 이미 중대한 문제를 발견하고도 다른 쪽의 원인을 고려하여 모호한 말로 얼버무리며 조정을 기만하고 있다고 믿게 된 것이다. 그리하여 장지만에게 즉시 남경에 가서 사건을 공동으로 심리하게 했으며 조금도 지체해서는 안 된다고 엄명을 내렸다.

장지만의 자는 자청子靑으로 직례直隸(지금의 허베이성) 남피南皮 사람이다. 마신이, 이홍장과 같은 해인 도광道光 27년에 장원 급제했으며, 당시에는 조운 총독을 맡고 있었다. 그는 9월 25일 이부吏部에서 온 공문을 받고 30일에 행장을 꾸려 조정에 "명령을 받들고 속히 강녕에 가서 심리를 감독할 것입니다. 출발 날짜를 삼가 알려 드립니다"라고 상주문을 올리고 청강포淸江浦에서 운하를 따라 남쪽으로 내려갔다.

장지만은 원래 겁이 많고 말썽이 생기는 것을 두려워하는 인물이었다. 그는 출발 전에 마신이 살해 사건과 관련된 많은 소문을 들었다. 즉 마신이가 조정의 신임을 믿고 과감하게 상군을 철수시키다가 상군 측에 의해 암살되었고, 그래서 이번에 조정에서 자신에게 남경에 가서 심리를 감독하여 정확한 진술을 확보하고 배후의 원흉을 잡아내라는 중임을 맡긴 것이라는 말이었다. 그는 한층 두려워져 줄곧 질질 끌며 강녕에 가려 하지 않았다. 그러나 황제의 명령을 어찌 어길 수 있단 말인가!

장지만은 자신이 관리하는 군영인 조표漕標에서 200명의 정예 병사를 선발하고 관청 소유의 배 수십 척과 함께 남경으로 향했다. 그는 도중에 자신의 생명에 위험이 닥칠까 삼엄하게 경계했는데, 호위병들로 하여금 좌우에서 계속 지키게 하고 낮에는 해안에 상륙하지 않았으며 밤에는 한 배에서 함께 잤다. 장지만이 이렇게 소심하게 목숨을 지키려 했으니, 이번 여행과 관련하여 다음과 같은 이야기가 전한다.

당시는 마침 깊은 가을이었다. 과주瓜州 지방에 이르렀을 때였다. 장지만은 배 안에서 며칠을 갑갑하게 보낸 터라 해안에 내려 걷고 싶었다. 해안가를 잠시 걷는데 갑자기 변의를 느껴 뒷간을 찾았다. 그러나 이슬뿐인 야외에 숨을 곳이라고는 없었다. 만일 이때 자객이라도 만난다면 아주 위험한 상황이 된다. 장지만은 수하의 조표 참장參將으로 하여금 200명의 호위병을 데리고 총과 칼로 무장한 채 자신을 겹겹이 에워싸도록 했다. 백성이 호기심에 주위로 모여 들며 어찌된 일인지 보려 하자 참장이 손을 저으며 말했다. "참군의 원수가 볼일을 보고 계시니 용무가 없는 사람은 가까이 갈 수 없소." 참군의 원수가 볼일을 보는데 200명의 정예군이 지키고 있었다는 이 얘기는 한동안 우스갯소리로 전해졌다.

10월 7일 저녁 무렵, 장지만은 마침내 강녕성에 도착했다. 관아에 들어간 후 그는 서둘러 사건 심리에 들어가지 않고 먼저 재판관인 괴옥과 매계조를 불러 밀실에서 회담을 했다. 관료 세계를 오래 경험한 장지만은 잘 알고 있었다. 이 사건은 어떻게 심리하든, 또 어떤 결말이 나든 상황은 난처해진다. 배후의 주모자를 색출해내지 못하면 마신이의 가족들은 물론 조정으로부터 큰 불만을 살 것이다. 주모자(만일 정말로 상군의 장교라면)를 색출해 낸다면 더 많은 사람을 건드리는 것이다. 만일 그 막후의 검은 세력이 정말로 마신이를 제거한 것처럼 자신도 제거해 버린다면 이는 화를 자초하는 것이 아니겠는가?

이처럼 자신을 지키기 위해 원칙적인 문제는 피하자는, 즉 나쁜 일에 휘말려들지 않으려는 생각에서 장지만과 괴옥은 모두 약속이나 한 듯 심문을 질질 끌어 큰일은 작은 일로, 작은 일은 끝난 일로 만들려 했다. 더욱이 두 사람 모두 자희태후가 증국번을 다시 양강 총독의 자리로 보내려 하는 것을 벌써 알고 있었다. 장지만과 괴옥은 심리를 진행했다 쉬었다 하면서 시간을 끌었다. 그들은 모두 "모든 것은 상군의 사령관인 증국번이 온 후에 처리하자. 이 사건의 '내막'이 얼마나 깊든지 간에 사령관인 증국번이 직접 심리하는 것이 우리가 하는 것보다 훨씬 나을 것이다"라고 생각했다.

장지만과 괴옥의 지연 정책은 자연히 조정과 민간 모두의 비난을 받았다. 사건이 시간만 끌고 결말이 나지 않았으므로, 피해자 가족에게 설명하기 어려웠을 뿐 아니라 조정으로부터 더 많은 질타와 탄핵을 받았고 뭇 사람의 비난의 대상이 되었다. 조정에서는 크게 분노하여 12월 9일과 12일에 잇달아 명령을 내렸다. 이 가운데 12월 9일자 조정의 조서에서는 장지만과 괴옥을 엄하게 꾸짖으며 지적했다. "심리를 시작한 지

벌써 50일이 지났는데, 심리한 실제 상황에 대해 아직 문서로 상주하지 않았다. 이 중대한 사건을 어찌 오래도록 끌고 있는 것인가!"

12월 12일, 어쩔 수 없이 장지만과 괴옥은 "흠차대신을 모살한 범인을 심문하여 밝히니 경위와 내용이 비교적 중대한 사건이므로, 대역죄에 비교하여 죄를 심의하고 범인들의 죄를 각각 판결해 달라"는 내용의 상주문을 부랴부랴 조정에 올렸다. 이들은 상주문에서 다음과 같이 밝혔다.

"흉악범 장문상은 염군 출신으로 해적들과 다시 왕래했습니다. 그런데 마신이가 절강 순무로 재직할 때 남전南田의 해적들을 토벌하고 그 무리를 많이 죽였습니다. 한편 장문상의 아내 나羅씨는 오병섭吳炳燮의 유혹에 넘어가 도망했는데, 일찍이 마신이가 변경을 순찰하다 영파寧波에 이르렀을 때 장문상이 마신이가 탄 가마를 막고 그 사실을 신고하고 수사해 달라고 요구했습니다. 그러나 마신이가 이를 비준하지 않아 심리는 이루어지지 않았고, 범인은 마신이를 원망하며 증오하게 되었습니다. 마침 도주 중인 해적 용계운龍啓汪 등이 장문상에게 동료들을 위해 복수해 줄 것을 다시 사주하자 장문상은 자신의 원한도 풀 겸 감정이 격해져 허락했습니다. 얼마 뒤에 범인은 새로 장이 서는 마을에 가서 무허가 전당포를 몰래 열었는데, 마침 마신이가 이를 금지하는 바람에 원금과 이자를 모두 잃었습니다. 범인은 묵은 원한까지 돌이켜 생각하니 살인 동기가 더 확고해졌습니다. 동치 7, 8년 여러 차례 항주, 강녕에 가서 기회를 틈타 암살하려 했는데 실행에는 옮기지 못했습니다. 그리고 금년 7월 26일 사람들을 뒤따라서 총독 관아로 잠입하여 갑작스럽게 다가가 살해했습니다. 여러 번 심문하여도 맹세코 그 진술을 바꾸지 않고 교사한 자도 없다고 하는데, 실로 믿을 만합니다."

장지만과 괴옥이 조정에 보고한 판결 내용은 전체적으로 보았을 때 그럭저럭 이치에 맞았다. 그러나 사람의 생명과 관련된 매우 중대한 법률 문서 마지막에 "믿을 만하다"라는 표현을 사용했다. 비록 사건의 경위와 법관이 심리해 밝힌 사실을 서술했지만, 조정의 중신을 고의로 살해한 사건을 이 같은 표현으로 판결 내리는 것은 실제로는 매우 곤란하다. 이에 대해 조정은 12월 8일 회신한 조서에서 사건을 종결짓기 어렵다며 이를 분명히 인정하지 않았다.

"마신이는 총독이라는 중신으로 갑작스럽게 이 같은 변을 당했으니 이는 중대한 사건이다. 장문상이 원한을 품은 여러 상황과 용계운 등이 사주한 상황을 진술했으나 여전히 실제에 맞지 않고 완전하지 않다. 괴옥 등이 심의한 바에 따라서 즉시 법에 따라 공개적으로 형을 집행하기에는 판결이 믿을 만하지 못하다."

자희태후는 장문상이 마음속에 원한을 품고 마신이를 살해했다는 이야기를 결코 믿지 않았다. 그녀는 장문상과 공범인 다른 더 큰 한패가 있고, 사건 배후에도 음모를 계획한 누군가가 있다고 확신했다. 보고받은 '사실'은 자신의 추측과는 맞지 않았다. 조정의 대신들도 모두 지방의 총독이 의문의 죽음을 당했는데, 사건의 원인을 밝혀 법에 따라 공개적으로 처벌하지 못한다면 자연히 나라의 체면이 깎이는 일이라고 생각했다. 또 이 사건을 애매하게 판결하여 그러한 기풍이 한번 세워지면, 조정에서 대신들에게 직무를 맡겨도 근심이 생겨 마음 놓고 일하지 못할 것이고 제2의 마신이가 또 나오게 될 것이라고 생각했다. 조정의 기강을 확고히 하고 위신을 세우기 위해, 자희태후는 다시 한 번 장지만과 괴옥 등 사건을 공동 심리한 관리들에게 반드시 사실을 명확하게 밝혀 의론이 분분하고 논평이 계속되는 상황이 이어지지 않도록 하라고 엄격히 요구했다. 동시에 다른 한편으로 형부刑部 상서尙書인 정돈근鄭敦謹에게 신속히 강녕으로 가서 부임을 앞둔 증국번과 함께 이 사건을 심리하라는 명령을 내렸다.

싱겁게 끝난 최종심

앞에서 이미 설명했듯이 마신이가 살해된 뒤 조정에서는, 직례 총독인 증국번을 양강 총독으로 급히 전보 조치했다. 당시는 조정과 일부 시정時政을 논하는 대신들이 이구동성으로 장문상 배후의 '주모자'를 찾아내야 한다고 요구하면서 벌써 창끝을 상군의 고급 장교에 겨눈 매우 민감한 상황이었다. 능수능란한 증국번은 당연히 양강 총독에 취임하고 싶지 않았다. 그는 연로하여 몸이 쇠약해졌다는 이유로 양강 총독직을 완곡하게 거절했다. 그러나 상황은 그의 뜻대로 흘러가지 않았다.

청 조정은 증국번이 노련하고 여러 사람에게 신망을 받고 있어 양강 총독을 맡기에 적합한 인물이라고 여겼다. 마침 이해 10월 7일은 증국번이 60세가 되는 생일이었다. 자희태후는 공신인 증국번을 위로하기 위해 특별히 금품을 하사하여 생일을 축하해 줌으로써 신하로서의 영광을 충분히 누리게 했다. 그의 생일은 공교롭게도 서태후의 생일보다 하루가 늦었는데, 황태후의 생일을 축하하기도 전에 증국번의 생일을 먼저 축하한 것이니 조정에 다른 깊은 뜻이 있었음을 알 수 있다.

증국번은 이 같은 사실을 매우 잘 알고 있었다. 그는 상군 세력이 강남에서 커지는 것을 막으려는 자희태후의 마음을 아주 잘 알고 있었다. 조정에서 상군을 이용해 태평천국을 무너뜨리고 난 후 상군에게 바라는 한 가지는 바로 스스로 무공을 폐하고 황제에게 충성하는 것이었다. 이 사건의 배후에 정말로 상군 측 관료가 있어 지시를 했든 그렇지 않든 상군은 책임을 벗어날 수 없었다. 이에 대해, 홍수전처럼 반란을 일으키거나 스스로 왕이 되지 않을 생각이라면 증국번은 신하로서 이를 부러뜨리고 피를 삼키며 조정의 명령을 따라야 한다. 10월 10일 증국번은 상주문을 올려 은혜에 감사를 표하고 자희태후를 알현했다. 양강 총독직을 끝까지 거절했던 그였지만 어쩔 수 없는 선택이었다.

증국번은 11월 7일에야 비로소 강녕으로 출발했는데, 도착한 날짜는 36일이 지난 12월 12일이었다. 정상적인 일정보다 몇 배나 더 걸린 것인데, 이를 보면 그가 질질 끌면서 사태를 관망하려 했음을 알 수 있다. 나아가 그는 강녕에 도착한 후에도 즉시 관청에 들어가 사건을 심문하지 않고, 조정에서 따로 임무를 맡겨 파견한 형부 상서 정돈근이 강녕에 도착하기를 기다렸다가 함께 이 사건을 심리했다. 그렇다면 그는 정돈근을 기다리며 보낸 두 달이 넘는 시간 동안 매일 무엇을 했는가? 관련

문헌의 기록에 의하면 그는 손님을 만나 한담을 나누거나 『열미초당필기閱微草堂筆記』[3]를 보았다고 한다.

당시 자희태후의 입장에서 보면 그녀의 생각도 분명히 알 수 있다. 만일 이 사건이 정말로 상군이 한 것이라면 증국번으로 하여금 스스로 자기 사람을 잡아내라는 것인데, 일단 조사하여 사실을 밝히면 조정이 그들의 큰 약점을 잡게 되는 것이다. 한 발 물러서서 만일 상군의 소행이 아니라 하더라도 이 사건을 통해 상군에게 경고하고 상군이 방자하게 날뛰는 기세를 한번 꺾어줄 수 있다. 그래서 1870년 12월 23일, 형부 상서 정돈근에게 강녕으로 서둘러 가서 신임 양강 총독인 증국번과 함께 마신이 살해 사건을 다시 심리하라는 조서를 내렸다.

그렇다면 정돈근은 어떠한 인물인가? 정돈근은 호남 장사長沙 사람이다. 도광道光 15년 을미과乙未科의 한림翰林으로 그는 과거 산서山西에서 중대한 사건을 맡았는데, 사건을 원만히 해결하여 당시 사회에서 평판이 좋았다. 모두가 그를 사사로운 정에 얽매이지 않는 엄격하고 공정한 청백리라고 여겼다. 정돈근은 강녕으로 내려가면서 형부 소속의 낭중郎中 둘을 데려갔는데, 한 사람은 만주족이고 다른 한 사람은 한족으로서 둘 다 그의 유능한 조수였다.

동치 10년, 즉 1871년 2월 18일에 정돈근 일행은 강녕에 서둘러 도착했다. 이날은 마침 음력 섣달 그믐날로 그는 겨우 이틀을 쉬고 정월 초 이튿날에 증국번 등을 불러 장문상의 마신이 살해 사건을 함께 심리하기 시작했다. 통념상 정돈근은 사회가 그에게 준 청렴하다는 숭고한 명예를 짊어졌으니 반드시 사건의 진정한 원인을 찾아내어 위로는 황제의 은혜를 저버리지 않고 아래로는 백성이 억울하지 않게 하려 했을 것이다. 그러나 사건 기록에 의하면 그는 당사자와 관련 증인들을 14일 동안 심문하면서 새로운 사실을 밝혀내지 못했다. 이 14일 동안 증국번이 매번 그와 함께 심리했는데, 증국번은 법정에 오르면 부하를 감싼다는 의심을 받지 않으려고 늘 한마디도 하지 않았다. 14일이 지나도록 아무 것도 알아내지 못하자 증국번은 정돈근에게 한마디 했다. "보아하니 우리도 당초 괴옥과 장지만이 보고한 내용대로 조정에 보고할 수밖에 없겠군요."

엄격하고 공정하기로 잘 알려진 정돈근은 10여 일간 자세하게 현지 조사를 했지만 확실히 어떤 깊은 원인이나 연관된 다른 사람을 찾아내지 못했다. 그래서 원래의 판결대로 사건을 종결짓자는 증국번의 의견에 동의했다.

최후 심리가 끝나고 나서 3월 19일에 형부 상서 정돈근과 양강 총독 증국번은 공동으로 서명한 상주문을 올렸다. "흉악범이 암살한 연유를 공동으로 다시 심문했습니다만, 원래 정한 죄명과 사건에 관련된 피고들을 예전대로 각각 심의하여 확정하실 것을 청합니다."

최종심의 상주문은 장지만과 괴옥이 원래 작성한 것보다 더욱 상세했다. 진술 기록, 증거 수집, 공문 작성 등이 더욱 꼼꼼해지긴 했지만, 기본 내용은 전의 것과 별반 다르지 않았다. 다른 점이라고 하면 두 가지였다. 첫째, 장문상이 '해적의 사주를 받은 데다 개인적인 원한 때문에 암살했다'는 것과 '실제로 살인을 교사한 사람이나 사건의 경위를 아는 공모자가 따로 없다'는 것을 특히 강조했다. 둘째, 장문상에 대한 형벌을 더욱 잔혹하게 정했다. '반역죄(열 가지 중죄 가운데 으뜸)로 다스려 능지처참형으로 정한 것' 외에 '심장을 도려내어 제물로 쓸 것'을 추가했다. 또한 다른 사람들에 대해서도 가부를 결정했다.

정돈근과 증국번이 원래의 판결을 유지한 것은 형사소송의 기본 원칙에 부합된 것이라고 할 수 있다. 즉 증거가 있어야 논할 것이 있는 것이다. 증거가 없으면 여러 의심이 들더라도 의심은 의심일 뿐 최종 판결 보고서에는 기록으로 남길 수 없다. 증거에 따라 사실을 확정하는 원칙은 현대 법치의 기본 원칙일 뿐 아니라 고대 사회에서도 매우 중요한 것이었다.

그러나 마신이가 생전에 중용했던 관리들인 손의언과 원보경 두 사람은 이 소식을 듣고 매우 불만스러웠다. 그들은 잇따라 심문을 맡았던 형부 상서 정돈근을 포함한 관리들이 사건이 증국번의 상군 쪽 사람들과 연루되어 있다는 것 때문에 그들을 비호하려는 마음에서 파헤치려 하지 않는다고 생각했다. 즉, 그들 생각에 '할 수 없는 것이 아니라 실은 하지 않은 것'이었다.

배심원으로 참여한 손의언과 원보경은 결국 정돈근과 증국번이 작성한 최종심의 판결문에 서명을 거부했다. 그러나 두 사람은 직급이 낮은 관리일 뿐이었다. 증국번과 정돈근은 대처할 방법이 있었다. 그들은 공문에 손의언과 원보경이 심문에 참여한 사실을 아예 거론하지 않았다. 또한 조정에 상주문을 올리는 동시에, '진술'(심문 기록)을 베껴서 군기처와 형부에 나누어 보냈다. 원래 '진술'은 형부에만 보내면 되는데, 그들은 일부러 이것을 조정의 행정권을 실질적으로 장악하고 있는 군기처에 보내 등록하고 보관하게 했다. 그럼으로써 이번 최종심을 마지막 판결로 하여 뒤집을 수 없는 사건이 되게 하려 했던 것이다.

마지막으로 조정은 이른바 사건 배후의 '원흉'을 밝혀내지 못한 것에 대해 매우 불만이었지만 이 같은 사실을 받아들이지 않을 수 없었다. 그리하여 1871년 3월 26일, 황제의 지시로 정돈근과 증국번의 판결문을 확정했다. 4월 4일, 증국번은 황제의 명령을 받들어 장문상을 능지처참하고 심장을 도려내 마신이의 제사 의식에 제물로 쓰는 형 집행 과정을 감독했다.

판결이 내려지고 형이 집행된 후에도, 조정 관료와 시정을 논하는 관료들은 결코 마음을 놓을 수 없었다. 그들은 이 사건에 의심스러운 점이 무척 많다고 느꼈다. 괴옥에서 장지만, 정돈근에서 증국번에 이르기까지 사건을 심리한 관리들이 모두 시간을 끌고 핑계를 대거나 하여 7개월이 넘는 시간을 들였고, 그럼에도 장문상의 공범이나 배후의 '검은 손'을 적발하지 못했다. 마신이의 죽음과 상군이 관련이 있는 것은 아닌가? 만일 관련이 없다면 그들은 왜 하나같이 핑계를 대고 시간을 끌며 감추려 한 것인가?

민간에서도 갖은 추측이 떠돌고 대담한 유언비어가 들끓었다. '마신이 살해 사건'은 정말로 사사로운 원한 때문에 일부러 죽인 것으로, 다른 속사정이나 숨겨진 다른 사건은 없는 것인가? 일설에 의하면 장문상은 마신이와 원래 아는 사이이며 더욱이 의형제인데, 어째서 마신이를 살해했을까? 강호의 영웅이 정의를 위해 복수한 것은 아닌가?

[표] 마신이 살해 사건의 심리 과정

심리 단계	재판장	심리 결과
제1심	괴옥 매계조	장문상이 '태평군 두목'임을 밝히다.
제2심	장지만 괴옥	– 상주 내용: 살인범 장문상은 염군 출신으로 해적들과 다시 왕래하였습니다. 마신이가 절강 순무로 재직할 때 남전의 해적들을 토벌하고 그 무리들을 많이 죽였습니다. 한편 장문상의 아내 나씨는 오병섭의 유혹으로 도망하였는데, 일찍이 마신이가 변경을 순찰하다 영파에 이르렀을 때 장문상이 마신이가 탄 가마를 막고 그 사실을 신고하고 수사해달라고 요구하였습니다. 그러나 마신이가 이를 비준하지 않아 심리는 이루어지지 않았고, 범인은 마신이를 원망하며 증오하게 되었습니다. 마침 도주 중인 해적 용계운 등이 장문상에게 동료들을 위해 복수해줄 것을 다시 사주하자 장문상은 자신의 원한도 풀 겸 감정이 격해져 허락하였습니다. 얼마 뒤에 범인은 새로 장이 서는 마을에 가서 무허가 전당포를 몰래 열었는데, 마침 마신이가 이를 금지하는 바람에 원금과 이자를 모두 잃었습니다. 묵은 원한까지 돌이켜 생각하니 살인 동기가 더 확고해졌습니다. 동치 7, 8년 여러 차례 항주, 강녕에 가서 기회를 틈타 암살하려 했는데 실행에는 옮기지 못했습니다. 그리고 금년 7월 26일 사람들을 뒤따라서 총독 관아로 잠입하여 갑작스럽게 다가가 살해하였습니다. 여러 번 심문하여도 맹세코 그 진술을 바꾸지 않고 교사한 자도 없다고 하는데, 실로 민을 만합니다. – 흠차대신을 모살한 범인을 심문하여 밝히니 경위와 내용이 비교적 중대한 사건이므로, 대역죄에 비교하여 죄를 심의하고 범인들의 죄를 각각 심리하여 판결해 주기를 청하는 상주문을 올렸다.
최종심	증국번 정돈근	– 상주 내용: 흉악범이 암살한 연유를 함께 다시 심문하였습니다만, 원래 정한 죄명과 사건에 관련된 피고들을 예전대로 심의하여 확정하실 것을 청합니다. – 최종심의 상주문은 장지만, 괴옥이 원래 작성한 것보다 더욱 상세하였다. 진술 기록, 증거 수집, 공문 작성이 더욱 꼼꼼해졌지만, 기본 내용은 전의 것과 다르지 않은 원래의 내용 그대로였다. 다른 점은 첫째, 장문상이 "해적의 사주를 받은 데다 개인적인 원한 때문에 암살하였다"는 것과 "실제로 살인을 교사한 사람이나 사건의 경위를 아는 공모자가 따로 없다"는 것을 특히 강조했다는 것이다. 둘째는 장문상에 대한 형벌을 더욱 잔혹하게 정했다는 것이다. "반역죄로서 죄인을 심문하고 범죄와 형벌을 정하여 능지처참형으로 정한 것" 외에 "심장을 도려내어 제물로 쓸 것"을 추가했다. 또한 다른 사람들에 대해서도 가부를 결정하였다.

| 3 | 다섯 가지 원인

　당당한 양강 총독이자 당대의 일품 중신인 마신이가 훤한 대낮에 한 필부에 의해 살해당했다. 그런데 최종 판결은 사사로운 원한에 의한 개인적인 범죄이며 배후에 깊은 연원은 없다고 하니 당시든 후대든 많은 사람이 의문을 제기했다. 관련 문헌과 역사적으로 구전된 것을 총괄하면 장문상의 살해 동기는 대체로 아래의 다섯 가지 설로 정리된다.

의형제 배반설
　민간에서는 다음과 같은 이야기가 전해진다. 마신이는 안휘 여주에서 지현의 직무를 대행하고 있을 당시 염군에 붙잡혔는데, 그를 사로잡은 사람이 바로 장문상이었다. 그러나 장문상은 청 조정에 투항하려는 마음을 품은 지 오래였다. 그래서 마신이를 붙잡은 후에 염군의 두목인 장락행張洛行 또는 張樂行 등에게 공적을 보고하지 않았다. 오히려 마신이와 친분을 맺으려고 자신의 친한 친구인 조이호曹二虎와 시금표時金彪 두 사람을 인사시켰고, 그리하여 네 사람은 의형제를 맺었다. 그런 후에 몰래 마신이를 놓아 주어, 마신이가 순무에게 적당히 이야기하고 그들 형제가 청군에 투항하는 것을 맞이하기로 했다.

　일은 순조롭게 진행되었다. 장문상, 조이호, 시금표 세 사람은 부대를 이끌고 만청 조정에 투항했다. 상부에서는 마신이에게, 투항한 무리들 중에서 사람을 골라 두 개의 대대를 조직하는 일을 위임했다. 마신이의 자字가 곡산谷山이기 때문에 제도에 따라 인솔한 부대는 '산자영山字營'

(대략 연대에 해당)이라 불렸다. 그의 세 의형제는 모두 '초관哨官'(대략 대대장)이 되었다. 마신이는 이 두 개의 대대에 의존하여 빠르게 승진했으며, 안휘 번사藩司까지 진급했다.

홍수전과 양수청楊秀淸이 이끈 태평천국이 평정된 후, 모든 관군에서 대규모 감축이 있었다.(이는 첫째는 상군처럼 조정의 정권에 위협이 되지 않게 하기 위함이고, 둘째는 부대원들에게 지급되는 군량과 급료의 조달이 쉽지 않았기 때문이며, 셋째는 전쟁이 끝난 후 백성이 휴양하면서 경제력을 회복하도록 해야 했고, 그들에게 과도한 토지세를 부담시켜서는 안 되었기 때문이다.) 산자영 역시 해체되었고 장문상, 조이호, 시금표 세 사람은 모두 마신이를 따라 번사의 관아에서 하급 관리로 일했다.

일설에 의하면, 이미 이때 마신이는 빈천할 때 고난을 함께한 친구들을 조금은 업신여기고 있었다고 한다. 그래서 조이호가 가족들을 데려오려 할 때 장문상은 그에게 가만히 있는 것이 낫다고 충고했다. 그러나 조이호는 장문상의 말을 듣지 않고 고집을 부려 아내를 고향에서 데려와 번사 관아에서 지내게 했다. 조이호의 아내는 왔으니, 객실로 가서 마신이의 부인을 알현하지 않을 수 없었다. 이때 마침 마신이도 객실에 있었는데, 그녀의 미모에 놀라 딴마음을 품고 사통하려 했지만 조이호 때문에 마음대로 할 수 없었다. 마신이는 조이호를 자주 외지로 출장을 보냈다. 조이호는 출장을 갈 때마다 얻는 것이 있으니 기꺼이 따랐고, 마신이도 친구를 저버리고 여색을 탐할 수 있었다.

오래 지나지 않아서 소문은 발빠르게 퍼졌다. 장문상은 이 일을 조이호에게 알렸다. 조이호는 처음에는 믿으려 하지 않았으나, 몰래 알아보고 그 일이 사실임을 알게 되자 아내를 죽이려 했다. 장문상이 그에게 충고했다. "간통한 사람을 죽이려면 둘 다 죽여야 해. 아내만 죽인다 해도 『대청률례大淸律例』의 규정에 의하면 역시 목숨으로 대가를 치러야 해. 그러니 그렇게까지 할 필요는 없어. 대장부가 아내가 없는 것이 무슨 걱정거리가 되겠어? 차라리 형의 아내를 그에게 보내 줘. 그렇게 하면 우애도 지킬 수 있을 거야." 조이호도 생각해 보니 나쁘지 않다고 느꼈으므로 기회를 보아서 그러한 뜻을 살짝 내비쳤다. 그런데 누가 알았겠는가. 마신이는 크게 화를 내며 조이호가 조정의 고급 관리를 모욕했다고 통렬하게 비난했다. 조이호는 돌아와 이 사실을 장문상에게 알렸고, 장문상은 그가 곧 목숨을 잃게 될 것임을 직감했다.

그렇게 시간이 조금 지났다. 조이호는 또다시 명을 받고 출장을 가게 되었다. 이번에는 안휘 수주壽州로 가서 무기와 탄약을 수령하는 일이었다. 장문상은 이번 출장에서 조이호에게 변고가 생길지 모르므로 시금표에게 함께 그를 호위하자고 했다. 도중에 아무 일도 일어나지 않자 조이호는 장문상에게 의심이 지나치게 많다고 놀리기까지 했고, 장문상 자신도 무거운 짐을 벗어버린 것 같았다.

다음 날 조이호는 수춘진壽春鎭 총병總兵의 바깥문으로 가서 문서를 제출하고 일을 처리하려 했다. 그가 접견을 기다리고 있을 때였다. 중군中軍의 관리가 영전令箭(군에서 명령 전달의 증거로 사용한 화살 모양의 수기手旗)을 든 채 순찰을 맡은 위병을 데리고 나와 조이호를 포박했다. 그들은 조이호가 해명하는 것도 허용하지 않았다. 그리고 이렇게 말했다. "마 대인께서 그대에게 출발하라고 한 후, 누군가 그대가 염군의 비적들과 사통했으며 이번에 그대가 무기와 탄약을 수령하려 하면서 그들을 도우려 했다고 고발했소. 그대가 도착하면 즉시 군법에 따라 처리하라는 공문이 이미 내려왔소. 그대는 더 이상 말할 필요가 없소."

조이호는 억울하게 살해되었고 장문상은 한바탕 대성통곡했다. 그는 시금표를 보고 반드시 조이호를 위해 복수하겠다고 밝혔다. 시금표가 난감한 표정을 지었다. 장문상은 '친구답지 못하다'고 시금표를 나무라면서, 기꺼이 혼자 그 일을 맡을 것이고 내가 한 일은 내가 책임지겠다고 말했다. 장문상과 시금표 두 사람은 조이호의 시체를 수습해 묻어주고는 그렇게 갈라섰다. 그 후 장문상은 혼자 양강 총독이 부대를 검열하는 기회를 확실히 알아보고서, 형제의 정을 배반하고 형제를 죽여 높은 자리에 오르고 부자가 된 마신이를 살해했다.

이 줄거리는 민간에 널리 전해져 백성의 지지를 받았다. 장문상은 형제를 위해 복수하고 악을 응징해 선을 휘날린 정의의 협객이기 때문에, 백성은 대체로 장문상이 마신이를 살해한 것은 약자의 편을 든 정의로운 영웅의 위대한 행동이라고 보았다. 그가 최종적으로 능치처참의 판결을 받은 것도 역시 대체로 백성의 동정을 받았다.

다음에 소개하는 홍콩 영화 두 편도 모두 상술한 줄거리에 근거해 이야기를 전개해 나갔다. 영화는 확실히 관중을 매료시켰다. 줄거리 역시 풍부하게 변화했다. 그러나 사건의 진상을 자세히 고찰하면 이 네 사람의 의형제 이야기는 확실히 사서에도 증거가 없고 고증할 방법도 없다. 그러나 그 가운데 유일한 사실은 시금표라는 인물이 확실히 있었다는 것인데, 마신이 살해 사건이 일어났을 때 그는 산서山西에서 참장參將을 맡고 있었다. 그러므로 이 같은 섹스 스캔들은 민중의 입맛과 이야기를 퍼뜨리는 재미에 영합한 것일 뿐이다. 마신이를 살해한 이유가 그가 '여색을 탐하고 친구를 저버렸기' 때문이라는 말은 민간에서 재미있게 이야기한 것일 뿐, 사서로는 사실인지 조사하여 증명할 방법이 없다.

(1) 「자마刺馬」 : 이 영화는 1973년에 홍콩의 영화감독 장철이 제작했다. 그 기본 줄거리는 다음과 같다. 장문상과 황종黃縱은 모두 민간인으로 마신이와 싸우다 서로를 이해하게 되었고 셋은 성이 다른 형제가 되었다. 둘째인 황종의 아내 미란米蘭은 큰형인 마신이를 사모했다. 그러나 마신이는 감정의 방어선을 단단히 세웠고, 그 방어선은 뚫리지 않았다. 마신이가 양강 총독으로 부임하려 할 즈음, 미란의 사랑은 더욱 깊어만 갔다. 마신이도 목적을 위해서라면 수단을 가리지 않게 되었다. 그의 도덕 및 감정의 방어선 역시 철저히 무너져 마침내 미란을 차지하고 형제인 황종을 살해했다. 셋째인 장문상은 이 일을 듣고 가슴 가득 불의에 대한 분노를 느껴 마신이를 살해하고 형부의 법정에서 자신의 죄를 자백하고 대범하게 형장으로 나갔다.

이야기는 세 명의 남자가 한 명의 여자를 두고 사이가 틀어져 원수가 되는 피비린내 나는 내용으로 관중의 호평을 받았다. 그러나 이는 역사적인 사실과는 완전히 맞지 않으며, 후대 극작가들이 늘려서 쓴 것에 속한다.

(2) 「명장」 : 이 영화는 2007년 홍콩 감독 진가신이 제작한 것이다. 기

본 줄거리는 「자마」와 대체적으로 같다. 다만 전쟁이라는 당시의 배경과 살해 사건의 복잡한 연유를 더욱 강조했을 뿐이다. 그 기본 줄거리는 다음과 같다.

    청나라 말기 전쟁의 불길이 끊이지 않았고 백성은 편안히 생활할 수가 없었다. 청나라 군대의 고급 장교인 방청운龐靑云은 태평군과의 전투에서 동료의 배반으로 전군이 전멸되는 상황을 맞고 홀로 살아남아 우연히 난세의 강도 조이호趙二虎와 강오양姜午陽의 군대로 들어가게 되었다. 이들은 청군의 군량을 강탈하여 연명했으나 이내 방청운의 권유로 청 조정에 투항하기로 하고 셋은 의형제를 맺는다. 수백 명밖에 되지 않는 군대는 곧 큰형 방청운의 인솔 하에 청군에 의탁하고, '산자영'이라 불리며 청 조정이 태평군을 소탕하는 데 힘을 보탰다. 방청운은 많은 목숨이 희생되는 가운데 계속해서 승리를 거두면서 점점 더 높은 관직을 얻었고, 끝없는 야심을 품고 조정의 강요에 따라 조이호를 제거하고 그의 아내와 간통했다. 조정의 기만, 관료의 부패, 큰형의 배신 등을 접한 셋째 강오양은 방청운이 순무로 승진하는 취임식에서 그를 살해하기로 사전에 계획한다. 그러나 강오양이 칼로 찌른 것과 동시에, 방청운 뒤의 지붕 위에서 한 자루의 총이 방청운을 향해 방아쇠를 당겼다.

    「명장」에는 형제간의 정과 원한 외에도 조정 내 정파 간의 싸움이라는 요소가 더해졌다고 할 수 있다. 즉 방청운의 죽음을 강오양의 복수심과 방청운을 시기했던 배후 고관들의 음모라는 두 가지 원인에서 비롯한 결과로 묘사했다. 그러나 기본적인 줄거리는 여전히 문학적인 추론에 속하며, 사서에서 증거를 찾을 수 없다.

총독과 순무 불화설

여기서 '총독'은 물론 당시의 양강 총독인 마신이를 가리키고 '순무'는 정일창丁日昌을 가리킨다. 정일창의 자는 우생雨生이고 광동廣東 풍순豊順 사람으로 당시 강소의 순무로서 마신이가 바로 그의 직속상관이었다. 이른바 '총독과 순무의 불화'는 이 두 고위 관리가 서로 불화하여 그 틈을 메우기가 어려웠음을 말한다. 이 같은 이야기는 당시 사회에 널리 퍼져 있었는데, 그 원인에 대해 설명하려면 정일창의 아들 정혜형丁惠衡 사건부터 언급해야 할 것이다.

이른바 정일창의 아들 사건은 원래 1869년 10월에 일어났다. 당시 태호太湖의 수군水軍 보초 서유득徐有得, 유보표劉步標는 소주성蘇州城에 와서 한가하여 할 일이 없자 기방에 갔다. 이들이 기방에 들어서니, 마침 정일창의 먼 일가 사람인 도사都司 정병丁炳이 자신의 가노家奴인 범귀范貴와 주흥周興 등과 함께 놀고 있었다. 그런데 두 패 사이에 언쟁이 벌어졌다. 아마도 어떤 기녀를 서로 차지하려고 싸웠던 듯하다. 마침 소주의 근위병 설음방薛蔭榜이 병사들을 이끌고 야경을 돌다가 이들의 소란을 보고 체포한 후, 양측 모두에게 형장刑杖으로 40대를 때리며 꾸짖었다. 서유득은 불복하여 다시 형장으로 문책을 받았는데, 나흘 후 상처로 인해 사망하고 말았다.

강소 순무 정일창은 이 일을 듣고 매우 두려웠다. 자신의 먼 일가 사람이 기방에서 한가하게 놀다가 말썽을 일으켜 보초가 문책당해 목숨을 잃었으니 말이다. 그는 정병과 설음방을 해임하고, 이들을 심의하여 처벌할 것을 자청하는 상주문을 올렸다.(그는 친족을 두둔하지 않았으니 그래도 좋은 관리였음을 알 수 있다. 혹은 '고육지책'을 써서 상황을 주도하려 했을 수도 있다.) 그리고 나머지 사람들은 양강 총독 마신이에게 넘겨 그들을 심문하고 법률에 따라 죄를 다스리게 했다.

일이 있은 후, 정일창은 또 자신의 조카인 정계조丁繼祖와 당시 지부知 府를 맡고 있던 아들 정혜형도 사건에 개입되어 있다는 사실을 알게 되 었다. 그래서 다시 조정에 두 사람을 해임해 달라는 상주문을 올렸다. 마신이는 황제의 명을 받들어 사건을 의뢰받은 후, 강녕 포정사 매계조 와 강소 안찰사 응보시應寶時 등에게 위탁하여 심리하도록 했다. 그런데 정계조가 자수한 반면 정혜형은 소환에 응하지 않았다. 이 사건은 정혜 형이 저항하며 법정에 출두하지 않는 바람에 질질 지연되다가 1870년 7월에야 비로소 사건이 종결되었다. 최종심에서 설음방, 정혜형, 정계 조, 정병이 해임되는 판결이 내려졌는데, 당사자 가운데 한 사람인 정 혜형만이 아직 법정에 서지 않아서 마신이는 조정에서 심의하여 처벌해 달라고 상주문을 올렸다.

그 후 마신이가 강녕에서 살해되었다. 정혜형 사건에 대한 판결을 내 린 지 40여 일 만이었다. 이때까지도 정혜형이 여전히 법정에 서지 않아 사건이 최종적으로 해결되지 않은 상태였다. 조정과 민간에는 '총독과 순무의 사이가 좋지 않다'는 소문이 퍼져 있었다. 당시의 태상시太常寺 소 경少卿 왕가벽王家璧은 상주를 올려 마신이 총독이 살해된 것은 강소 순무 정일창과 관련이 있다고 직접적으로 밝혔다. 그는 상주문에서 다음과 같이 말했다. "마신이가 강소 순무 정일창의 아들이 관련된 사건을 넘겨 받아 조사하게 되었는데, 청탁이 이루어지지 않자 이 같은 변고가 일어났습니다." 그는 덧붙여 말했다. "이러한 이야기를 들은 사람은 신 혼자만이 아니며, 신이 들은 것은 또한 한 사람이 말한 것이 아닙니다."

이때, 정일창은 큰불이 자기의 머리를 태울 지경이 된 것을 느끼고 부랴부랴 천진에서 소주로 급히 돌아왔다. 만일 소문이 사실이라면 자신이 사건과 상관이 없음을 분명히 해야 하고, 소문이 거짓이라면 증거를 제시해 잘못 알려진 것을 바로잡아야 한다. 마침 이때 조정에서는 벌써 증국번에게 양강 총독으로 부임하여 마신이 살해 사건을 심리하라고 명령을 내렸다. 증국번이 아직 임지로 내려가기 전 증국번의 옛 막료이자 심복이며 동시에 상군의 핵심 장교 가운데 한 사람이기도 했던 정일창은 조정에 급히 상주문을 올렸다. "증국번에게 속히 부임하도록 명령을 내리십시오."

증국번이 신속히 부임한다면 상황은 틀림없이 정일창에게 유리할 것이 분명했다. 만일 정일창이 정말로 비밀리에 장문상에게 마신이를 살해하도록 지시했다면, 그의 편인 총지휘관 증국번이 그를 충분히 비호해 줄 것이다. 또한 정일창이 마신이 살해 사건에 대해 전혀 모르고 있었고 순전히 사람들이 멋대로 추측한 것이라면, 노련하고 주도면밀한 증국번이 틀림없이 진상을 밝혀 그의 결백을 입증해 줄 것이다. 이 두 가지 상황 가운데 어느 것이었을까? 이에 대해선 지금까지도 검증할 수가 없다.

당시 마신이가 살해된 시점을 전후로 3일 동안 정일창과 관련된 몇 가지 결정적으로 불리한 일이 일어나 왕가벽 등의 관료와 다른 호사가들의 의심이 더 커졌으니, 그것은 바로 다음과 같다.

(1) 1870년 8월 21일은 양강 총독 마신이가 열병하기로 예정된 날인 동시에 장문상이 '마신이를 살해하기로' 계획한 날이기도 하다. 이날 정일창은 강소에서 천진으로 서둘러 갔고, 도착하자마자 직례 총독인 증국번의 관아로 곧장 달려가 그와 꽤 오랫동안 밀담을 나누었다.

(2) 8월 22일 오전, 증국번이 답례로 정일창을 방문했다. 바로 이때 멀리 강녕에 있던 마신이가 칼에 찔려 중상을 입었다.

(3) 8월 23일 오전, 정일창은 또다시 증국번의 관아로 가서 면담했다. 증국번은 오후에 낮잠을 잤는데, 마음을 안정시킬 수 없었다. 그런데 이때는 바로 마신이가 세상을 떠난 시각이었다.

역사는 이와 같이 우연으로 이루어져 있다. 정일창과 증국번의 빈번한 면담은 공교롭게도 강녕에서 마신이가 피살되던 이 3일 사이에 일어났으니, 더욱 사람들의 의혹을 살 수밖에 없었다. 그러나 의심은 어디까지나 의심일 뿐, 역사적으로는 이를 증명할 만한 더 많은 자료가 없다. 단지 상술한 흔적들만 남겨져 사람들로 하여금 추측하게 할 뿐이다. 아마도 도둑이 제 발 저리다고, 정일창은 마신이를 제거하는 '대계大計'를 비밀리에 세우기 위해 천진에 가서 증국번을 찾았을 수 있다. 그러나 자신의 아들 사건 때문이거나 개인적인 일 때문에 증국번을 찾아 의논했을 뿐 살해하려는 마음은 결코 없었을 수도 있다. 물론 당시 증국번은 '천진교안'을 처리하기 위해 정일창을 불렀고, 그와 이 외교 사건을 처리하는 방법에 대해 논의했다. 이 역시 사람들이 알고 있는 일이다. 역사는 이처럼 우연으로 이루어져 세상 사람들의 추리를 조롱하고 있다.

정치 투쟁 희생양설

앞에서 마신이가 피살된 현장을 언급했을 때, 장문상이 마신이를 찌른 후 결코 도망가지 않았으며 도리어 손이 묶인 채로 잡혀서 "천 날 동안 병사를 양성하는 것은 하루아침에 이용하기 위함이다"라고 소리 높여 외친 것을 기억할 것이다. 이 말은 도대체 무슨 뜻일까?

장문상이 책임자의 위치에 있지도 않으면서 혼자서 1000일 동안 훈련하며 기회를 보아 마신이를 살해하려 했다는 말인가? 아니면 배후의 누군가가 암암리에 지시하고 마침내 장문상이 계획적이고 목적이 있는 살인을 했다는 말인가? 장문상이 마신이를 살해한 배후에는 확실히 큰 정치 세력이 존재했다는 것인가? 만일 그런 세력이 존재했다면, 사람들은 자연히 증국번이 통솔하는 상군 집단을 떠올린다.

태평천국의 난 이후 농민 봉기가 왕성하게 일어나는 상황에서, 대단히 용맹하기로 유명한 청 조정의 팔기군八旗軍(만주족 군대) 정예 기병과 한족으로 편성된 녹영綠營 부대가 잇달아 전투에 지고 말았다. 청 조정은 국토의 거의 반을 잃었고, 이 때문에 함풍황제와 자희태후는 증국번과 그의 동생 증국전曾國荃이 이끄는 상군을 중용하지 않을 수 없었다.

상군은 상용湘勇이라고도 불리었는데, 장교들은 주로 상湘(지금의 후난성) 지역 사람들로 대부분 봉건 유생이었고 병사들은 상 지역 일대의 농민들이었다. 상군의 병사들은 병영의 지휘관營官이 모집한 이들로서 지휘관의 말에만 복종하며, 위에서 아래까지 층층이 예속되어 전군이 증국번 한 사람에게만 복종한다. 증국번이 기술적인 훈련보다는 사상 규율에 중점을 두고 병사들을 다스림으로써, 상군은 봉건 질서를 강력하게 수호하는 군대가 되었다.

상군은 육군과 수군으로 나뉜다. 병영 제도는 주로 명대 군사 전문가인 척계광戚繼光의 '속오束伍'법을 채용했으며, 외국에서 서양식 총포를 구입하고 이를 본떠 자체적으로 신식 무기도 제작했다. 또한 자체적으로 조선소를 갖추기도 했다. 상군은 1854년 초에 형주衡州(지금의 형양시衡陽市)에서 대오를 편성하여 설립되었는데, 당시 모두 1만 7000여 명으로 조직되었다. 그해 여름부터 전투를 치르기 시작한 상군은 이후 몇 년 동안 호북湖北과 강서의 강가 인근 지역에서 태평군과 쟁탈전을 벌였다.

1858년 5월, 상군의 정예부대로서 기세가 등등하던 이속빈李續賓의 부대가 안휘성 깊숙이 파고들어갔다. 그러나 이속빈과 그가 인솔한 6000여 명이 그해 11월 여주 삼하三河 전투에서 전멸되어 상군의 기세는 순식간에 꺾이고 말았다. 그 후 상군의 세력은 1860년에 증국번이 양강 총독을 맡음으로써 크게 확충되는데, 그가 지방의 군사와 정치 대권을 장악함으로써 급료 조달이 비교적 쉬워졌기 때문이다.

이로써 상군은 태평천국을 진압하는 청군의 주력이 되었고, 1861년 9월 안경安慶을 점령했다. 이듬해인 동치 원년 봄, 증국번은 다시 증국전이 이끄는 상군 주력군으로 하여금 강가를 따라 태평천국의 수도 천경天京을 향해 나아가게 했다. 좌종당左宗棠 부대와 이홍장이 새로 모집한 회군淮軍은 강소성과 절강성의 다른 지역을 공격했다. 1864년 7월, 상군은 마침내 천경을 무너뜨리고 태평천국을 진압하여 그 위세를 온 세상에 떨쳤다.

그러나 만청 조정의 입장에서 보면, 태평군을 섬멸하기 위해 상군 등의 강대한 한족 무장 세력을 기용하는 전략은 그 자체가 양날의 검이었다. 한편으로는 한족 지주가 만든 지방 무장 세력을 빌려 마침내 태평군의 위협을 제거했지만, 다른 한편으로는 이들 세력이 점점 커져 도통都統(팔기군 우두머리) 계열의 팔기병과 지방 총독과 순무의 녹영병을 대체하게 됨으로써 그 자체가 다시 청 조정의 큰 걱정거리가 되었다.

"자신의 침대에 어찌 남이 자게 할 수 있겠는가?" 태평천국의 반란이 실패한 후 조정과 민간에서는 증국번이 황제가 되려는 야심을 품고 있다는 풍문이 돌았다. 증국번의 부하들 중에도 그에게 왕이 되어 고아와 홀어머니가 통치하는, 매우 불안한 청 황실을 대신하라고 부추기는 자가 있었다. 다만 이런 제안을 증국번이 단호하게 거절했을 뿐이다. 황권 독점의 중요성을 잘 알고 있던 자희태후는 증국번이 강남에서 세력을 키워 만청 황족과 천하를 나누려 하는 걸 용납할 수 없었다.

자희는 상군을 줄이는 문제로 고심했다. 그리고 다음과 같은 결단을 내렸다. 즉 증국번을 양강 총독의 자리에서 전출시키고 대신 직례 총독을 맡게 하는 것이다. 이렇게 하면 그의 탁월한 공훈에 대한 표창이 되기도 하고, 다른 한편으로는 그를 상군의 대오에서 멀리 떨어지게 한 후 가까이서 감시할 수 있다. 이와 동시에 파벌의 기반이 없는 마신이를 파견하여 양강 총독을 맡게 하면 상군 세력을 견제할 수 있고, 또 그에게 상군의 철수를 책임지게 할 수 있다. 앞에서 밝힌 대로 마신이가 황제를 알현하고 조복이 땀에 흠뻑 젖어 나온 것도 태평천국의 보물이 어디로 갔는지 조사하라는, 사실상 상군의 재정 문제를 상세하게 조사하라는 직무를 맡았기 때문이었다. 실제로 마신이의 부임은 상군 집단의 이익을 어느 정도 건드릴 수 있었다. 한편, 자희태후의 이 조치는 불가피하게 상군 세력의 큰 불만을 야기했다.

마신이는 수십 년을 관리로 지냈지만 줄곧 자신의 군대는 갖지 못했다. 혈혈단신 강녕에 부임하니 용이 사는 못, 호랑이가 사는 굴에 들어간 격이었다. 그러나 전하는 바에 의하면, 마신이는 조정이 하달한 사명을 완수하기 위해 소속부대를 벗어난 병사들을 매우 엄격히 처벌했다. 특히 그는 민첩하고 용맹하기로 이름난 원보경을 영무처營務處 총책임자로 임명하여, 백성에게 손해를 끼치고 온갖 악행을 저지르는 떠돌이 병사들을 현장에서 극형에 처하도록 했다. 일부 상군 장교들과 해산된 병사들은 마신이와 원보경 등을 뼈에 사무치도록 미워했다.

천경은 상군의 입장에서 보면 자신들이 무수한 생명을 희생하여 함락시킨 곳이다. 상군의 군벌들은 태평천국이 전멸된 후, 강남 지역을 자신들의 사유지로 보았다. 강남은 재물이 풍족하고 각종 문화가 집결된 지역으로 당시 그들의 고향인 호남 지역에 비해 훨씬 더 번화했다.

증국번의 동생인 증국전은 강녕(남경)을 함락한 후, 조정에서 장기간 주지 못한 급료를 보충해 주기 위해 병사들이 방화, 살인, 약탈 등을 하도록 내버려두었다. 3일 동안 금령이 풀리니 지위 고하를 막론하고 대담하게 약탈하고 살육하여 모두가 진귀한 금은보화를 적지 않게 얻었다. 게다가 그는 상급기관을 거치는 절차를 무시하고 조정에 직접 상주문을 올리기도 했다. 조정은 상주문을 인정하지 않았을 뿐 아니라, 증국전의 행위에 대해 훈계와 비판을 퍼부었다. 더구나 이 일에는 증국번까지 말려들었다. 결국 증국전은 의심을 벗기 위해, 증국번이 넌지시 알려

준 대로 병을 핑계로 퇴직한 후 고향으로 돌아갔다.

조정은 증국전을 질책함과 동시에 그해 3월 막 안휘 포정사로 제수된 마신이의 관직을 한 단계 더 올려 절강의 순무로 임명했다. 마신이는 본래 상군의 중용을 받고 발탁된 인물이다. 그러나 호남 사람이 아니며 상군 세력의 핵심인 상 지역 사람도 아니다. 자희는 이 사실을 중시했는데, 그가 상군 장교들의 시기를 받은 것도 바로 이 사실 때문이었다.

조정에서 군대를 축소하고 개혁하기 시작하자 수만 명의 상군 병사들이 해고되었다. 이 가운데에는 장교들도 상당수 있었다. 그중 일부는 고향에 돌아가 전답을 사들여 지방 호족으로 빠르게 성장했지만, 다른 일부는 동남東南 일대에서 떠돌았다. 상군의 축소는 검은 세력을 크게 키웠다. 소속부대를 벗어난 떠돌이 병사들은 검은 세력과 결합하여 도처에서 한가로이 빈둥거리면서 약탈을 일삼았다. 여기에 원래 태평군이었던 유랑민들까지 더해져 당시 강남 일대의 사회 질서는 매우 불안정했다.

조정과 마신이 측의 입장에서 보면 이들은 악질 고참병과 건달 병사(예를 들면 장문상)에 불과하다. 반면에 상군 관료들의 눈에 마신이는 눈엣가시이다. 상황이 이러하니 마신이 살인 사건의 배후에 상군 관료가 있을 가능성이 결코 없는 것은 아니다. 사건 발생 전에도 만청 조정과 상군이라는 양대 정치 세력이 서로 암투를 벌이는 관계였음은, 사건 발생 후 사실에 대한 인정이나 조정의 사후 처리 과정에서도 그 대강을 엿볼 수 있다.

마신이가 피살된 후, 조정에서는 사건을 확실히 조사하기 위해, 또한 강남에서 군사 반란이 일어나는 것을 미연에 방지하기 위해 재빨리 증국번을 강녕으로 다시 부임시켰다. 이후 양강 총독이라는 보좌는 오랫동안 상군 계열의 관리가 차지했고, 다른 사람들은 감히 관심을 갖지 못했다. 이밖에 상군 세력과 마신이 살해 사건이 관련이 있다고 의심하지 않을 수 없게 만드는 몇 가지가 있다.

(1) 앞에서 서둘러 강녕에 가서 사건을 공동 심리한 형부 상서 정돈근과 유능한 그의 낭중 둘을 언급했는데, 이들이 마신이 살해 사건 판결이 내려진 후에 보여준 행동들은 매우 이해하기 어렵다. 먼저 정돈근은 사건 심리를 마친 후 황제의 명령을 기다리지도 않았고, 장문상이 형장으로 압송되어 능지처참되는 것도 기다리지 않고 급히 남경을 떠났다. 그가 떠날 때 양강 총독 증국번이 전별금(아마도 수고비)을 주었는데, 그는 한 푼도 받지 않았다. 수행한 두 낭중은 오히려 1인당 500냥의 은을 받았다. 증국번과 사도의 각 관리가 정돈근을 강변까지 배웅했지만, 그는 굳은 얼굴로 고개도 돌리지 않고 돛을 올려 가버렸다. 그 길로 북경으로 돌아가 보고한 것도 아니었다. 그는 강소와 산동이 맞닿은 청강淸江에 배를 세우고 자신은 몸이 아파서 북경까지 갈 수 없다고 하면서, 두 낭중에게 대신 보고하도록 일렀다.

추측컨대 그는 아마 북경으로 돌아간 후 자희태후에게 보고할 일을 걱정했을 수 있다. 왜냐하면 자희태후가 사건의 배후에 누군가의 음모가 있다고 굳게 믿고 있었기 때문이다. 만일 북경으로 돌아간다면 자희는 틀림없이 그를 증국번과 한패라고 보고 감옥에 가두어 상군의 속죄양이 되게 할 것이다. 그러나 흠차대신이 북경에 돌아가 보고하지 않으면 제도에 따라 처벌을 받아야 한다.

두 명의 낭중이 조정에 결과를 보고한 뒤, 조정은 정돈근에게 북경으로 돌아오라고 명했다. 정돈근은 여전히 병을 핑계로 가능한 한 빨리 관직을 비우게 해달라고(즉 사직을) 청했다. 정돈근의 염려를 알아서인지 혹은 최종심의 판결이 공정했음을 알아서인지, 자희태후도 나중에는 내버려 두고 그에게 두 달의 휴가를 내주었다. 그러나 정돈근은 그 후 평생토록 다시는 관리가 되지 않았다.

(2) 그 두 명의 낭중도 북경에 돌아온 후 사람들의 시야에서 아주 빨리 사라졌다. 문헌 기록에 의하면, 만주족 낭중은 조정의 조서 한 통으로 녹봉을 받고 고향으로 돌아가 몸과 마음을 쉬며 수명을 연장했다. 즉 명을 받고 퇴직했다. 한족 낭중 안사장顔士璋은 난주蘭州로 파견되었는데, 실제 직무를 맡은 관리가 결원되지 않은 상황에서 그에게 지부의 직위를 준 것은 당시 조정의 관리들이 보기에는 그야말로 유배되는 것이었다. 사건을 심리한 이후의 정돈근 및 두 수행원의 운명을 살펴보면, 마신이 살해 사건 배후에는 아주 첨예한 정치적 투쟁과 이해관계가 확실히 존재했음을 알 수 있다.

(3) 안사장은 확실히 생각이 있는 사람이었다. 그는 정돈근을 수행하여 사건을 심리하는 중에 『남행일기南行日記』를 써서 이번 파견 근무 과정을 온전히 기록했다. 그의 증손자인 안목고顔牧皐가 소개한 바에 의하면, 그의 일기에는 "마신이 살해 사건은 상군과 관련이 있다" "사건 배후에는 사건을 교사한 큰 인물이 있다"는 글귀가 쓰여 있었다고 한다. 비록 이러한 것이 모두 형부 낭중의 일기 내용일 뿐이고 사실인지의 여부도

알 수 없지만, 결코 근거 없는 억측이라고만 볼 수는 없다.

⑷ 마신이는 강남으로 부임하는 길에 오르기 전, 하택의 고향집에 가 조상에게 제사를 지냈다. 앞에서 밝힌 대로, 떠날 때 두 형을 곁에 불러 자신에게 무슨 일이 생기더라도 참아야 한다고 은밀히 부탁했다. 마씨 형제는 동생의 죽도록 '절절한' 말을 듣고 두려워 어쩔 줄 몰라했다. 아마도 마신이는 어쩌면 상군 세력에 의해 해를 당할 것이라는 사실을 이미 직감한 것 같았다. 그의 피살은 그의 예언을 입증했으니, 자연히 다른 것들을 연상하게 한다.

⑸ 살인은 마신이가 열병을 하던 날, 순무의 관아 서쪽 문에서 몇 걸음 거리밖에 떨어지지 않은 곳에서 일어났다. 경비가 삼엄했다고는 할 수 없어도 보통 때와는 달랐다. 더욱이 마신이 뒤에는 함께 열병을 참관했던 측근들이 있었다. 그런데도 자객이 훤한 대낮에 달려든 것이다. 다른 사람의 공모와 협조 없이 자객이 혼자만의 힘으로 목적을 이룰 수 있었다는 사실에 의심이 생기지 않을 수 없다.

이 사건의 모든 내용이 사회 여론의 의심을 불러일으켰으며, 정치적 모살 사건이라는 추측들이 쏟아져나오게 했다. 상군 세력이 '파벌을 만들지 못하도록' 마신이를 중용한 것과 증국전을 퇴직시켜 고향으로 돌아가게 한 일이 모두 청 조정이 상군 세력에 경고한 것이라면, 마신이의 피살은 상군이 조정에 되갚아 경고한 것이다. 그리고 그 목적은 바로 '자신은 나서지 않고 다른 사람을 이용해 남을 해치는 것'이었다. 장문상을 이용해 조정이 상군 세력 관할 범위 내에 적절히 배치한 '눈엣가시'를 제거한 것이다.

영화 「명장」에서 강오양이 방청운을 앞에서 찌를 때, 방청운 등 뒤쪽에는 방청운을 겨냥한 총이 있었다. 그리고 방청운을 진짜 죽게 한 것은 이 총에서 발사된 총알이었다. 영화 속에 묘사된 살해 현장에 의하면, 마신이도 죽이고 장문상에게 책임도 전가할 '일거양득'을 노릴 동기가 가장 큰 쪽은 '상군 세력'의 관료 외에는 아무도 없다.

그러나 개연성은 개연성일 뿐이며, 상군의 장교가 그랬는지는 증거를 가지고 입증해야 한다.

마신이 회부 결탁설

당시의 문인 이맹부李孟符가 쓴 『춘빙실야승春冰室野乘』에는 마신이는 회족으로 회교(이슬람교)를 믿었는데, 신강新疆 회부回部의 모반한 아무개 왕이 거짓 조서를 내리자 마신이가 회부와 몰래 결탁하여 일찌감치 반란을 모의했다고 기재되어 있다. 동시에 강녕 장군 괴옥이 장문상을 처음 심문하는 과정에서 장문상은 다음과 같은 말을 했다. "나는 세상 사람들이 시키는 대로 온 세상을 위해 회부와 결탁한 반역자를 제거한 것이오. 그런데 무엇이 잘못되었단 말이오?"

이 같은 추측은 사실일까? 이러한 추정은 마신이가 회족 출신이라는 데에서 비롯한다. 또한 동치 5년부터 서북의 섬서성, 감숙성 일대에 청나라의 통치에 반대하는 회족 농민들이 봉기를 일으켜 여론이 떠들썩했으므로, 이 두 가지를 쉽게 연결지을 수 있다.

그러나 마신이가 비록 회교 집안 출신이지만, 그의 조상이 홍무 초년에 무창武昌에서 산동 조주부曹州府로 이사 온 뒤로 18세대나 지났으므로 마신이는 진짜 산동 토박이라고 할 수 있었다. 더욱이 조정에 충성하는 일품 중신으로서 섬서와 감숙의 회족 농민 봉기와는 전혀 관계가 없었다. 산동 토박이에다 조정의 일품 중신이라는 두 가지 사항과 청 조정에 반기를 드는 것을 연결 짓는 데에는 무리가 많이 따른다.

만일 마신이가 정말로 회부와 결탁했다면 그가 그럴 만한 행동들을 했어야 하는데, 사실은 그렇지 않았다. 그리고 마신이가 회부와 결탁했기 때문에 장문상이 암살한 것이라면 장문상은 오히려 임금에 충성하고 나라의 이익을 도모한 행위를 한 것이다. 따라서 장문상의 말은 대체로 입에서 나오는 대로 범죄의 이유를 날조하려 한 것이거나 시선을 다른 데로 돌려 정치적으로 관대한 처벌을 바라는 데서 나온 것으로 추측할 수 있다.

장문상의 개인적 원한설

앞에서 이미 소개했듯이 장문상의 아내는 남편이 집을 떠나 군대에 있던 기간에 오씨 성을 가진 현지인의 꾐에 빠져 그의 아내가 되었다. 장문상은 전쟁이 끝난 후 집에 돌아와 이 사실을 알고 현의 관아에 고소했다. 소송 결과 장문상이 이겼고, 아내는 그에게 돌아가라는 판결을 받았다. 그러나 집안의 재산은 한 푼도 돌려받을 수 없었다.

이때 마침 마신이는 절강의 순무였는데, 한번은 지방을 시찰하다가 장문상이 사는 근처에 오게 되었다. 장문상은 마신이를 찾아가 판결의 억울함을 호소하며 도움을 받고자 했다. 그러나 그는 마신이의 지지를 받지 못했을 뿐 아니라, 오히려 아내를 유괴해 간 남자에게 비웃음과 조롱을 받아야 했다. 이때부터 장문상은 마신이에게 불만을 품게 되었다.

그는 이후 생계를 위해 강호의 형제들을 사귀게 되었는데, 그들 중에는 절강의 연해 지역에서 재물을 약탈하여 생계를 유지하던 사람들이 있었다. 그리고 절강 순무 마신이는 여러 차례 출병하여 이 해적들을 소탕했고, 장문상의 해적 형제들 중에서도 피살되거나 감옥에 갇히는 자가 생겼다.

그 뒤로 장문상은 친구에게 돈을 빌려 작은 압점押店을 열었다. 압점은 전당포와 유사한 가게로 한때 해적들이 약탈한 물건(실제로는 장물을 은닉하거나 팔았다)을 전문적으로 취급하거나 판매했다. 나중에 이 전당포 역시 순무 마신이에 의해 강제로 문을 닫게 되었다. 생계를 이어갈 만한 일은 철저히 빼앗겼으니, 마신이에 대한 장문상의 원한은 점점 더 쌓여 갔다. 1870년 8월 22일 그 원한은 마침내 분출되었다.

정돈근과 증국번이 공동으로 서명하여 올린 최종심 보고서는 이 같은 내용을 근거로 하고 있다. 이는 전체 심리 과정에서 얻은 증거와 증인의 증언으로 확인된 것으로서, 마지막으로 최종심 법관이 법률적으로 인정한 진실이 되었다. 이 보고서에서는 "장문상이 해적의 지시를 받은 데다 개인적인 원한을 품고 있어 살해했"으며 "교사하거나 내막을 아는 공모자는 실제로 없었다"는, 고의적인 살인 이유를 특히 강조했다.

장문상의 살해 동기설은 이처럼 다섯 가지로 정리할 수 있다. 물론 이 외에도 당시 세간엔 여러 방식으로 다음과 같은 다른 소문도 많이 돌았다. 사건 발생 얼마 뒤, 강녕의 어느 민간 연극배우는 「마신이 살해 사건」이란 희곡을 써서 공연했다. 안휘 학정學政 은조용殷兆鏞은 향시를 치를 때, 이 사건과 관련된 이야기를 시제試題로 내서 이에 대한 풍자의 뜻을 은밀히 나타냈다. 청나라 말기 무관 교송년喬松年 역시 가세하여 형식에 맞지 않는 시(왜시歪詩)를 지어 증언했다. 또한 어느 상군 장교는 장문상을 기리는 비석을 세우기도 했다.

[표] 시간순으로 정리한 사건 진행 상황

1840년 6월	영국이 아편전쟁을 일으킴.
1851년 1월	홍수전이 상제를 모시는 모임인 배상제회拜上帝會를 이끌고 광서廣西 계평桂平 금전촌金田村에서 봉기하고 국호를 태평천국이라고 함.
1864년	홍수전 사망. 천경이 함락되고 태평천국의 봉기는 실패함.
1870년 8월 22일	마신이가 자객인 장문상에게 살해됨.
1871년 3월 26일	자희태후가 명령을 내려 정돈근과 증국번의 최종판결을 인정함.
1871년 4월 4일	증국번이 황제의 명을 받고 형 집행을 감독하여 장문상을 능지처참에 처하고 심장을 도려내 마신이의 제사를 지낼 때 제물로 쓰게 함. 만 11세였던 장문상의 아들 장복강張福康은 내무부內務府로 압송되어 거세된 후 신강 지역에 종으로 보내짐. 증국번 등이 상소를 올려 마신이를 위해 공로자에게 주는 특전을 베풀 것을 청함. 조정에서는 마신이에게 태자태보太子太保의 칭호를 내리고, 총독이 전사했을 때의 관례에 따라 은전을 베풀어 현량사賢良祠에서 제사를 지내게 함. 『국사열전國史列傳』에서는 '단민端敏'이라는 시호를 하사함. 아들인 후계자 마육정에게는 은혜를 베풀어 주사主事라는 관직을 주고, 형부에 배정하여 일을 익히게 함. 마신이의 출생지와 관직을 지낸 곳인 강녕, 하택, 여주 등지에 사당을 건립하고 봄과 가을에 추모하게 하여 사후의 영예를 다 누릴 수 있게 함.

이렇게 이 사건에 관련된 이야기는 정사正史이든 희곡이든 이리저리 광범위하게 전해져 내려왔다. 기이한 요소는 갈수록 더해졌고, 그럴수록 진상은 점점 더 파묻혔다. 그리하여 마신이 살해 사건은 세월이 지날수록 그 비밀을 밝히기 어려운 기이한 사건이 되었다. 그렇다면 장문상의 살해 동기에 대한 위의 다섯 가지 이야기 중 어떤 것이 더욱 믿을 만하고 완전한 정설이 될 수 있을까? 다음에서 하나하나 분석해 보자.

| 4 | 평론 및 분석

첫 번째로 소개한 살해 동기는 마신이가 '여색을 탐하여 친구를 배신했다'는 것이었다. 이 이야기는 앞에서 분석한 것과 같이 역사책에서 증거를 찾을 수 없는, 민간에 나돌던 이야기들을 가공한 것으로 장문상이 마신이를 살해한 진짜 동기는 아니다. 또한 네 번째에 소개한, 장문상이 마신이가 회부와 몰래 결탁한 것에 불만을 품고 살해를 결심했다는 설 역시 사실과 논리가 모두 성립하기 어렵다. 장문상은 "나라를 위해 세상 사람들이 시키는 대로 회부와 결탁한 반역자를 제거한 것"이라고 자백했는데, 이는 범죄 동기를 입에서 나오는 대로 날조했거나 정치적으로 관대한 처벌을 받기 위해 시선을 다른 데로 돌리려 한 것이다.

두 번째와 세 번째 설은 실질적으로 같은 것이다. 즉, 둘 다 이 사건을 정치적 모살로 보는 것이다. 그중 두 번째 설, 즉 마신이가 정혜형 사건을 심리했기 때문에 총독과 순무가 불화하여 목숨을 잃게 됐다는 것은 논리적으로 성립하기 어렵다. 정혜형 사건에는 많은 사람이 관련되어 있는데, 그중에서도 정혜형은 아주 간접적으로 연루된 사람이다. 설령 그가 재판에 회부되어 판결을 받았다 하더라도 기껏해야 관직에서 파면되는 정도이다. 당시 관직이 이미 강소 순무에 이른 정일창이 그 정도의 일 때문에 총독대인을 살해하여 재앙을 자초했을 리는 없다. 물론 같은 가문의 사람이 누군가를 때려 죽였다고 정혜형을 관직에서 파면한 것은 상대적으로 비교적 무거운 처벌이기는 하다. 그러나 마신이가 이와 같이 처벌한 것은 자희태후가 비밀리에 상군 세력의 사람들을 엄중히 처벌하도록 그에게 권한을 위임했기 때문일 수 있다. 또한 태상시 소경 왕가벽이 민간의 소문에 근거해 마신이 총독의 피살이 강소 순무 정일창과 관련이 있음을 지적하는 상주문을 올린 것도 조정의 중신으로서 객관적이지 못한 행동이며, 이에 대한 확실한 증거도 공동 심리한 지 반년이 넘도록 찾지 못했다. 그러므로 두 번째 설도 이치에 맞지 않는다.

세 번째 설이 가장 많은 사람의 견해이다. 사건의 전후 단서들을 살펴보면 당시 상군 세력과 조정의 반反상군 세력을 대표하는 마신이 사이에는 비교적 긴장된 관계가 확실히 형성되어 있었다. 그러나 상군 세력이 반드시 마신이를 제거해야 속이 후련할 정도로 그들 간의 갈등이 첨예했는지는 여전히 알 수 없다. 한 걸음 물러서서 말하면, 마신이의 피살은 아마도 당시 강남의 관리 사회 및 상군 세력의 뜻과 확실히 일치했을 것이다. 따라서 마신이가 살해된 것을 두고 그들이 마음 아파했을 리는 없으며, 도리어 말할 수 없는 기쁨을 느꼈을 것이다. 그들의 눈에 마신이는 황제가 직접 강남에 파견한 하늘을 떠받치고 있는 기둥(이것은 자희태후의 생각이다), 즉 중책을 맡은 사람이 결코 아니었다. 상군 세력에겐 눈엣가시로서 언짢은 행동을 하던 존재였던 것이다.

그렇다면 이 점에 근거하여 마신이 살해 사건을 상군 세력이 계획적이고 조직적으로 정적政敵을 제거한 모살 사건이라고 인정할 수는 없는가? 즉 고의적 살인 사건을 넘어서 파벌 간의 정치 투쟁이었던 것이 아닐까? 그럴 수도 있고 아닐 수도 있다. 사실인지의 여부는 증거로 가려야 한다. 형사사건의 배후에 정치적인 요인을 더하면 사건은 더욱 복잡하고 모호해지며 뒤엉킨다는 것을 역사는 일찌감치 증명했다. 마신이 살해 사건이 그러했고 케네디 전 미국 대통령 살해 사건도 그러했으며, 천수이볜陳水扁이 2004년 대만 총통 선거에서 습격 받은 사건 역시 그러했다. 사건의 표면에 떠도는 정치적인 말이나 민간의 추측은 모두 사건 심리의 검증을 거치고 증거를 제시해야 비로소 인정받을 수 있다. 그러나 상군 세력이 살해를 계획했다는 이야기는 관련된 역사 자료와 증거가 부족하여 인정할 수가 없다. 확실하게 들려도 한두 마디의 말에 근거한 것이고, 심지어는 전혀 근거 없는 추측일 뿐이기 때문이다.

다섯 번째 설은 사실 최종심 판결을 확실히 인정한 것이다. 필자는 다섯 번째가 어느 정도 합리적이고 대체로 믿을 만하여 근거로 삼을 수 있다고 본다. 필자의 의견에 누군가는 재판을 맡은 관리가 장문상의 진술을 왜곡하고 바꾼 것이라고 반박할 수 있다. 물론 어쩌면 그 같은 상황은 있었을 수 있다. 그러나 그들이 진술 기록을 마음대로 고쳤다는 증거가 전혀 없는 데다가 청나라의 심판 제도에 의하면 모든 관련 문서 기록들은 여러 명이 현장에서 확인하게 되어 있다. 또한 여러 기관이 감독하고 서로 예속되어 있지 않아서 어떤 기관에서 은닉하거나 증언을 고쳤을 가능성도 크지 않다. 그러므로 모든 사실이 모두 충분한 증거가 없는 상황에서 사실임을 증명해야 할 때, 우리는 당시의 심문으로 얻은 진술과 증인의 증언, 직접적인 물증을 믿는 편이 낫다. 즉 이 사건은 어쩌면 원한을 품고 복수한 평범한 살해 사건이고 거기에 단지 역사적 우연이 겹친 것일 수 있다.

'행운'인 것은 장문상이 단 한 차례의 공격으로 유명해졌다는 것이다. 다만 당시의 특수한 사회 배경(예를 들면 청 조정과 상군 세력 간의 은밀한 대립, 자희태후와 증국번 간의 힘겨루기, 노선이 다른 관리들 간의 정치적 투쟁 등) 및 전시戰時라는 역사적 상황하에서 사건이 여론에 의해 포장되어 다시 태어나게 된 것뿐이다.

'마신이 살해' 사건은 비록 복잡하고 분명하지 않지만, 그중에는 뚜렷한 법률 문제가 내포되어 있어 오늘날 우리가 분석하고 참고로 할 만하다. 이처럼 수수께끼 같은 사건에 언급할 만한 무슨 법률 문제가 내포되어 있을까? 다음에서 '마신이 살해' 사건이 반영하고 있는 몇 가지 흥미로운 문제에 대해 간단히 분석해 보고, 이 사건이 오늘날 우리에게 시사하는 점은 무엇인지 논하려 한다.

영웅 협객의 복수는 정당한가

중국 고대의 윤리 사상에서 '의義'는 법보다 높은 사회적 가치이다. 이른바 "군자는 의義를 알고 소인은 이利를 아는" 것이다. 영화 「명장」에서 강오양은 '정의로움이 하늘과 같이 높은' 인물이다. 그는 형제를 죽여 관직이 높아지고 부자가 된 악인을 꾸짖기 위해 용감하게 마신이를 찌른 의인이다. 그가 마신이를 살해한 것의 상당 부분은 백성에 의해 영웅의 위대한 행동으로 인정될 수 있다.

강오양(장문상)과 같은 영웅 협객들은 종종 다음과 같은 행동들을 한다. 강자를 누르고 약자를 돕고, 부자의 재물을 빼앗아 가난한 사람을 구제하며, 악을 징계하고 선을 칭송한다. 의로운 일에 용감하게 나선다. 재난에 빠진 사람을 구한다. 불공평한 일에선 약자 편을 들고, 정의를 위해 목숨을 바친다. 또한 이들은 행동에 힘이 있고 영혼에는 깊이가 있으며, 도덕에는 높이가 있다. 사람들은 모두 이들을 존경하고 감탄하는데, 비록 자신들은 그 경지에 이르지 못해도 마음으로는 동경한다.

영웅 협객들의 행위가 지극히 정의롭고 눈부시기 때문에, 구체적인 실행 방법상의 문제와 죄악은 쉽게 덮인다. 비록 도가 지나쳐 큰 손실을 초래했다 하더라도 모두의 이해와 동정을 얻을 수 있는 것이다. 예를 들어 「명장」의 삼형제는 큰일을 하겠다며 의형제를 맺는데, 다시 도적이 되지 않겠다는 결심을 서로에게 보여주기 위해 모두 칼을 뽑아 무고한 평민을 죽인다. 또한 『수호전』에서 노달魯達은 진관서鎭關西에게 괴롭힘을 당하는 약자를 돕기 위해 주먹질로 그를 때려죽인다. 무송武松도 무고하게 피해를 입은 형 무대랑武大郞의 복수를 위해 서문경西門慶, 반금련潘金蓮, 왕파王婆를 죽인다. 모두 도를 넘은 행위로 볼 수 있다.

일반적으로 '도의적 복수'라는 가치를 과장되게 묘사하고 드높이는 영화 줄거리는 변화가 풍부하고 극적이기 때문에 확실히 감동적이다. 그러나 역시 이 때문에 원래 고의적인 살인 범죄에 속한 사건(예를 들면 마신이 살해 사건)이 문학과 예술의 가공을 거치거나 소문 또는 억지로 끌어다 붙이는 과정을 거치면, 사회 치안이나 범죄의 처벌을 중시하는 관점에서는 점점 더 멀어지게 된다. 더 이상 순수한 법률 사건이 아닌, 정의로운 복수를 찬양하는 전기傳奇적인 이야기로 변모하는 것이다.

　마신이 살해 사건을 민간에서 전해지는 것처럼 정의를 위해 약자를 도운 이야기(또는 영화 「명장」)로 보면, 장문상(강오양)이 '친구의 아내를 강제로 빼앗은' 마신이를 살해한 것은 도덕과 정의에 맞는 의로운 행위였다. 그럼에도 불구하고 그는 결국에는 사면받지 못하고 자객으로서 능지처참에 처해졌다. 그 원인은 아래 몇 가지로 볼 수 있다.

　첫째, 장문상의 신분 때문이다. 장문상은 한때 조정에 대항하는 '반란군'에 참여했다. 그러므로 봉건 통치자의 눈에 그는, 변함없이 바른 행동을 하고 한결같이 유가의 윤리적 요구를 따라 행동하는, 통치자에게 순응하는 양민은 확실히 아니었다. 비록 그가 나중에는 조정에 귀순했지만, 그가 일찍이 저질렀던 반란 행위로 인해 통치자들은 경계심을 갖고 그를 제거해야 속이 후련하다고 느꼈다.

　둘째, 장문상이 마신이를 살해한 것은 의형제를 위한 복수이기 때문이었다. 고대에는 복수 사건을 처리할 때, 부모를 위한 것이라면 대체로 통치자의 동정을 얻을 수 있었다. 왜냐하면 이러한 보복 행위는 인류의 가장 근본인 혈연에 대한 도리에서 기인한 것이기 때문이다. 그러나 친구를 위한 복수는 통치자들의 눈에 절대적으로 해야만 하는 행위로는 보이지 않아서 반드시 관용을 베풀어야 할 대상은 아니었다.

　셋째, 장문상이 복수한 대상인 마신이가 지위가 높은 조정의 중신이기 때문이었다. 사건이 발생하기 전에 마신이는 양강 총독, 즉 화동華東 지역 전체를 맡아 다스리는 고관이었다. 고대사회에서 평민이 관리를 해치는 것은 하극상에 속했으므로 본래 엄격한 처벌을 받아야 했다.

넷째, 자희의 태도 때문이었다. 사건 발생 후, 여론은 어느 정도 장문상을 동정하는 분위기였다. 그러나 자희태후는 마신이의 피살을 상군 군벌이 조정과 충돌한 것으로 바라봤다. 그녀는 개를 때리는 것은 주인을 향한 것이니 장문상이 반드시 목숨으로 대가를 치러야 할 뿐 아니라 배후의 검은 세력도 철저히 조사해야 한다고 여겼다.

유가 사상에서 말하는 '복수'

복수라는 문제에 대해 유가에서 지지하는 도덕 기준은 『예기禮記』「곡례曲禮」상편에 이미 개괄되어 있다. "아버지의 원수와는 함께 하늘을 이고 살 수 없다. 형제의 원수를 보면 무기를 가지러 집에 가지 않는다. 친구의 원수와는 같은 나라에 살지 않는다." 이 말의 뜻은 다음과 같다. 만일 자신의 아버지가 다른 사람에게 살해되면, 어떻게 해서든지 그 사람을 죽여야 효도를 다했다고 할 수 있다. 만일 자신의 형제가 누군가에게 살해되었는데 어느 날 길에서 형제를 죽인 원수를 만나면, 반드시 즉시 복수해야 하며 무기를 가지러 돌아갈 수 없다. 만일 자신의 친구가 살해되면 친구를 죽인 원수와는 같은 나라에서 살 수 없다.

의협심이 강한 행동을 한 협객이 죄를 면하는 판결을 받는 경우는 아주 드물다. 대부분의 협객은 복수 뒤에 관청에 체포되어 관련 부서로 넘겨져 선고를 받고 처벌된다. 『수호전』에서도 많은 영웅이 정의를 좇아 복수하고 유죄를 선고받는다. 노달은 진관서를 때려죽인 뒤 관가에서 체포하려 하자, 관청에서 함부로 들어갈 수 없는 종교 성지인 오대산五臺山 절로 숨어들었다. 무송은 독살당한 형을 위해 복수한 후, 자신도 칼을 쓴 채 먼 곳으로 유배되었다. 그는 사형을 선고받을 수도 있었으나, 호랑이를 잡은 공로가 있고 당시 관아에서 나졸을 맡고 있었으므로 판관이 그를 인재라 여겨 귀양을 보내는 판결을 내린 것이다.

현대 법률은 사적인 보복을 제창하지 않는다

협객이 복수하는 것은 법률로 보면 어쨌거나 일종의 사적인 힘으로 구제하는 것이다. 이는 현대 법률로는 승인될 수 없다. 현대 법률에서는 다음과 같이 규정한다. "사적인 구제의 가능성을 피해야 한다. 즉 민중이 국가를 대신해 폭력이라는 권능을 행사하는 것을 피해야 한다. 민중이 국가를 대신해 사회의 보편적인 도덕 기준으로 볼 때 엄한 처벌을 받아야 하는 사람을 죽이게 해서는 안 된다." 설령 살인자가 살인하는 데에 천만 가지 이유가 있다 해도, 또 피살자가 도덕성을 상실하여 자업자득이라 할 수 있어도 살인이라는 행위는 법률로 엄히 금지되어야 한다. 정상적인 심판 과정을 거친 후여야만 국가의 관련 법률에 따라 피고가 형벌, 심지어 사형을 선고받아야 하는지 확정할 수 있다. 이와 동시에 판결과 사형의 집행 역시 국가만이 책임지고 할 수 있다. 살인의 동기와 이유가 정상을 참작할 만하다면(예를 들면 정의를 위해 용감하게 나서서 도와준 것), 이는 비록 형벌을 줄여 주는 이유가 될 수는 있어도 살인자가 형사처벌을 면하는 이유는 될 수 없다.

고대 사람들은 죄를 저지르면 현실 세계에서 멀리 도망가 이름을 감추고 산이나 숲속에 은거했다. 이른바 "인간 세상 밖으로 나가 오행 안에 있지 않았다跳出三界外, 不在五行中." 그러나 현대사회는 법률의 세계이다. 법률이 미치지 않는 곳이 없고, 적용되지 않는 때가 없다. 사적인 보복은 제창되지 않을뿐더러 사람들이 불법으로 여긴다. 관련 사건은 모두 국가 기관(예를 들면 검찰청, 감찰 기관 등)이 국가를 대표해 공적인 힘으로 구제한다.

봉건 법률 제도의 '유죄 추정' 원칙

'유죄 추정'의 뜻은 사건을 심리하는 사람이 선입견에 사로잡혀 범죄 용의자가 유죄라고 인정하고 범죄 결과를 주관적으로 추정한 후, 범죄 용의자에게 왜, 어떻게 범죄를 저질렀나를 역으로 물어보는 것이다. 바꾸어 말해 관리들은 먼저 유죄의 결과를 가상하고 범죄 자체가 반드시 모종의 상황에서 이루어졌다고 굳게 믿는다. 이에 따라 수단을 가리지 않고 온갖 방법을 다 써서 자신의 가상이 사실임을 증명한다. 그런 후에 다시 이 같은 판결 결과의 '정확성'으로 그 판결 과정의 정당성을 증명한다.

이 같은 유죄 추정의 기계적 논리하에 피고가 일단 확정되고 체포되면, 관청은 더 이상 유죄냐 무죄냐가 아니라 이 죄냐 또는 저 죄냐의 문제에 관심을 갖는다. 즉 관리들은 피고의 죄를 어떻게 증명하느냐의 문제에 몰두한다. 따라서 '고문하여 자백을 강요하는 것'과 '엄한 형벌로 고문하는 것'이 사건을 심리하여 판결하는 데 있어 필연적인 수단이 되었다. 천 년 넘게 이어진 '죄는 자백(진술)으로 증명한다'는 심판 규칙 앞에서, 사람들이 관아로 들어서면 한바탕 때리고 법을 왜곡하고 고문하여 억지로 자백하게 하는 것이 전통 사법제도에서는 일반적인 것이었다. 고문으로 자백을 강요하면 필연적으로 종종 무고한 사람들이 죄를 뒤집어쓰고, 죄를 인정하도록 강요당하며, 고문으로 죽음에 이르게 되는 것이다. 그 결과 수없이 많은 억울한 상황이 생겨났다. 이것이 바로 고대 사법제도가 억울한 사건을 만들어 온 기본 과정이다.

자희태후는 몇 통의 상주문에만 근거하여, 절대 장문상 혼자 원한을 품고 마신이를 해친 것일 리 없고 배후에 더 큰 '검은 세력' 또는 다른 속사정이 있다고 굳게 믿었다. 태후의 명령을 누가 감히 어기겠는가. 괴옥, 장지만에서부터 증국번에 이르기까지 장문상이 마신이를 살해한 것은 단지 사적인 원한에 기인한 개별 사건이라는 것을 구체적인 심문 과정에서 확인할 수 있었지만, 이 같은 결과를 보고하면 자희태후가 믿지 않을 것이므로 계속 온갖 방법을 다 써서 '엄한 형벌로 자백을 강요'하여 살인 사건 배후의 존재하지 않는 '큰 물고기'를 낚으려 했다.

사건의 심리에 참여한 관리들은 엄한 형벌로 고문해도 피의자로부터 있지도 않은 공범을 찾아낼 수 없었다. 그러나 자희태후의 세도에 두려워서 찾아내지 못했다고 말할 수도 없었다. 그래서 위로 증국번, 장지만에서부터 아래로 괴옥과 구체적으로 사건을 심리한 관리들에 이르기까지 모두 약속이나 한 듯이 사건 종결을 질질 끄는 방법을 택해 조정의 끊임없는 재촉에 대처했다. 그러므로 관리들이 사건을 심리한 목적은 사실을 확실하게 조사하여 법을 올바르게 적용하기 위해서가 아니라, 윗사람을 만족시켜 자신의 관직을 지키기 위해서였던 것이었음을 알 수 있다. 정당한 사법 절차와는 상반된 길을 걸었던 것이다.

형사사건에 파고든 정치적 요인

어떤 형사사건이든 지금까지 개별적으로 고립된 적은 없었다. 각 사건은 모두 특정한 시대 조건, 사회 배경, 범죄 의식 등과 연관되어 있다. 이 가운데 정치 요인은 일부 중대 사건의 발생 및 그 심리에 결정적인 영향을 미쳤다. '이상한 사건奇案'이라 불리며 전해오는, 사람들이 줄곧 흥미진진하게 이야기하는 사건들은 거의 모두 당시 복잡하게 얽힌 사회적 정치적 배경과 대단히 긴밀하게 관련되어 있다. 사실 역사에서 널리 퍼지고 영향력이 컸던 사건들은 종종 두 부류로 나눌 수 있다.

첫째 부류는 원래 정치적으로 계획된 사건이다. 예를 들면 한무제 때 '태자 무고巫蠱 사건', 북송 시기 궁궐 안에서의 '살쾡이와 태자 교환 사건', 명나라 궁궐 내에서의 '붉은 환약紅丸 사건', 심지어 북양北洋 군벌 시기의 '송교인宋教仁 살해 사건' 등이 여기에 해당된다. '송교인 사건'의 기본 단서는 다음과 같다. 위안스카이袁世凱가 황제 제도를 부활시키려 하자 송교인은 입헌공화제를 적극 주창했다. 그는 민주공화제를 파괴하려는 위안스카이의 추악한 행위에 단호하게 반대했으며, 당시 국회를 이끌어 위안스카이가 독재를 추진하려고 제출한 결의안을 여러 차례 부결시켰다. 따라서 위안스카이 일파들이 송교인을 암살한 것이다. 그러나 위안스카이의 이 같은 위협적인 행동은 전 국민에게 영원히 추대받지 못했을 뿐 아니라 도리어 자신의 멸망을 부채질했다.

로마의 군 최고 지휘관인 카이사르Caesar는 군사를 이끌고 로마에 입성한 후 로마 시민들의 열렬한 환영을 받았다. 그러나 당시 집권한 원로원 일부 사람들의 눈에 카이사르는 잠재적인 폭군이었다. 그래서 카이사르를 암살하려 비밀리에 계획했다. 그러나 예상 외로 그들의 암살 시도는 폭군을 제거하지 못했을 뿐 아니라 오히려 로마에서의 군주제 수립을 가속화했다. 그 후 카이사르의 조카딸의 아들인 옥타비아누스가 정식으로 로마제국을 세워, 원로원을 몰아내고 민주제도를 완전히 없애 버렸다.

다른 한 부류는 인위적으로 정치적인 요소를 섞어 유명하게 만든 사건이다. 이 부류에 속하는 사건들은 아마도 원래는 단지 아주 개별적인 형사사건에 불과했을 것이다. 그러나 정치적인 인물과 관련되어 있거나 당시의 정치적인 이해관계와 서로 맞아떨어졌기 때문에 간단한 사건이 복잡해졌던 것이다. 결국 증거를 심사하고 현장을 검증할 때 여론에서 추정한 상황과 다르거나 혹은 대중들이 상상한 것을 증명하기 어렵게 되면, 지금까지도 역사의 연무에 가려진 '수수께끼 사건' 또는 '이상한 사건'으로 남는데, 그 실제 상황에 대해서는 의견이 분분하여 일치된 결론을 얻을 수 없다. 이러한 부류에 속하는 사건들 가운데 비교적 유명한 것으로는 다음과 같은 사건들이 있다.

먼저 케네디 전前 미국 대통령 살해 사건이 있다. 사건의 원인에 대해서는 여러 주장이 있다. 예를 들면, '과거 소련의 KGB에서 사람을 보내 케네디를 살해하고 저격범까지 살해했다', '케네디와 경선을 벌이던 공화당의 정적이 그가 연임에 성공하는 것을 막기 위해 사람을 보내 살해했다', '케네디가 임기 내에 마피아의 활동을 제한하는 법안을 통과시켰기 때문에 마피아에서 사람을 보내 살해했다'라는 등의 주장이 있다. 이러한 주장들은 모두 아주 그럴듯하고 생동적이어서 책으로 쓰이거나 영화로 제작되었다. 그러나 케네디의 죽음은 그 저격범의 단독 행동으로 그 밖의 다른 원인이 없었을 수도 있다.

 그다음으로 다이애나 왕세자비의 살해 사건이다. 지금까지 '운전기사가 암살했다', '영국 여왕 또는 남편인 찰스 왕세자가 사람을 보내 암살했다', '파파라치가 추돌하여 교통사고를 일으켰다', '영국의 비밀정보국이 사람들에게 알릴 수 없는 어떤 목적을 위해 다이애나 왕세자비를 비밀리에 죽였다'라는 등의 주장이 있어 일치된 결론을 내릴 수 없다. 그런데 모두 매년 수만 건이 발생하는 단순 교통사고일 확률이 더 높다는 사실은 잊고 있다.

 그래서 누군가는 사건들을 정치적인 사건으로 만들려 할수록 사실과는 오히려 더욱 멀어진다고 말한다. 마신이 살해 사건도 관련된 역사 자료의 각도에서 객관적이고 이성적으로 분석해야 할 것이다.

천경을 함락한 상군은 어떻게 약탈을 했나?

상군이 남경을 함락한 뒤 증국번은 '장물'을 수색한 상황을 상주했는데, '위조 옥새' 두 개와 '금인金印' 한 개 외에는 다른 것은 얻지 못했다고 보고했다. 일시에 정부와 민간 모두에서 사람들의 비난이 들끓었다. 대부분이 그의 상주가 전부 거짓이라고 여겼다. 증국번이 상주문에서 밝힌 내용은 다음과 같다.

"금과 은이 바다와 같고 여러 상품이 가득하다는, 홍수전 역도들의 부富에 관한 이야기가 과거부터 나라 안팎으로 분분히 전해졌습니다. 신은 또한 일찍이 증국전과 성을 함락한 날에 장물 창고를 강제로 폐쇄하고, 얻은 재물이 많으면 호부에 바치고 적으면 군인의 급료나 지급품으로 충당하고 또 난민들의 사정을 참작하여 그들을 구제하는 데 쓰기로 논의했습니다. 16일에 천경을 수복하고 3일을 이 잡듯 수색하며 살인했는데, 다른 데 신경 쓸 틈도 없이 도적들의 궁전과 관청이 불에 타서 잿더미가 되었습니다. 그리고 20일에 조사하니 이른바 장물 창고라는 것이 없었습니다. (…) 도적들의 근거지를 탈환하고 보니 재물이 전혀 없었습니다. 이는 실로 미천한 신이 생각지도 못했던 일이며 또한 이제까지 좀처럼 들을 수 없었던 일이기도 합니다."

상군과 증국전이 남경에 들어간 후 횡재했는지 그렇지 않은지를 확인하는 데 관건이 되는 작업은 태평천국의 '성고聖庫'가 가득했는지 비었는지를 조사하는 것이다. 먼저 성고의 존재 유무를 논하려 한다.

증국번은 "이른바 장물 창고라는 것이 결코 없었다"고 말했다. 이 말

역사 돋보기

은 잘못된 것이다. 『천조전무제도天朝田畝制度』에서는 다음과 같이 밝히고 있다. "천하는 모두 천부天父와 상주上主, 황상제皇上帝가 이룬 대가족이고, 천하 사람들은 모두 사유재산을 가지지 않으며 모든 물건은 상주에게 귀속된다. 즉 상주가 운용하면 천하의 대가족은 어디서든지 평등하게, 모두 의식衣食이 풍족하게 살 수 있다."

이것이 바로 태평천국의 '신성한 국고' 제도이다. 금전에서 봉기하여 태평천국이 멸망할 때까지 성고 제도는 줄곧 존재했다. 또한 이를 위해 엄격한 법률을 제정했고, 위반할 경우 죄를 심의하여 심지어 참수하기도 했다. 함풍 원년에 홍수전은 조서를 내렸다. "저마다 공유해야 하며 사사로이 가져서는 안 된다. 일편단심으로 천부와 천형天兄과 짐을 따라야 한다. 지금부터 모든 병사와 장교에게 명하니, 못된 것들을 죽여 성에서 취해 얻은 금은보화와 비단 등은 몰래 숨겨서는 안 되며, 모두 바쳐서 천조天朝(태평천국의 자칭)의 성고에 들어가도록 해야 한다. 거역하는 자는 죄를 논할 것이다."

홍수전은 다음 해에 또 조서를 내렸다. "만일 몰래 또다시 숨기거나 가지는 일이 발각되면, 참수하여 대중들에게 보일 것이다." 그는 구체적인 집행 기준은 은 다섯 냥으로 제한하며, 이보다 많은 은을 숨기고 내놓지 않으면 법에 따라 죄를 다스린다고 했다. 홍수전이 남경에 들어간 후, 성고는 수서문水西門 등롱항燈籠巷에 설치되었고 여섯 명이 전적으로 관리를 책임졌다. 성고 제도를 엄격하게 집행한 것은 모든 민중의 재산을 집중적으로 관리하는 것으로 태평천국이 군사 공산주의를 실행할 수 있는 전제이자 이를 보증해 주는 것이었다. 또한 나라 안팎에서 "남경 성 안에는 금과 은이 바다와 같고, 여러 상품이 가득하다"는 말이 전해지는 근거였다.

그러나 성고 제도는 태평천국 후기, 즉 함풍 6년에 내부에서 일어난 학살인 '천경사변' 후에 심각하게 파괴되었고 이미 유명무실해졌다. 증국번은 태평천국의 이수성李秀成의 말을 다음과 같이 전했다. "왕년에는 성고라는 이름을 가졌었지만 사실 홍수전의 개인 재산이었지 결코 괴뢰 정권의 공금은 아니었다. 정통성을 이어받지 못한 조정의 관병官兵들은 과거부터 줄곧 급료가 없었고, 홍수전과 양수청은 엄한 형벌과 법률로 각 관청의 은과 곡식을 수탈했다." 이것은 천경사변 후 태평천국 정권을 홍수전의 직계 파벌이 맡았는데, '신성한 국고'의 성질은 이미 '공금'에서 '사유 재산'으로 변했음을 나타낸다. 그리고 홍수전의 다른 파벌 사람들도 이를 모방하여, '못된 것들을 죽여 성에서 취해 얻은 금은보화와 비단' 중에서 성고에는 미곡, 소, 양 등의 먹을 것만 상납하고 은전, 옷과 일상용품 등 실용 가치가 높은 것들은 몰래 숨겼다.

이수성은 상군이 남경을 포위했을 때, '태평천국 조정의 모든 문무백관'과 상의한 후 여러 '형제'에게 절대 은을 남겨 두지 말고 그것으로 '모두 식량을 사야 한다'고 간곡히 권했다. 이 같은 사실은 태평천국의 관리들이 더 이상 은을 상납하지 않고 몰래 감추었음을 증명한다. 또한 성고가 비어서 기본적인 식량 비축도 제대로 이루어지지 않아, 함풍 초기처럼 '양식이 풍족하여 무엇이든 여유 있던' 상황이 절대 아니라는 것도 증명한다.

이로써 상군이 당일 남경에 입성했을 때, '탈환한 근거지에 재물이 없었다'는 점만은 사실이라는 것을 알 수 있다. 물론 성고에서 약탈할 것이 별로 없다는 상황은, 상군이 천경을 인수하여 관리하는 군사조직으로서 조정에 상납할 것이 하나도 없다는 말일 뿐 개개의 상군 장병들이 모두 빈손으로 돌아가야 한다는 것을 의미하지는 않는다.

그래서 증국전은 각 병영에서 금령을 해제한 3일 동안 노획한 '장물'을 인원수대로 상납하도록 명령해, '밀린 급료를 갚고' 적든 많든 수효를 채워서 여론을 가라앉히자고 증국번에게 건의했다. 그러나 증국번은 주도면밀하고 노련했다. 그는 장병들 간에는 지혜와 강약의 차이가 있어 얻은 재물에서도 많고 적음의 차이가 있다는 것을 알고 있었다. '인원수대로 상납하도록 강요하면' 얻은 것이 적은 '약자'들은 형벌을 내려도 어찌할 수 없다. 얻은 것이 비교적 많은 '강자'는 틀림없이 명령에 불복하고 도망갈 것이다. 이럴 경우 실제 수입에 도움이 되지 않을 뿐 아니라 '정치 체제도 타격을 받고 병사들의 마음도 잃을 것'이다. 그래서 증국번은 증국전의 건의를 받아들이지 않았으며, '항복한 병졸이 휴대한 물품과 적의 시신에서 얻은 재물'은 따지지 않되 태평천국의 조정과 민간의 크고 작은 창고의 재물만을 조사해 상납하는 법령을 만들었다.

물론 이 법은 한 장의 종이쪽지에 불과했다. 금령을 해제한 3일 동안 적군의 주머니 속 재물이든 토굴 속의 돈이든 십중팔구는 이미 장교와 병사들이 남김없이 수탈해 갔다. 이후 아무리 엄격하게 이 법령을 집행한다 하더라도 얻을 수 있는 재물은 아주 적은, 없는 것보다는 조금 나은 정도였다. (이상은 탄보뉴潭伯牛, 『천경 전투戰天京: 만청군정전신록晚淸軍政傳信錄』에 의거했다.)

제6장

명배우 양월루 연애 사건

청말 혼란기, 연애의 문제

고대사회에서는 이른바 혼인의 자유가 없었고, 사랑은 진정한 의미에서 사치품일 뿐이었다. 사랑은 계급과 가문을 뛰어넘을 수 없었고, 부모의 명령이나 중매인의 말은 거역할 수 없었다. 그렇지 않으면 서로 사랑하는 두 사람은 헤어지는 운명을 피하기 어려웠다. 봉건 예법과 제도에 어긋나는 사랑은 성과를 얻을 수 없었던 것이다.

　청말 4대 기이한 사건 가운데 하나인 '명배우 양월루 연애 사건'에서 독자들은 봉건사회의 사법 환경 아래에서 개인의 행복을 찾는 주인공들이 봉건 예법을 초월한 사랑을 위해 크나큰 대가를 치르고 천지를 뒤흔드는 전대미문의 엄청난 비극을 연출하는 것을 보게 될 것이다. 이 사건은 청대 말기 특정한 역사적 배경과 사회 환경 아래에서 나타난 수많은 억울한 사건, 허위 조작 사건, 오심 사건 가운데 하나이다. 또한 이 사건은 당시 불완전한 사법 체제를 보여 주며, 더욱이 19세기 말 전환기에 처해 있던 중국의 복잡한 사회 관념을 반영한다.

| 1 | 묘하게 이루어진 부부의 인연

당대 최고의 배우와 거상의 딸

양소루楊小樓는 경극을 좋아하는 사람들에게는 낯설지 않은 이름이다. 그는 매란방梅蘭芳, 여숙암余叔岩과 함께 '경극의 3대 대표인물'로 불리는데, 경극의 한 유파인 '양파楊派'를 열었고, 한 세대의 '무생武生'(경극에서 남자 무사 배역)의 대가로서 전혀 손색이 없었다. 그러나 양소루의 휘황찬란한 예술 인생과 비교했을 때, 그의 부친이자 본 사건의 주인공인 양월루는 그렇게 운이 좋지 못했다. 양월루의 '후왕猴王'이라는 예명도 자세히 살펴보면 운명이 순탄하지 않고 일생을 떠돌아다니던 것에 대한 자조自嘲일 뿐이다. 사실 양월루도 잘생기고 말쑥했다. 노래 솜씨도 더할 나위 없이 좋고 문무文武를 모두 갖춘 사람으로서 그 풍채가 아들 양소루보다 결코 못하지 않았다. 그러나 도대체 어떠한 이유로 인해 양월루는 예술의 최고봉에 오르지 못했는가?

양월루의 이름은 구창久昌으로 안휘安徽 회녕懷寧 사람이다. 청말 저명한 경극 배우로 '동광십삼절同光十三節' 가운데 한 사람으로 칭송받았다. 동광십삼절이라는 것은 동치同治 · 광서光緖 때 13인의 명배우를 일컫는 말로 오늘날 홍콩 가요계의 '4대 천왕'에 비할 정도로 대단한 것이었다. 양월루는 아주 어릴 때 아버지 양이희楊二喜를 따라 상경하여 천교天橋 일대에서 노점을 차려 놓고 재주를 팔아 생계를 도모했다. 그러다 열 살 무렵에 노생老生(중년 · 노년 배역)으로서 저명한 경극배우인 장이규張二奎의 눈에 들어 그의 제자가 되었다. 장이규는 그에게 노생과 무생을 익히게 했으며, 이름을 월루月樓라 지어줬다.

양월루는 부지런히 배우고 갈고닦아 곧 두각을 나타내 수도에서 이름을 알렸다. 사람들은 그에게 '양후자楊猴子'라는 별명을 지어 주었는데, 그가 「파초선芭蕉扇」 「오화동五花洞」 등 후희猴戲[1]를 공연하는 데 능하고 원숭이처럼 민첩하며 바람과 구름을 넘나드는 듯한 신출귀몰함을 지녔기 때문이었다. 양월루는 체구가 크고 훤칠했고 목소리도 크고 낭랑했다. 더욱이 문무를 겸비하여 여러 극을 공연할 수 있었다. 문희文戲[2]로는 「타금지打金枝」 「사랑탐모四郎探母」 등에 가장 뛰어났고, 무희武戲(무술극)로는 손오공 역을 연기하는 것 외에도 「장판파長坂坡」 「악호촌惡虎村」 등의 공연을 특히 잘했다. 경극인 「장판파」는 양월루가 매년 하는 공연 가운데 가장 주목을 끄는 공연이었다. 극 중에서 그가 맡은 조운趙雲은 육체적 정신적인 면을 모두 갖춘 인물로 자태가 늠름하고 씩씩하다. 조운은 조조曹操의 군대에 겹겹으로 포위되었지만 위魏나라 장수와 열 번 싸워 열 번이라도 승패를 결정지으려는 듯 무기를 휘두르며 치열하게 싸우는데, 무대 아래의 관중은 조운을 공연하는 양월루의 힘들이지 않고 여유 있는 모습에 황홀해하며 일제히 갈채를 보냈다.

양월루는 명성이 점점 높아져 유명 배우가 되었고, 전국 각지를 돌며 순회공연을 하게 됐다. 동치 11년(1872), 양월루는 상해上海의 외국 조계지租界地에 위치한 금계원金桂園 극장에 초대되어 공연했다. 이때 그는 「안천회安天會」에서 손오공 역을 맡아 막 무대에 올라 연속으로 공중제비를 108바퀴 넘었는데, 마지막 발자국이 공중회전을 처음 시작한 지점에서 벗어나지 않아 객석에 있는 모든 사람의 갈채를 받았다. 더욱이 그는 영민하고 용맹스럽고 강직했으며 노래 솜씨가 좋아서 단숨에 상해 경극 팬들의 마음속에 거성巨星, 즉 경극계의 슈퍼스타로 자리 잡았다. 경극 팬들은 앞다투어 그의 빛나는 풍채를 직접 보려 했는데, 그 열의가 오늘날 스타를 좇는 오빠부대의 열성에 조금도 뒤지지 않았다. 만일 오늘날 텔레비전 오락프로그램을 통해 탄생한 여가수들과 한 자리에서 대결한다면 리위춘李宇春이나 장량잉張靚穎의 팬들도 아마 자신들이 원래 좋아하던 두 가수를 버리고 양월루의 팬이 되려고 할 것이다.

양월루가 상해에서 일으킨 센세이션을 증명하는 당시의 시가 있다. "금계金桂가 어찌 단계丹桂만큼 훌륭하겠는가. 가인佳人들은 하나같이 머물고 싶어 하지 않는다. 대체로 북경의 희극을 특별히 좋아하는 것은 아니고, 다만 양월루만을 넋을 잃고 보려 할 뿐이다." 그가 확실히 상해의 많은 여자, 특히 기생들의 사랑을 받았음을 알 수 있다. 양월루의 공연을 보는 것은 100여 년 전 상해 사람들 사이에 유행하던 소일거리였다. 그러나 세간에 "예로부터 미인은 대개 화근이 된다"라는 말이 있다. 많은 여성의 총애는 그에게 아름다운 사랑을 가져다준 동시에, 감옥에 갇히는 치명적인 재앙도 가져다주었다. 사건의 자초지종은 다음과 같다.

양월루의 순회공연은 동치 12년(1873) 초까지 계속되었다. 당시 그가 주로 공연한 것은 남녀 간의 사랑을 그린 「범왕궁梵王宮」이었다. 멋지고 재능이 뛰어나고 위풍당당하고 믿음직한 모습, 크고 낭랑하고 맑은 목소리는 관중을 매료시켰다. 이때 관람석에는 17세밖에 되지 않은, 이제 막 이성에 눈뜨기 시작한 광동廣東 향산香山(현 중산中山시) 출신 거상巨商의 딸 위아보韋阿寶가 어머니와 함께 앉아 있었다. 그녀는 사흘을 연달아 양월루의 공연을 본 후, 자신도 모르게 양월루에게 깊은 애모의 정을 갖게 되었다. 가장 진실한 '첫눈에 반한 사랑'이라고 해야 할까? 집에 돌아간 후, 위아보는 반드시 양월루에게 시집가겠다고 결심하고 즉시 양월루에게 편지를 보내 그러한 뜻을 밝혔다. 그리고 편지 뒤에 자신의 사주단자(이른바 사주단자는 출생 시의 사주팔자를 적은 것으로 일반적으로 남녀가 결혼할 때에만 양가 부모가 교환하며, 여성의 경우 마음대로 다른 사람에게 알릴 수 없는 것이었다)를 함께 동봉하여 유모 왕玉씨를 통해 직접 양월루 수중에 전달했다. 또 유모 왕씨에게 만날 약속도 정하게 했다.

이 이야기를 하니 인기리에 방영되고 있는 TV 드라마 「대저택大宅門」에서 큰딸 백옥정白玉婷이 경극 명배우 만소국萬筱菊을 사랑하게 된 이야기가 자연히 떠오른다. 백옥정은 집안의 노부인이 살아 있었을 때에는 이 같은 고민을 감히 말하지 못하고, 다만 만소국의 공연을 빠지지 않고 찾아가 보기만 했다. 그녀는 매번 막이 내리고 배우들이 인사할 때까지 지켜보고는 눈물을 흘리며 비로소 자리를 떴다. 노부인이 별세한 후, 백옥정은 가족들의 반대에도 불구하고 만소국의 사진을 품에 안고 '그'와 하늘과 땅에 참배하여 결혼을 했으며, 그 뒤로 백씨 집안을 떠났다. 「대저택」의 감독이자 극작가인 궈바오창郭寶昌의 말에 의하면 실제로 그 같은 일이 있었다. 대저택은 사실 동인당同仁堂이고, 백옥정의 실제 모델은 대갓집 동인당의 규수로 궈바오창의 열두 번째 고모이며, 그녀가 반한 배우는 확실히 경극의 명배우였다.

부잣집 딸이 '예술가'를 사랑하는 것은 본래 크게 비난할 것은 못 된다. 이러한 사건은 오늘날에는 신문의 헤드라인을 장식할 만한 뉴스라고 하기 어렵다. 그러나 '메추라기, 연극배우, 원숭이'가 모두 노리개에 불과했던 사회에서는 이것은 그야말로 대역무도하고 이해할 수 없는 일이었다. 실제로 행하는 것은 말할 것도 없고 생각하는 것만으로도 가문을 욕되게 하는 일이었다. 그렇게 연극배우를 사람으로 여기지 않고 남녀 두 집안의 사회적 지위와 경제적 형편이 어울리는지만을 중요시하는 사회 배경하에서 위아보 아씨가 '경극의 거성' 양월루를 사랑하게 된 것은 결말이 비극일 수밖에 없는 일이었다.

곡절이 많은 혼인

여기서 청말 중국의 사회 상황, 즉 봉건 예교와 새로운 조류의 관념이 서로 도무지 맞지 않았던 특정한 역사 배경을 소개할 필요가 있다. 여성들이 각종 공공장소에 출입하고 자신이 좋아하는 남자를 능동적으로 따라다니는 것은 현대 사회에서는 이미 크게 놀랄 만한 일이 아니다. 그러나 중국의 전통적인 사회에서는 "남자는 주로 밖의 일을 하고, 여자는 주로 집안일을 하는" 규칙이 대부분의 여성들을 가정에 머물게 했고, 따라서 여성들이 공공장소에 발을 들여 놓는 일은 매우 드물었다. 극장과 찻집은 모두 남성들의 오락 및 사교의 장소여서 여성들이 마음대로 들어갈 수 없었다. 이것은 청대 법률에 명문으로 규정되어 있었다.

그러나 양월루와 위아보 사건은 1870년대에 발생한 것이다. 이 시기 중국은 사회적 전환기에 처해 있었다. 서방의 선진 기술을 도입하고 군사 공업을 크게 추진하는 것과 동시에 서양의 문화가 점차적으로 스며들었고, 사람들의 생활방식과 사회 윤리 관념도 이에 따라 변화했다. 30

여 년간 발전을 거치는 동안 상해에서 서양 사람들의 세력은 점점 커져 갔고 서양문화 역시 자연스럽게 스며들었다. 이 특수한 곳에서 예전의 전통적 사회 신분과 특권, 지위에 따라 형성된 신분의 귀천 관계는 이미 크게 느슨해졌다. 봉건적인 예법과 도덕은 이미 점점 주도적인 위치에 서 물러났고 여성들도 공공의 오락 장소에 출입하기 시작했다.

바로 이 같은 상황이었으므로 위아보는 어머니를 따라 극장에 출입하며 연극을 관람했고, 자발적으로 편지를 보내 애정을 나타낸 것으로 이는 당시 현실적으로 가능한 것이었다. 물론 위씨 집 모녀처럼 이렇게 거리낌 없이 공공연히 극장에서 3일이나 관람하는 것은 사실 보기 드문 일이었다. 그리고 위아보처럼 예법과 도덕을 거스르는 큰일을 저지르는 것을 두려워하지 않고 연애편지를 쓰고 혼자 사사로이 혼인 대사를 결정하려면 더욱 큰 용기가 필요했다.

그러나 위아보의 이 용기는 양월루의 의심과 걱정을 없애지는 못했다. 양월루는 편지를 보고 나서 의심도 들고 두렵기도 했다. 세속의 관념과 법률이 그와 위아보와의 결혼을 허락하지 않는다는 것을 잘 알고 있었기 때문이다. 옛 중국 사회에서 전통적으로 가장 중시된 것은 정치적인 업적과 이익이었다. 이와 비교하면 과학 문화와 실용적인 기예가 갖는 사회적인 가치는 줄곧 보잘것없었다. 정치적 업적과 예술적 재주가 갖는 사회적인 가치의 차이는 아주 커서, 기예 활동에 종사하는 사람들의 지위는 매우 낮았다. 게다가 천하다고 여겨진 각종 기예 종사자 가운데에서도 연극쟁이는 가장 비천한 사회계층으로 여겨졌다. 보편적으로 사람들은 연극배우에 대해 뿌리 깊은 편견을 가지고 그들은 결국 노리개에 불과하다고 여기고 있었다. 당시 법률은 전통극 배우, 기녀, 관아의 망나니, 하급 관노 등의 직업은 비천한 직업에 속한다고 명문으로 규정해 놓았다. 이러한 사람들은 과거시험에 응시하여 관리가 될 수 없었을 뿐 아니라 신분이 높은 사람들과 마음대로 결혼할 수도 없었다. 더욱이 이런 사람들은 죄를 저지르면 다른 평민들보다 더 무거운 처벌을 받았다.

비록 이러했지만 세상은 넓어서 평민이 천민과 혼인관계를 맺는 일이 있기는 했다. 그러나 대부분의 경우 평민들은 어쩔 수 없는 상황에 이르지 않고서는 '스스로 신분이 낮아지는 것을 원할' 리 없었다. 일부는 이 때문에 비극을 초래하기도 했다. 기녀들은 이름이 기적妓籍에 올라 있으면 천민에 속하므로 기적에서 빠져나오지 않고서는 시집을 가려 해도 그럴 수 없었다. 명문 귀족들은 가난한 집과 혼인을 통해 인척관계를 맺는 것을 꺼려했으며, 천민과는 더더욱 혼인관계를 맺는 것을 금했다.

강희康熙·옹정雍正 연간에 무석無錫현에서 화華씨 성을 가진 어떤 사람이 딸을 하인의 아들과 약혼시켰다. 그러나 종씨 사람인 화태華泰가 그 혼인이 가문을 더럽힌다고 간섭했다. 남자 측에서는 이에 대해서는 어쩔 도리가 없어서 다른 이유를 찾아내 그를 고소했다. 몇 년간의 소송 끝에 두 사람의 혼인은 결국 깨지고 말았다. 광서 연간에는 강소江蘇 오강吳江현에 서봉고徐鳳姑라 하는 여자가 살았는데, 새혼한 어머니를 따라 시施씨 집으로 들어갔다. 나중에 서봉고는 계부인 시아무개가 전통극을 공연하는 '배우'라는 것을 알고는 자신의 신분이 더럽혀졌다고 여겼다. 그러나 상황을 바꿀 힘이 없던 그녀는 목을 매어 자살함으로써 자신의 깨끗함을 나타냈다. 또 어떤 여성은 남자 측의 예물을 받은 후 '시집 식구들이 남의 종'이라는 것을 알고 시집가지 않겠다고 맹세했다. 결국 그녀는 혼인 전날 밤 삭발하고 비구니가 되었다. 시가에서는 혼인 예물을 마련하느라 큰돈을 들였기 때문에 다른 여자를 아내로 데려올 여력이 없었다. 이 때문에 그 남자의 아버지도 울분이 쌓여 사망했다. 그래서 천민들은 흔히 자기들끼리 결혼했다.

청나라에서 평민과 천민의 혼인은 법률에 의해서도 금지되어 있었다. 특히 천민인 남자가 평민인 여자를 아내로 데려올 경우 처벌이 더욱 무거웠다. 천민 남자가 평민 여자를 아내로 맞이할 경우 이혼해야 함은 물론 80대의 장형에도 처해졌다. 특히 창기, 배우, 악인樂人 등이 양가의 여자를 아내로 맞을 경우, 죄가 한 등급 가중되어 장형 100대에 처해졌다. 양월루가 비록 경극계의 유명 배우이고 돈도 있지만(당시 양월루처럼 이름이 세상에 널리 알려진 명배우의 연수입은 1000냥 이상이었다. 그런데 항상 '사민四民 가운데 으뜸'이라 존중받는 선비들의 일반적인 직업, 즉 서당의 훈장은 1년 수입이 겨우 100냥이 조금 넘었다), 어쨌든 그는 연극배우일 뿐으로 천민 신분이었다.

반면 위아보는 상인의 집안에서 태어나 먹을 것, 입을 것이 부족하지 않은 평민이었다. 원래 상인은 '사민 가운데 꼴찌'였는데, 사회생활의 주역이 되자 그 사회적인 역할과 지위가 올라가기 시작했다. 또한 돈이 점점 더 중요시되면서, 예전의 사회적 신분을 대체하고 사람들이 교제할 때 가장 먼저 고려하는 중요한 요인이 되었다. 특히 강희·옹정 연간 후, 상인들은 돈을 기부하는 방식으로 관리의 신분을 얻을 수 있었다.

위아보의 아버지도 체면이 서는 신분을 얻기 위해 특별히 돈을 들여 관직을 샀다. 이렇게 해서 양월루와 위아보의 신분과 지위의 차이는 더욱 벌어졌다.

'예로부터 양민과 천민이 서로 다르고 비천의 차이가 있거늘 어떻게 그녀가 나를 마음에 들어 할까?' 양월루 역시 두 집안이 엇비슷하지 않아서 어떤 무서운 결과를 겪게 될지 잘 알고 있었으므로 차마 위씨 아가씨의 일생을 끌어들일 수 없었다. 그는 위아보의 편지에 동의하지 않았고, 약속한 시각에 약속한 장소로 가지도 않았다.

위아보는 구애를 거절당하자 입맛조차 잃고 상사병까지 생겼으며, 병세가 날로 악화되어 오랫동안 자리에 누운 채 일어나지 못했다. 영문을 알지 못했던 위아보의 어머니는 유모 왕씨로부터 사실을 전해 들었다. 그리고 딸의 생각이 단호한 것을 보고는 그 뜻에 따르기로 결정했다. 위아보의 아버지는 오랜 기간 외지에서 장사를 하기 때문에 당시 상해에 없었다. 위아보의 어머니는 중매인을 통해 정식으로 아내를 맞는 합법적인 약혼을 통해 사회적 저항을 줄이기로 혼자서 결정하고, 중매인을 통해 양월루를 불러내 딸을 정식으로 그에게 시집보내려 한다는 뜻을 밝혔다. 양월루는 약속한 장소로 갔고, 결국 위씨 모녀의 진심에 깊이 감동받아 혼사를 승낙하고 결혼을 약속했다.

그리하여 양측은 분주히 혼사를 준비하기 시작했다. 그런데 갑자기 옆에서 한 사람이 튀어나와 이 청춘남녀의 혼사를 철저히 방해하기 시작했다. 그리고 이 자는 외부 사람들이 보기에 아주 자연스럽고 이상적인 두 남녀를 순식간에, 그야말로 무참하게 갈라 놓았다. 도대체 누가 이 비극을 꾸민 것인가?

> **양민과 천민은 혼인하지 않는다.**
> 고대사회에서는 양민과 천민의 혼인 불가 문제를 엄격하게 법률로 규정했다. 양민과 이른바 천민은 뚜렷이 구분되어 절대 통혼할 수 없었다. 예를 들면 당대의 법전에서는 다음과 같이 규정했다. "여러 잡호雜戶(신분이 보통 백성보다 낮고 노비보다 높은 사람)들은 양민과 혼인할 수 없으며 이를 어기면 장형 100대에 처한다." 만일 이 법률 규정을 어기면 혼인한 양측이 모두 처벌받았을 뿐 아니라 관청에서 강제로 이혼시켜 두 사람의 혼인 관계도 지속될 수 없었다. 이 같은 규정은 청대까지 줄곧 이어졌고 이로써 애정에 얽힌 비극이 벌어지곤 했다.

| 2 | 강제로 연인을 갈라놓다

'약탈혼'으로 체포되다

위아보와 연극배우 양월루가 결혼한다는 소식이 위아보의 숙부의 귀까지 전해졌다. 그는 이 소식을 듣고 대로했다. 아마 누군가는 아버지도 어머니도 아닌 숙부가 왜 쓸데없이 참견하느냐고 물을 수 있다. 당시 혼인은 한 가정의 일이긴 하지만, 고대의 법률제도는 가족이라는 기초 위에 세워진 것으로 친족 구성원 사이의 의무관계를 구체적으로 규정해놓음으로써 친족끼리는 영광도 함께하고 손해도 함께하는 이익공동체를 형성하고 있었다. 그래서 종족宗族 공동의 명예나 공동의 이익을 해칠 경우, 친족의 간섭은 더욱 커졌다.

비록 옹정 이후 천민의 호적이 더 이상 강제로 세습되지 않게 됨에 따라 실제로 양민과 천민이 혼인하는 사례가 여럿 있었고 연극배우도 민적民籍에 들 수 있었지만, 양민과 천민이 혼인하지 않는 것은 여전히 전통적인 풍속이었다. 도광道光(1821~1850) 이후 현지 관청에서는 이에 대해 더욱 보고도 못 본 체하는 태도를 취했다. 바로 이른바 '백성이 고발하지 않으면 관에서는 추궁하지 않는' 것이었다. 그러나 일단 가족 중에 누군가가 나서서 간섭하면 관청도 개입했다.

위아보의 친족들은 대부분 봉건적인 전통 교육을 받아 봉건 문화의 영향을 깊이 받았으므로 비록 오랫동안 상업에 종사했지만 관념은 여전히 구습에 얽매여 있었다. 그들이 보기에 위아보의 이러한 행동은 의심의 여지없이 종족의 순결과 명예에 해를 끼치는 행동이었다. 그러므로 아무것도 따지지 않고 무조건 양월루와 위아보의 혼인을 막아야만 했다. 위아보의 숙부는 양민과 천민이 혼인하는 것은 위씨 가문의 가풍을 더럽히는 것이며, 심지어 광동 향산이 본적인 모든 상인에게 영향을 주는 일이라고 생각했다. 그래서 그의 태도는 매우 강경했고, 가문을 욕되게 하지 않으려면 혼사를 물려야 한다고 생각했다.

위아보의 어머니와 양월루는 다툼과 또 다른 문제가 생기는 것을 피하기 위해 상해의 민간에서 유행하던 오래된 습속인 '약탈혼'의 형식으로 신부를 맞이하기로 했다. 이른바 약탈혼은 실제로는 가짜 일을 진짜처럼 하는 것이다. 즉 주유周瑜가 되어 황개黃蓋를 때리듯, 한 사람은 때리기를 원하고 한 사람은 기꺼이 맞는 '짜고 치기'이다. 특히 양측이 이미 혼인 약속을 하고, 약혼 예물 등 다른 이유로 인해 혼례가 예정대로 거행될 수 없는 상황에서 진짜와 가짜가 섞인 '약탈혼'은 매우 유용하게 쓰였다. 오늘날의 혼인법에서는 결혼 약속은 효력이 없다고 규정한다. 남녀 양측이 국가가 규정한 혼인등기 기관에 가서 등록한 후, 조사 및 대조를 거쳐 불법적인 상황이 없는 것으로 확인되어야 결혼할 수 있다. 그러나 고대 법률은 결혼 약속의 효력을 인정한다. 결혼 약속이 체결되면 반드시 이행해야 하며, 그렇지 않으면 형법의 처벌을 받게 된다.

법에서도 결혼 약속의 효력을 인정하므로, 양월루와 위아보 모녀는 먼저 혼인 약속을 맺었고 약혼 예물도 이미 보냈으니 약탈혼의 형식으로 숙부의 간섭을 피하는 것이 괜찮은 선택이라고 생각했다. 하물며 상해에는 줄곧 약탈혼의 전통이 있어왔으니 관청에서도 그다지 간섭하지 않았다.

역사 자료에는 이 사건에 관한 두 가지 기록이 있다.

위씨 딸이 출가할 때 어쨌든 거상의 딸이라 어느 정도 움직임이 있었고 상당히 호화로웠다고도 한다. 혼인을 위해 장식한 천막이 세워졌고, 혼수 예물도 상당했다. 위아보의 숙부는 저지하고 싶었지만 양월루 쪽 사람들이 쫓아내어 막지 못했다.

다른 판본에서는 이렇게 기록했다.

11월 초하루 혼인날 새벽, 유모 왕씨가 위아보를 데리고 양월루가 사는 곳으로 몰래 갔다. 위아보는 가족들의 도움으로 황급히 천지신명에게 절한 후 결혼했다.

그러나 어느 판본이든 두 사람의 '약탈혼'은 성공했고 부부가 되었다고 적고 있다. 위아보의 숙부가 사실을 알고 나서 그대로 물러날 리 없었다. 그는 상해에 거주하는 광동 향산이 본적인 동향인 및 친족들과 함께 즉시 상해현의 관아에 소송을 제기하여 이 혼인을 취소하고 양월루를 엄히 징계하라고 요구했다.

두 사람의 혼인 날에 관아에서는 하인을 보내 조계지 내의 경찰인 순포巡捕와 협력하여 양월루와 위아보를 체포하게 했다. 그리하여 위아보가 가져온 은 4000냥 값어치의 혼수 일곱 상자를 유괴의 물증으로 삼았다. 여기서 관아에서 사람을 체포하는데, 그것도 중국인을 체포하는데 조계지의 경찰이 무슨 상관인지 설명할 필요가 있다.

당시 양월루가 거주하던 곳은 조계지에 속해 있었다. 조계지는 당시 청나라 조정이 서구 열강들과 맺은 조약에 따라, 중국에 거주하는 외국인들의 사업이나 생활에 있어서 수요를 만족시켜 주기 위해 그들에게 분할해 준 특정한 지역이다. (원래 조계지의 주권은 아직 청 조정에 속했으나 열강들은 중국을 상대로 이익을 쉽게 빼앗아 가려고 조계지의 치안 관리와 행정 발전 계획에서부터 사법권에 이르기까지 점차로 강탈했다. 이는 통상 '치외법권'이라 불렸다.)

조계지는 실제 각 열강들의 근거지로 치안, 사법 등의 결정권 역시 열강들에게 있었다. 따라서 조계지 내에서 사람을 체포하려면 조계지 관리 기관에 협조를 요청하지 않고서는 불가능했다. 청나라 지방정부(현의 관아)는 조계지 내에서 치안을 지킬 권한이 없었고, 열강이 조계지 안에 특별히 설치한 기관인 공부국工部局이 조계지를 구체적으로 관리했다. 그 안에서 사회 치안을 유지하는 사람들을 속칭 순포巡捕라 불렀다. 조계지 안에서 사람을 체포하려면 반드시 공부국과 순포를 통해 처리해야만 했다. 그래서 이 사건이 발생했을 때, 상해현의 관아에서 사람을 파견했을 뿐 아니라 조계지의 경찰인 순포도 함께 불러서 가야 했다. 물론 이 사건의 추후 전개 상황은 서양인의 사상이 중국의 사상과 문화에 끼친 영향과도 관계가 있다.

제1심에서 무거운 판결이 내려지다

과연 사건은 어떠한 심리를 거쳤고, 마지막으로 어떠한 판결이 내려졌는가? 공교로운 것은 재판장인 엽정춘葉廷春 역시 광동 향산 사람이며, 더욱이 삼강오상三綱五常과 예법, 도덕을 엄격히 지키는 봉건 관리라는 점이다. 그는 연극배우에 대해 극심한 편견을 가지고 있었는데, 연극배우들은 품행이 단정하지 못하고 매정하며 의리가 없는 천민이라고 여겼다. 엽정춘은 위아보와 양월루의 혼인에 대해 극히 분노했다. 사건을 심리하기도 전에 선입견에 사로잡혀 틀림없이 양월루가 양가집 여자를 유괴했다고 확신했으며, 위아보가 연극쟁이에게 사랑하는 마음을 토로하고 스스로 몸을 낮춰 시집간 것은 더욱 염치를 모르는 행위로 향산의 명성을 더럽힌 것이라고 생각했다.

그는 정식 심문이 시작되기도 전에 부하에게 큰 소리로 명령을 내려 양월루에게 엄한 형벌을 가했다. 양월루의 엄지발가락을 함께 묶어 밤새도록 대들보에 거꾸로 매달아 놓았다. 심지어는 그의 두 어깨뼈를 고문하여 상하게 했으며, 판자 같은 것으로 목뼈를 눌러 숨도 제대로 쉬지 못하게 했다. 이것은 속칭 기를 꺾는 몽둥이 형벌, 즉 '살위봉殺威棒'이었다(당시에 이러한 고문 수단은 강도죄를 저지른 범인들에게만 쓸 수 있었다).

양월루는 처음에는 자신은 중매인을 통해 정식으로 아내를 맞아들였다고 단언했다. 그러나 나중에는 고문에 못 이겨, 일찌감치 위아보와 사통私通했으며 그녀의 어머니에게 뇌물을 주어서 서로 짜고 위아보를 유괴했다고 자백했다. 양월루가 진술서에 서명하고 죄를 인정하자 엽정춘은 삼강오상과 예의, 도덕을 들먹이며 위아보를 엄하게 꾸짖었다. 그리고 여자는 '삼종지도三從之道'와 '사덕四德'을 따라야 하며 자신의 뜻대로 혼인할 수 없다고 말했다. 그러나 위아보는 관아의 위엄을 조금도 두려워하지 않고, 기꺼이 일생토록 남편인 양월루만을 따를 것이며 절대 후회하지 않는다고 용감하게 밝혔다. 엽정춘은 벌컥 성을 내고 위아보의 뺨을 200대 때리도록 명령했다. 그리고 두 사람을 감옥에 가두고 위아보의 아버지가 오면 다시 판결하기로 했다. 위아보의 어머니는 두 사람이 구속되어 조사받고 있다는 소식을 듣고 혼인을 증명하는 각종 증거, 예를 들어 사주단자, 결혼증명서 등을 가지고 혼인의 증인과 함께 허둥지둥 관아로 가 억울함을 호소했다.

사회에서 여러 논의가 일면서 이 사건은 점점 더 큰 비난을 받게 되었다. 사회 여론은 보편적으로 양월루를 지지했다. 결혼증명서, 사주단자 같은 여러 객관적인 증거도 양월루와 위아보가 합법적인 부부라는 것을 증명했다. 따라서 엽정춘 현령縣令이 느끼는 압박감은 미루어 알 수 있다. 그런데 이때 핵심 인물 한 사람이 갑자기 등장했다. 그는 엽정춘이 사건을 최종적으로 결정하는 데 근거가 될 증거를 확보하도록 도와주고, 그를 판결 위기에서 벗어나게 해 주었다. 바로 위아보의 아버지였다.

고대사회에서 시집가고 장가드는 것은 모두 부모가 주관했다. 남성은 대개 한 집안의 가장으로서, 위씨 집에서는 자연히 위아보의 아버지가 딸의 혼사를 주관할 권리가 있다. 위아보의 아버지는 이때 마침 외지에서 서둘러 돌아와 딸이 이미 연극쟁이에게 시집간 것에 화가 나서 발을 동동 구르며 욕을 퍼부었다. 그는 딸이 풍속을 어지럽히고 가문을 욕되게 했다고 여겼다. 위아보의 아버지는 준엄한 형벌(『대청률례大淸律例』에 '혼사가 법률을 어기면 혼례를 주관한 사람과 중매쟁이의 죄를 처벌한다'고 명문으로 규정해 놓았다)과 친족 및 고향 사람들의 갖은 압력에 따라 딸이 자신의 뜻대로 혼인한 것을 인정하지 않았다. 그는 엽정춘의 판정을 지지한다고 선포하고, 양월루와 위아보의 혼인이 합법적이지 못하다고 보고 관청에서 혼인을 무효로 할 것을 요구했다. 또한 위아보를 더 이상 딸로 여기지 않겠다고 공개적으로 선언했다. 엽정춘은 위아보 부친의 지지를 얻은 후에 양월루 부부를 갈라 놓았을 뿐 아니라 당시 청 왕조의 형법에 따라 그들을 엄벌에 처하는 판결을 내렸다.

이후에 벌어진 상황은 다음과 같다.

- '여성을 유괴했다'는 죄명으로 양월루를 4000리 떨어진 곳인 흑룡

강으로 유배 보내 노역에 종사하며 복역服役하라고 판결을 내렸다.

– 위아보는 품행이 단정하지 못하다고 200대의 뺨을 맞는 형벌을 선고받고 위씨 가문에서 쫓겨났다. 이후 그녀는 보육당普育堂으로 넘겨져 배우자가 정해졌는데, 나중에 70세의 늙은이에게 첩으로 팔려갔다.3)

– 양월루와 위아보의 혼인에 협조한 유모 왕씨 역시 가혹한 형벌을 받았다. 그녀는 상해현 관아 앞에서 사람들이 지켜보는 가운데 10일 동안 칼을 쓰고 있는 형벌을 받았다.4)

– 양월루와 두 위씨 모녀가 사통했다는 소문 때문에 위아보의 어머니는 부끄럽고 분한 나머지 병사했다.

아름다운 부부의 인연이 이처럼 잔인하게 파괴된 것은 확실히 애석하고 동정할 만한 일이다. 그러나 최후의 결말은 어떠했을까? 또한 양월루의 이후 운명은 어떠했을까?

| 3 | 재앙에서 살아남은 목숨

다행히 유배를 면하다

본 사건은 심리 과정에서부터 사회 각 계층의 관심을 받았고 사건에 대한 열띤 논쟁도 벌어졌었다. 이것은 양월루가 유명 인사였기 때문이며, 다른 한편으로는 만청의 사회 변혁이 가져온 새로운 사상과 옛 사상이 충돌했기 때문이기도 하다. 따라서 문화사상계의 사람들도 논쟁에 참여했다.

당시 발행 부수가 가장 많았던 『신보申報』(1872년 4월 30일 창간)는 사건 발생 후 한 달 동안 30여 편의 보도와 논평, 투고 원고를 연속하여 게재했다. 특히 외국인을 신문사로 불러 사건에 대해 논평하게 하고, 이를 "중국과 서양의 문답"이라는 제목으로 게재하여 이 사건에 대한 서양 사람들의 생각을 널리 알렸다.

양월루를 엄격히 처벌하라고 주장하는 사람들과 양월루를 동정하고 그가 사면되기를 바라는 사람들은 『신보』를 진지로 삼아 '두 사람의 혼인이 정당한가', '위씨의 고향 사람들이 관가에 공동으로 소송을 건 것이 합당한 일인가', '현령이 엄한 형벌로 처벌한 것이 공정한 것인가' 등의 문제를 둘러싸고 격렬한 논쟁을 벌였다.

엄한 처벌을 주장하는 사람들은 양월루가 양민과 천민은 혼인할 수 없다는 법률의 규정을 무시하고 멋대로 양가의 여자를 아내로 맞이했으니 그 저의가 불량하다고 생각했다. 동정하는 사람들은 비록 법으로 양민과 천민과의 차이를 규정해 놓았지만 신분이 비천한 사람들의 행동도 보통 사람들의 시선으로 바라보아야 하며, 더욱이 양측의 결혼이 서로 원해서 한 것이고 중매인을 통해 정식으로 배우자를 맞아들이는 절차를 거친 만큼 문제될 것이 없다고 생각했다.

양측이 팽팽한 가운데 엄한 처벌을 주장하는 쪽에 섰던 만청 정부가 동정파의 의견을 억누르고, 『신보』측에 만일 동정파의 의견을 다시 게재한다면 간행을 중지시키겠다고 협박했다. 결국 『신보』는 압력에 못 이겨 더 이상 동정파의 글을 싣지 못했고, 뒤이어 이러한 논쟁은 막을 내렸다.

그런데 상해현에는 유배형을 판결한 사건에 대한 최종적인 판결권이 없었기 때문에, 양월루 사건은 우여곡절이 많고 길고 지루한 심리 과정을 거쳐야 했다. 사건의 재심리는 먼저 송강부松江府에서 진행하게 되었는데, 지부知府인 왕소고王少固의 생각도 엽정춘과 다르지 않았다. 물론 그가 사전에 엽정춘과 말을 맞추었다는 이야기도 전한다. 왕소고는 의심받지 않기 위해 남교현南橋縣의 지현知縣을 파견하여 다시 심리하게 했다.

양월루는 재판장이 바뀌었으니 자신의 억울함이 드디어 벗겨질 것이라고 생각했다. 그는 남교현의 지현이 자신에게 200대의 매질을 가하도록 명령하고 진술을 번복하지 못하게 함은 물론 상해현에서 내린 원래의 판결을 비준할 줄은 생각지도 못했다.

다음 해 4월, 사건은 남경으로 넘어갔다. 이것은 사법 절차에 따른 것인데, 유배형 및 그 이상의 형벌을 판결하려면 성省급 관아에서 결정해야 한다. 당시 강소 순무(지금의 성장省長에 해당)를 맡고 있던 사람은 상군湘軍의 우두머리였던 정일창丁日昌이었고, 강소 안찰사(지금의 성 검찰원 원장 겸 공안청 청장)를 맡고 있던 사람은 마보상馬寶祥이었다. 두 사람은 모두 사서오경四書五經을 충분히 읽은, 머리에 유가의 정통 사상이 가득 찬 사람들이어서 재심리 과정에서도 자연히 엽정춘의 제1심 판결에 손을 들어줬다. 그들은 양가의 여자를 유괴한 죄로 양월루를 4000리 떨어진 흑룡강으로 유배 보내 군무나 노역에 종사시키라는 판결을 무책임하게 그대로 확정했다. 이제 사건 서류를 형부刑部에 보고하고 형부의 재조사를 기다리는 일만 남았다. 형부의 재심리가 끝나면 양월루는 바로 출발해야 한다.

양월루는 이때 남경에 있는 감옥에 구금된 채로 하루하루 형부의 회답 공문을 기다리고 있었다. 회답 공문이 도착하면 바로 유배의 길을 떠나야 한다. 그러나 출발하기 전인 1875년에 동치제同治帝가 붕어하고 광서제光緖帝가 제위에 올랐다. 청나라 전통에 의하면 새로운 황제가 제위에 오르는 것은 경사스러운 일이라 전국적으로 대사면을 실시한다. 양월루의 죄도 제도에 따라 특별사면의 범위에 들어갈 수 있어, 불행 중 다행으로 그는 유형을 면하게 되었다. 그래서 그는 80대의 장형에 처해진 뒤 석방되어 원래의 본적인 안휘로 돌려보내졌다. 이렇게 해서 양월루 사건은 발생부터 종결될 때까지 1년이 넘게 걸렸고, 이러한 결말로 끝이 났다.

2년 후 양월루는 생계를 위해 다시 상해로 돌아가 전통극을 공연하며, 이곳에서 심월춘沈月春이라는 여자와 결혼했다. 그러나 모진 고문으로 발의 인대가 끊어져 무술을 하는 젊은 남자 배역은 할 수 없었다. 어쩔 수 없이 양월루는 중년 · 노년 배역인 노생을 맡았고 주로 노래 솜씨를 발휘하는 것을 위주로 하게 되었다. 이렇게 해서 그는 상해에서 다시 명성을 얻게 되었다. 그러나 이때 사건에 참여했던 혹은 상황을 알고 있는 상해의 일부 오래된 관리들과 상인 세도가들이 여전히 트집을 잡아 양월루를 괴롭혔다.

양월루는 하는 수 없이 북경으로 돌아가 경극의 명인인 정장경程長庚이 임시로 몸담고 있던 극단에서 공연에 전념했다. 동시에 자신의 예명을 '후왕猴王'에서 '양후자楊猴子'로 바꿈으로써 돈과 세력이 있으면 빌붙고 그렇지 못하면 냉담해지는 세태를 개탄했다. 연극쟁이는 가지고 노는 원숭이처럼 즐겁게 해주면 상을 받지만 그렇지 못하면 한 차례 채찍을 맞으니, 이는 봉건사회가 연극배우를 차별하고 서로 사랑하는 부부를 무자비하게 갈라 놓은 것에 대한 폭로와 같았다.

1890년, 죽음이 가까워진 양월루는 그의 외아들을 또 다른 경극의 명인인 담흠배譚鑫培에게 부탁했다. 그 외아들이 바로 앞에서 언급한, 한 세대 경극의 대가였던 양소루이다. 광서 16년(1890)에 양월루는 향년 42세로 북경에서 병사했다.

신사상과 구사상의 충돌

사건에는 어쨌든 결과가 있기 마련이다. 사건으로 인해 발생한 사상 논쟁도 잠시 일단락되었다. 그러나 혼인을 자주적으로 할 수 있는지 없는지를 둘러싼 신사상과 구사상의 충돌은 그 후 수십 년 동안 이어졌다. 청말에서 중화민국 시기까지 중화민국에서 신중국 건립까지의 기간 동안 있었던 연분緣分에 관한 많은 이야기는 모두 어느 정도 신사상과 구사상의 충돌과 관련이 있다. 다음에 몇 가지 예를 들어본다.

중화민국 초기에 한 세대의 영웅이던 차이어蔡鍔 장군은 북경에서 기녀인 소봉선小鳳仙을 우연히 만났다. 그가 소봉선이 기녀 출신이라는 것을 꺼려하지 않고 정신적 결합을 추구했으며 서로 흠모하여 좋은 연분을 맺었다는 사랑 이야기는 지금까지도 사람들을 감동시킨다.

이와 동시에 '5·4' 이후 가장 먼저 신문화를 받아들이고 전파한 사람들이라도, 특히 5·4운동의 주역과 기수들도 정작 언행일치를 하지 못하고 실제로는 봉건적인 예법과 도덕의 속박에서 완전히 벗어나지 못한 행동을 했다. 이로써 상반신은 신문화, 하반신은 옛 전통이라는 기이한 상황이 출현했다. 예를 들면 천두슈陳獨秀는 어머니의 뜻에 따라 가오다중高大衆을 본처로 맞이하여 자신이 주장하던 자주적인 혼인을 추구하지 않았다. 루쉰魯迅은 주안朱安 여사와의 결합을 어머니가 자신에게 내린 '선물'이라고 여기고 긴 세월을 독신으로 '고통스럽게' 보냈다. 후스胡適는 미국에서 유학한 박사이자 중국에서 가장 먼저 신문화를 받아들이고 전파한 선구자 중 한 사람이다. 그러나 그도 혼인에 있어서는 봉건적인 예법과 도덕의 속박에서 벗어나지 못하고, 이미 미국에 진심으로 사랑하는 사람이 있는 상황에서 어머니에게 효도하기 위해 장둥슈江冬秀를 아내로 맞았다.

이 몇몇 지식인들의 혼인을 관찰해 보면 남녀 양측의 인생이 사실 완전무결하지 못하고, 모두 정신적 육체적으로 깊은 고통을 안은 채 자신의 길을 끝까지 걸어간 것을 볼 수 있다. 물론 이 이율배반적인 특수한 혼합이 결코 이 몇 사람들만의 운명의 비극은 아니다. 그것은 바로 새로운 사회와 옛 사회가 바뀌는 시기에 실천은 인식보다 높고, 행동은 생각보다 어려웠던 이치를 증명하는 것이다.

신중국이 성립된 후 낡은 풍속과 습관을 고치고 새로운 혼인 풍속을 세운다는 당과 정부의 정책적 격려하에, 남녀 두 집안의 사회적 지위와 경제적 형편이 비슷해야 한다는 전통적인 관념은 조금씩 희박해져 갔다. 그리하여 자유연애와 자주적 결혼이 한때 흥성하기 시작했다.

문예계에서 여러 분야에 재능이 있는 극작가 우주광吳祖光과 수많은 사람이 흠모하던 평극評劇의 스타 신펑샤新鳳霞의 혼인은 그 전형적인 예라고 할 수 있다. 두 사람은 라오서老舍 선생의 소개로 처음 사귀게 되었다. 그러나 처음부터 많은 사람이 그들의 사랑을 좋게 보았던 것은 아니다. 어떤 사람들은 우주광이 신펑샤와 혼인하면 무거운 짐을 짊어져야 한다고 말했다. 신펑샤는 가족이 많았는데 부모, 남동생, 여동생까지 모두 7, 8명의 식구를 모두 그녀가 부양해야 했다. 또한 신펑샤는 글자를 몰랐고, 부모도 모두 문맹이었다. 그러므로 사람들은 우주광이 이런 집으로 뛰어드는 것은 고생을 사서 하는 것이라고 말했다. 또 다른 사람들은 우주광이 홍콩 출신이라 틀림없이 사치스럽고 음란한 생활이 몸에 배어 있어 여자를 희롱할 것이고, 또 도덕적으로 타락했을 것이므로 신펑샤가 미인이라 눈에 들었어도 잠시 가지고 놀다 버릴 것이라고 말했다. 반면 라오서, 샤옌夏衍, 자오수리趙樹理 등은 모두 그들의 혼인을 열렬히 지지했다. 여러 압력과 간섭도 그들을 물러서게 하지 못했다. 두 사람은 혼인은 자신의 뜻대로 해야 한다는 것을 굳게 믿었기에 성대한 혼례를 치르고 죽어서야 멈추는 진실한 애정극을 상연했다.

사실 남녀평등, 자유연애, 자주 혼인이란 관념은 바로 신중국의 건립과 함께 발전된 것이다. 1950~1960년대에는 젊은이들의 혼인을 제재로 한 영화가 많이 제작되었다. 예를 들면 「소이흑의 결혼小二黑結婚」 「이쌍쌍李雙雙」, 예극豫劇 영화 「조양구趙陽溝」 등은 이른바 남녀의 자유연애와 자주적인 혼인에 대한 간절한 바람을 반영했다. 개혁 개방 이후, 남녀의 자유연애는 더욱 사회의 주류 가치가 되었다. 「달콤한 사업甜蜜的事業」 「이

가정을 보시라瞧這一家子」 등의 영화가 다시금 국민을 교육하고 새로운 풍조를 제창하는 역할을 했다.

"혼인이라는 대사는 결코 어린애 장난이 아니며 부모의 명과 중매꾼의 소개말이 있어야 한다婚姻大事, 絕非兒戲, 父母之命, 媒妁之言." 이것은 혼인과 애정에 관한 열여섯 자로 된 고대사회의 잠언이다. 고대사회에는 혼인의 자유가 없었으며, 부모의 명령과 중매인의 말도 거역할 수 없었다. 이것은 개성을 널리 알리고, 인권을 주장하는 오늘날의 남녀에게는 상상할 수 없는 일이다. 21세기인 오늘날, 만일 우리가 양월루와 위아보 두 사람의 혼인 비극을 다시 돌아보고 당시 위아보 가족과 만청 정부의 온갖 간섭과 모진 고문을 다시 평가한다면, 틀림없이 모두 상식적으로 상상할 수도 없는 일이라고 느낄 것이다.

| 4 | 사건의 논평과 분석

이야기를 끝내고 다시 이 사건을 돌아보면, 부부의 인연이 만약 하늘이 정해 주는 것일 뿐이라면 무슨 까닭으로 사람을 헛되이 슬프고 마음 아프게 하는가, 하는 생각이 든다. 본 사건이 청말의 유명한 억울한 사건이 된 것은 특정한 역사적 배경하에서 여러 요인이 뒤섞여 발생한 것이기 때문이었다. 이 억울한 재판 사건은 어떻게 발생한 것인가?

재판장의 주관적 선고

재판장인 상해현 현령縣令 엽정춘이 선입견에 사로잡혀서 실제 상황에 의거하지 않고 주관적으로 판단한 것이 억울한 재판 사건을 만들어 낸 직접적인 원인이다.

엽정춘은 연극배우들을 아주 싫어했다. 누군가 연극배우가 양가의 여자를 유괴하고 재물을 속여 빼앗았다고 고발하자 그는 틀림없이 피고가 사기를 쳤다고 확신했다. 그의 마음속에 연극쟁이는 교활하고 간사하며 정당한 직업에 종사하지 않는 사람들이었다. 그래서 그는 자신의 이 선입견을 양월루의 신상에 그대로 덮어씌웠으며, 이로써 사건의 심리가 시작되기도 전에 억울한 사건이 되었다. 엽정춘은 양월루에게 유리한, 그와 위아보가 스스로 원해서 결혼했음을 증명하는 각종 증거를 확보한 상황에서도 계속해서 선입견을 버리지 않고 한사코 양월루를 풀어주지 않았으며, 위아보 아버지의 확인하에 두 사람의 혼인이 위법이라고 확정했다.

불합리한 고문 제도와 가부장제

고문 제도는 봉건사회의 재판 소송에서 줄곧 큰 역할을 해왔다. 당시의 사법제도 아래에서 심문을 담당한 관리는 재판 과정에서 완전히 지배자의 위치에 있었다. 사건 당사자가 할 수 있는 일은 주로 진술서(일의 경과를 진술한 것)와 자백서(죄를 인정한 것)를 작성하는 것이다. 죄를 시인하는 과정은 실제로 결코 사실을 입증하는 과정이 아니었다. 결론이 주어지고 피고는 반드시 이를 스스로 인정해야 하는 과정이었다.

그러나 사건의 심리는 어디까지나 증거에 근거해야 한다. 마음속으로 이미 죄인을 확정했다 하더라도 이를 뒷받침할 유효한 증거가 없으면 사건에 대해 마지막 결정을 내릴 수 없다. '혹 있을지도 모를' 죄상으로 사건을 판결 내리는 것은 대부분의 경우 어디까지나 황제만이 갖는 특권이다. 봉건사회의 증거 체제는 줄곧 구두 자백을 중시하는 형식주의 증거 제도였는데, 억울하게 된 사건은 종종 고문으로 자백을 강요하여 생긴 것들이다. 양월루로부터 죄를 인정하는 자백을 얻기 위해 엽정춘은 서슴지 않고 그를 중한 형벌로 고문했으며, 그에게 죄를 뒤집어씌우고 인정하게 하여 제1심의 오판誤判을 완성했다.

제1심 후, 사회 여론은 대체로 양월루를 지지했고 각종 객관적인 증거 자료도 모두 양월루와 위아보가 합법적인 부부임을 증명했기 때문에, 엽정춘은 불리한 상황에 몰렸다. 그러나 위아보의 아버지의 등장으로 쉽게 빠져나올 수 있었다. 고대의 혼사는 모두 부모가 주관했는데, 남성이 일반적으로 한 집안의 가장이므로 위씨 집안에서도 위아보의 부친만이 딸의 혼사를 주관할 수 있는 권한을 가졌다. 봉건사회에서 가장의 인격은 완벽한 것이고 아내, 아들, 딸의 인격은 완벽하지 못한, 가장에 종속된 존재였다.

감찰 불능의 사법 시스템

당시 잘못된 판결을 감찰하는 능력이 부족했던 사법 시스템도 또 하나의 중요한 원인이다. 청대에 지방의 3급 정부는 고급관리長官 책임제를 실행했는데, 고급관리들은 하급관리와 동급의 부하 관리에 대해서 정치적 업적을 시찰할 권력이 있을 뿐 아니라 사법 감독권까지 가지고 있었다. 지부知府, 얼사臬司, 순무는 지방 사법기관을 감독하고 재조사하는 중요한 관문이다. 그들의 재심리와 재조사가 형사사건이 억울한 사건인지 그렇지 않은지를 분별해낸다.

그러나 사법의 이행 과정에서 '재심리'는 결코 법률이 규정한 궤도에서 운행되지 않았다. 대부분 일을 졸속으로 처리하고 실제 상황은 묻지도 않아서 일반 백성은 억울한 사연이 있어도 말할 곳이 없었다. 양월루 사건은 상해 지방 관아에서 초심과 재심을 거친 후에 상급 정부로 넘겨져 여러 차례 재심리를 거쳤다. 그러나 원래의 판결을 뒤집는 새로운 판결은 없었다. 한편에는 확실한 증거가 있었고, 다른 한편에는 엽정춘의 주관적인 선입견이 자리하고 있었는데, 재심을 맡은 관리들은 조금도 망설이지 않고 둘 중에서 후자의 편에 섰다. 원칙대로라면 재심을 하는 법관은 본래 전심전력으로 사건을 조사하고 시비를 분명히 밝혀 죄에 따라 형벌을 정해야 한다. 그러나 지부, 얼사, 순무는 의문점이나 허점에 대해 일일이 조사하거나 사실을 확인하지 않은 채, 급하게 건성으로 사건을 확정했다.

과거를 통해 벼슬길에 오른 관리들은 출신이 비슷하고 사고방식도 거의 같았다. 게다가 관리들끼리 서로 비호하는 경향 때문에 이 억울한 사건이 더욱 굳어졌다. 이것은 실제로 봉건적인 사법제도에서 "관청의 판결은 바뀌지 않는다"는 관행이 억울한 사건을 야기한 화근 중 하나임을 다시 한 번 증명한 것이다.

자주적 혼인의 어려움

양월루의 연애 사건을 통해 우리는 그들 두 사람의 비극이 사실 제도(신분의 등급, 양민과 천민의 혼인을 금지한 조정의 규정)뿐 아니라 구체적인 상황에서의 개인들(위아보의 숙부, 아버지 및 상해 지현 엽정춘)에게서도 비롯되었고, 동시에 사법 규칙에서도 비롯되었으며, 사회 환경과 전통 관념의 영향도 받았다는 것을 발견하게 된다.

고대 중국 역사 속의 혼인 제도를 돌아보면, 고대 노예사회에서도 평민과 귀족은 서로 혼인관계를 맺지 않았다. 노예는 법률적으로 인격과 지위가 완전히 없는 '말할 수 있는 도구'였으니, 주인인 귀족과는 더욱더 통혼할 수 없었다. 진한秦漢 시기에는 비록 평민과 천민이 나뉘어 혼인에는 어느 정도 영향을 받았으나 당시에는 후세처럼 그렇게 가혹한 예법과 도덕 제도가 아직 형성되어 있지 않았고, 혼인에 대한 제한은 '예禮' 차원의 구속에만 머물러 있었다. 규범이나 예의 차원에서 규정이 있었다 하더라도 법률적으로는 명확히 규정되어 있지 않아서 양민과 천민이 혼인하더라도 법률적인 제재는 기본적으로 없었다.

한漢나라 제왕들의 후궁 가운데는 출신이 비천한 사람들이 적지 않았다. 예를 들면 한무제의 원래 황후는 자신의 친고모의 딸로, 이른바 '금으로 만든 집에 감추어 두고 싶은 미녀'인 사촌 여동생 진아교陳阿嬌이다. 그러나 후에 한무제 유철劉徹은 그의 누나 집에서 열린 연회에서 노래와 춤을 공연하는 위자부衛子夫에게 한눈에 반했다. 위자부는 사실 공주의 집에서 일하는 종이었는데, 유철은 그녀를 궁으로 데려가 후궁으로 봉했다. 나중에는 트집을 잡아 진아교를 강등시키고 위자부라는, 가무를 공연하던 연극쟁이를 황후로 세웠다.

사실 한나라의 황제들이 황족 혈통을 따지지 않고 연극쟁이를 좋아한 것은 전통인 것 같다. 한 성제成帝 때, 곡예와 가무를 공연하던 조비연趙飛燕이라는 유명한 연예인이 있었는데, 이름처럼 몸이 제비처럼 가벼웠고 체구가 여리고 작아 귀여웠다. 일설에 의하면 아주 작은 쟁반 위에서 춤을 출 수 있을 정도였는데, 바람이 휘몰아치면 바람에 날려갈 정도였다고 한다. 성제는 그녀를 보고 놀라 하늘에서 내려온 선녀라 여기고 궁으로 데려가 황후로 봉했다.

양귀비는 뚱뚱했고, 조비연은 말랐으니 미녀들의 모습은 다르지만 각각 총애하는 사람들이 있다는 속담이 있다. 윗사람이 좋아하면 아랫사람들도 반드시 그를 모방하게 되어 있어, 황제가 마른 여자를 좋아하면 일반 백성도 마른 여자를 미인이라 여기기 시작했다. 이로써 진한 시기에는 일반적으로 사람들은 공연하는 사람들의 신분에 별로 주의를 기울이지 않았으며, 배우들과 혼인하는 것을 크게 문제 삼지 않았던 것을 알 수 있다.

상황의 변화는 남북조南北朝 시기 북위北魏에서 시작되었다. 북위의 문제文帝 탁발준拓跋濬은 조서를 발표해 양민과 천민의 혼인을 명문으로 금지했다. 당나라 이후 법령은 더욱 완비되어 양민과 천민의 통혼을 범죄행위로 엄격하게 규정했다. 송명 시기에는 송명이학宋明理學이 관학官學이 되면서 일의 옳고 그름, 행위의 선악을 결정하는 독점적인 권리를 보유하게 되었다. 이학은 정치적인 일에 대해서는 전체 국민은 모두 반드시 황제에게 충성할 것과 봉건 황제의 권력과 전제정치를 강화할 것을 강조했다. 또한 사회적인 일에 대해서는 상하가 다름이 있고, 귀천에 순서가 있는 신분 질서를 세울 것을 강조했으며, 가정사에 대해서는 여자는 '삼종지도와 사덕'을 철저히 지킬 것을 요구했다. 여자는 반드시 집에서는 아버지를 따르고, 출가해서는 남편을 따르고, 남편이 죽어서는 아들을 따를 것을 요구했다. 사실상 여자들에게 정신적인 족쇄를 채워 그녀들이 기꺼이 원해서 정절을 지키도록 했다.

당시 여성은 젊을 때 남편이 죽으면 재혼해서는 안 되었다. 왜냐하면 봉건 사대부들이 '굶어죽는 것은 작은 일이고, 정절을 잃는 것은 큰 일'이라고 말했기 때문이다. 과부가 재혼하지 않는 것은 봉건적인 예법과 도덕에 맞는 일이다. 그래서 전국 각지에 정절을 지킨 여성들을 위해 열녀문이 세워졌다. 그녀들은 수절하기 시작하면 반평생을 그렇게 보내야 했다. 봉건적인 수구주의자들은 이것을 '정절을 지킨다'라고 말한다. 그러나 일반 백성의 눈에 이것은 '생과부로 지내는 것'이다. 이 봉건적인 예법과 도덕은 표면적으로는 인의와 도덕이지만 실제로는 인간성을 상실하는 것이다.

양월루 연애 사건에서 우리는 이러한 뒤떨어진 봉건 예교 관념이 사건의 결과에 큰 영향을 미친 것을 볼 수 있었다. 이 사건의 핵심은 '양민과 천민의 통혼' 문제이다. 고대에는 공연을 하여 생계를 꾸려가는 사람들은 모두 '배우'나 '연극쟁이'라 불리며 천민으로 분류되었다. 그들과 함께 기타 세 부류의 사람들, 즉 기녀, 관청의 종, 군대에서 허드렛일을 하거나 노동을 하여 먹고사는 사람들은 모두 과거장에 들어갈 수도 없고 평민과 혼인할 수도 없었다.

"천민은 평민과 통혼할 수 없다." 이것은 고대 법률 속의 기본 규칙인데, 그 자체로 이치에 맞지 않는다. 그러나 봉건적인 관리들은 유가 윤리의 가르침을 받아서 이 규칙을 엄격히 지켰다. 비록 양월루를 지지하는 여론의 목소리가 끊이지 않았지만 폭력적인 권력을 장악한 정부기관에 비해서 이런 목소리는 상대적으로 지나치게 약하고 무력하여 무고한 사람을 구할 수 없었다.

사실 남녀가 서로 사랑하여 계급과 등급의 속박을 벗어나 자주적으로 혼인하기 어려웠음은 중국뿐만이 아니다. 외국도 마찬가지였다. 어떤 때는 더 심하기도 했다. 미국은 세계에서 가장 선진적이고 가장 자유롭고 가장 민주적인 국가라고 불린다. 그러나 사실 미국도 윤리 관념이나 인권 보호 분야의 발전은 상당히 늦었다. 구체적으로 말하면 미국은 1776년 「독립선언」을 발표하고 국가를 건립했는데, 당시 법에 의해 미국의 공민으로서 온전한 권리를 지닌 사람은 13개 주의 백인 남성들뿐이었다. 여성이나 흑인, 중국인 및 인디언 등은 모두 선거권이 없었다. 1860년대 미국의 가장 위대한 대통령인 링컨이 대통령직에 있을 때에야 비로소 여성들의 기본권리가 대체적으로 해결되었고 흑인들도 더 이상 노예 신분이 아니었다. 그러나 사회생활에서 그들의 실제 지위는 여전히 낮아서 여러모로 차별받았다. 사실 1960년대에 이르러서야 미국 흑인들의 민권 운동이 활발히 추진되면서 케네디 대통령이 비로소 흑인, 중국인 등이 백인들과 평등한 권리를 갖도록 하는 관련 법안에 정식으로 서명했다.

그러나 법률을 통과시킨 후 실제 생활에서, 사회의 각 인종과 계층이 전통적인 편견을 점차 극복하고 그들 간의 '유리벽'을 깨기까지는 또 한 번 매우 먼 길을 걸어야 했다. 2008년 미국의 민주당 대통령 후보 오바마의 아버지는 아프리카 케냐에서 온 흑인이었고, 어머니는 귀족 혈통이 섞인 것으로 보이는 백인 여성이었다. 그들 사이에 사랑의 감정이 생겼지만, 만일 유형 무형의 장벽을 깨뜨리지 못했다면 아예 결혼조차 할 수 없었으며, 흑백 혼혈인 그들의 자손 오바마도 대통령 선거에 출마하는 것이 불가능했을 것이다. 사실 어떤 각도에서 이야기하든, 2008년에 출중한 여성 대표인 힐러리나 흑인 엘리트인 오바마가 미국 대통령 경선에 참여했다는 것 자체가 미국의 민권운동이 역사적인 성취를 이루었음을 나타낸다.

양소루에 대하여

양소루(1878~1938)는 안휘 회녕 사람으로 이름은 삼원三元이고 양월루의 아들이다. 어려서 소영춘小榮椿 전통극 배우 양성소에서 기예를 배웠고, 양융수楊隆壽, 요증록姚增祿, 양만청楊萬靑의 가르침을 받고 무생을 익혔다. 그는 16세에 배우 양성소를 졸업하고 북경과 천진 두 곳에서 임시로 극단에 몸을 담고 조연으로 출연했다. 후에 마음을 다지며 의부인 담흠배譚鑫培, 왕릉선王楞仙, 왕복수王福壽, 장기림張淇林, 우송산牛松山 등에게서 열심히 배웠다. 또 유국생俞菊笙을 스승으로 모시면서 기술이 점차 늘었다.

24세에 그는 임시로 보승화寶勝和 극단에 들어가 '소양후자小楊猴子'라는 이름으로 공연하며 점차 명성을 얻게 되었다. 또 동경同慶 극단에서 담흠배의 격려와 지도로 주연급 무생 배우가 되었다. 29세에는 승평서昇平署에 들어가 외학外學의 민적民籍 학생으로서 자희태후의 각별한 사랑을 받았다.(승평서는 궁정의 희곡 연출을 관장하던 기구인데, 내학은 환관으로, 외학은 민간 극단 출신의 직업 배우로 구성되었다.—옮긴이)

또한 그는 담흠배, 진덕림陳德霖, 왕요경王瑤卿, 황윤보黃潤甫, 매란방梅蘭芳, 상소운尙小雲, 순혜생荀慧生, 고경규高慶奎, 여숙암余叔岩, 학수신郝壽臣 등과 협력하여 도영陶咏, 동형桐馨, 중흥中興, 숭림崇林, 쌍승雙勝, 영승永勝 등의 극단을 잇달아 조직했는데, 이로써 명성이 급속히 높아졌다. 당시 양소루는 매란방, 여숙암과 함께 '삼현三賢'이라 불렸으며, 경극계의 대표 인물이 되어 '무생종사武生宗師'(남자 무사 배역의 대가—옮긴이)라는 큰 명성을 누렸다. 또한 그는 집안 대대로 내려온 예술 정신과 스승인 유국생, 양융수의 학문을 이어받고 동시에 다른 사람의 장점을 널리 받아들여 무사 연기의 기초를 닦아 '양파楊派'라는 독자적인 유파를 점차 형성했다.

양소루의 목소리는 크고 낭랑했으며 노래와 대사 모두 '규파奎派'의 품격을 따랐다. 그는 발음이 정확했는데, 북경음도 섞여 있고 음을 길게 내며 노래할 때는 꾸밈없이 수수했다. 또한 노래하고 대사를 말할 때는 배역의 감정을 정확히 표현하는 것에 신경 썼다. 현존하는 「패왕별희霸王別姬」「야분夜奔」「야저림野猪林·결배結拜」 등의 경극 음반에서 그의 노래와 대사의 운치를 느낄 수 있다.

양소루의 무술 보법은 정확하고 민첩했으며 쓸데없는 동작이 없었다. 인물의 성격을 더욱 적합하게 표현할 수 있었고 정서를 표현하는 데 힘썼으며, 느낌을 추구하는, 즉 '동작은 박력 있고 노래는 전아한武戲文唱' 양파의 특징을 추구했다. 따라서 그의 장고희長靠戲인 「장판파」「도활거挑滑車」「철롱산鐵籠山」과 전의희箭衣戲인 「장원인狀元印」「팔대추八大錘」「염양루艶陽樓」, 단타희短打戲인 「연환투連環套」「낙마호駱馬湖」「안천회」, 곤곡희崑曲戲인 「야분夜奔」「영무관寧武關」「기린각麒麟閣」, 노생희老生戲인 「법문사法門寺」「사랑탐모」「전태평戰太平」 중 훌륭하지 않은 것은 하나도 없다. 만년에는 「야저림」「강랑산康郎山」 등의 극을 공연했다. 양파의 무사 배역을 계승한 사람들로는 손육곤孫毓堃, 유종양劉宗楊, 고성린高盛麟, 심화헌沈華軒, 주서안周瑞安 등이 있고, 이만춘李萬春, 이소춘李少春, 왕금로王金璐, 여혜량厲慧良 등이 모두 양파를 본받았다.

제7장

양내무와 소백채 사건

정치적 갈등이 민간의
불륜 사건을 해결하다

청말의 4대 기이한 사건 중에서도 가장 기이한 것으로 꼽히는 '양내무楊乃武와 소백채小白菜' 사건은 내용이 복잡하게 얽혀 있고 심리 과정에서 우여곡절이 많았던 중대 사건이다.

절강浙江 여항현餘杭縣의 한 두부 가게 점원 갈품련葛品連이 급병에 걸려 죽었는데, 누군가 그가 중독으로 죽은 것이라는 의혹을 제기했다. 그래서 그의 젊고 아름다운 아내인 소백채가 관아로 잡혀갔고, 얼마 지나지 않아 그녀는 자신과 정부情夫인 양내무가 은밀하게 남편을 살해했음을 자백했다. 두 차례의 심리 후 한 사람에게는 능지처참의 판결이 내려졌고, 다른 한 사람에게는 즉각 집행하는 참수형이 떨어졌다. 그러나 죄인의 가족들과 정부 및 민간의 여론 때문에 두 사람은 꽤 오래도록 사형당하지 않고 3년이나 감방에 갇혀 있었다. 그 기간에 여러 차례 다시 심리가 진행되었다. 현縣, 부府, 안찰사按察司, 성省, 형부刑部 등에서 일곱 차례의 심리가 이뤄졌고, 일곱 번의 판결이 잇달아 내려졌다. 두 사람은 온갖 고문을 다 당하고 자백을 강요받았지만, 마지막에 자희태후의 명령으로 비로소 누명을 벗을 수 있었다. 소모된 기간이 길고 관련된 사람이 많다는 점에서 이 사건은 중국 사법사에서는 극히 보기 드문 사례이자 중국의 근대사에서 전형적인 억울한 옥사이다.

130여 년 전에 발생한 이 사건은 재자가인才子佳人, 억울한 재판, 관료 집단의 알력 등 파문을 크게 일으킬 만한 요인들로 인해 발생한 때부터 언론의 관심을 받았다. 또 참견하기 좋아하는 문인들도 살인, 애인의 변심 또는 탐정 이야기 등으로 이 기이한 사건을 기록했다. 이 사건은 한 세기가 넘도록 희극, 평탄評彈[1], 신문, 잡지, 방송, 영화와 텔레비전, 심지어 연구 저서 등에서도 무한히 조명된 관심거리였다.

이 작품들은 사건의 줄거리를 더욱 감동적이며 복잡하고 치밀하게 재구성했으며, 사리사욕에 눈이 멀어 불법행위를 하고 사람 목숨을 들풀같이 취급하는 봉건 관리들의 추악한 몰골을 더욱 생생하게 폭로했다. 덕분에 이 사건은 누구나 다 아는 큰 사건이 되었다. 그러나 영화나 텔레비전 극본은 어디까지나 예술적인 가공을 거친 것으로 실제 내용을 필요에 따라 허구로 꾸민 것이다. 더욱이 신문이나 책 등에 기재된 일화도 대부분 연역적인 창작 과정을 거친 것들이다.[2]

'양내무와 소백채' 사건은 그 내용을 원래대로 복구하고 전통 법률제도라는 배경과 증거에 따라 다시 살펴봐야 한다. 그래야만 사건의 진상을 이해할 수 있으며, 나아가 봉건 사법제도를 객관적으로 평가할 수 있고 역사의 진실을 향해 보다 깊이 다가설 수 있다.

|1| **이상한** 연애 소문

양이 배추를 먹다

동치同治 12년(1873) 10월 10일, 절강성 여항현의 한 보통 민가에서 갑자기 하늘을 뒤흔드는 울음소리가 들렸다. 두부 가게의 점원 갈품련이 급병으로 죽자 아내인 소백채가 곁에서 까무러칠 정도로 소리 내어 운 것이었는데, 오랜 시일을 끈 억울한 누명 사건이 이렇게 서막을 올릴 줄은 아무도 예상하지 못했다.

사건의 주인공인 양내무는 도광道光 16년(1836) 여항현 현도縣都의 한 지역 유지 집에서 태어났는데, 그의 부모는 일찍 사망했다. 양내무의 가족은 원래 여항진餘杭鎭에서 거주하다 나중에 전란을 피해 여항현 성내城內 징청항澄淸巷으로 이주했다. 그에게는 양국정楊菊貞이라는 누나가 하나 있었는데, 엽몽당葉夢堂에게 출가했으나 불행히도 남편이 병으로 일찍 사망하여 자주 친정에 와서 지냈다. 양내무는 세 번 결혼했다. 첫 번째 아내인 오吳씨는 일찍 죽었고, 두 번째 아내는 성이 첨詹씨여서 큰 양첨楊詹씨라 불렸는데 동치 11년(1872) 9월 8일에 난산으로 사망했다. 양내무는 뒤이어 아내의 친여동생을 아내로 맞아들였다. 새 아내는 작은 양첨씨라 불렸고, 같은 해 11월 3일 그에게 시집왔다. 나중에 양내무가 3년 넘게 감옥에 갇혀 있는 동안 사법기관에 고소하여 억울함을 씻은 것도 누나와 작은 양첨씨가 이리저리 분주히 뛰어다닌 결과이며, 두 사람은 마침내 오랫동안 쌓인 억울함을 깨끗이 씻고 출옥한 양내무를 맞아 주었다.

양내무는 어려서 글을 읽었고, 장성한 후 수재秀才[3]에 합격했다. 평소에는 제자들을 가르치며 살았고 가산이 조금 있었다. 역사 자료에는 그가 성격이 강직하고 남의 일에 참견하기를 좋아했으며, 백성을 위해 나서고 관아의 관리들에게는 별로 호감을 가지지 않았는데, 이것이 후환이 되어 나중에 재난을 겪었다고 기록하고 있다.

소백채의 본명은 필수고畢秀姑이다. 갈품련에게 시집왔기 때문에 '갈필葛畢씨'라 칭했다. 고대 중국의 전통적인 예의와 풍속에 따르면, 여자는 일단 시집가면 자신의 성씨 앞에 남편의 성을 붙여 자신을 나타냈다. 그래서 나중에 사건을 심리한 기록이나 문서자료에서도 대개 그녀를 '갈필씨'라 칭했다. 갈은 그녀 남편의 성이고 필은 그녀 자신의 성이다. 의심의 여지없이 이는 전통사회에서 여자는 사회적 지위가 없었다는 것을 여실히 묘사한 것이다.

그녀는 함풍咸豊 6년(1856)에 여항현 창전진倉前鎭의 필씨 마을에서 태어났다. 대강 계산해 보면 그녀는 양내무보다 스무 살 정도 어렸다. 필수고의 아버지는 일찌감치 사망했으며, 어머니는 그녀가 여덟 살이 되던 해 현의 관아에서 조세를 징수하던 관리인 유경천喩敬天에게 개가했는데 본래 성이 왕王씨였으므로 '유왕喩王씨'라 불렸다. 전하는 말에 의하면 성장한 필수고는 용모가 아름다웠다고 한다. 살결이 희고 고운 데다 상의는 흰옷, 하의는 녹색 바지를 즐겨 입었기 때문에 주위 사람들이 그녀에게 '소백채小白菜'(봄배추라는 뜻)라는 별명을 지어 주었다.

그러나 '소백채'라는 호칭은 청 조정의 사건 문서나 문인들의 글에는 결코 보이지 않는다. 당시 『신보申報』의 보도에서도 그러한 호칭은 쓰지 않았다. 틀림없이 마지막에 사건의 경위가 밝혀진 뒤 문인들이 꾸며 냈거나 '파파라치'들이 우스개로 부른 호칭일 것이다. 반면 관청의 상주문이나 『신보』에서는 그녀의 미모를 언급하고 있다. 『신보』는 심지어 필수고가 "눈부시게 아름다웠으며" "여러 극형을 받았어도 미색은 끝내 줄어들지 않았다"고 보도했다. 시어머니인 심유沈喻씨가 진술에서 여러 차례 '타고난 미모'라고 했던 것을 보면, 필수고가 확실히 아름다운 용모를 지녔음을 알 수 있다.

필수고의 남편인 갈품련은 창전진의 갈씨 마을에서 태어났다. 어머니 갈유葛喻씨는 남편이 일찍 사망하여 나중에 여항현에서 농사를 짓는 심체인沈體仁에게 개가했기 때문에, 사람들은 그녀를 '심유씨'라 불렀다. 갈품년은 계부에 의해 여항현 성내에 있는 한 두부 가게에서 점원으로 일했다. 공교롭게도 유경천과 심체인은 가까운 거리에 이웃하여 살았다. 필수고가 11세 쯤 되던 해, 갈품련의 어머니인 심유씨가 필수고의 어머니인 유왕씨와 상의하여 필수고를 갈품련의 아내로 출가시키기로 했다. 두 사람의 아버지가 모두 계부이므로 그들의 종신대사에 전혀 상관하지 않았기 때문에 두 친어머니가 책임지고 혼사를 결정했다. 다만 아직 어리니 나이가 더 들면 혼사를 치르기로 했다.

동치 10년(1871), 필수고는 만 15세가 되었다. 그녀는 청초하고 아름다웠으며 살결은 희고 깨끗했다. 옛날에는 여자가 쪽 찌고 비녀 꽂는 나이, 즉 만 15세가 되면 혼인할 수 있었다. 친지와 친구들의 도움으로 양가는 근처에 사는 생원 양내무에게 부탁하여 결혼 날짜를 정했고, 동치 11년(1872) 3월 4일 결혼식을 거행했다. 그들이 결혼하기 전에 약 4개월 간 양내무는 징청항 골목 어귀에 세 칸짜리 2층집을 지었는데, 당시 갈품련의 계부인 심체인에게 공사를 감독하게 했다. 갈품련과 필수고는 혼인한 뒤 경제적으로 어려워 자기들끼리만 살 수 있는 거처가 없었다. 심체인은 양내무의 집에 비어 있는 방이 하나 있는 것을 알고, 아내와 함께 양내무와 상의하여 매달 800문의 세를 내기로 하고 그 방에 아들과 며느리가 살게 했다. 결혼 후 한 달이 조금 지나서 두 사람은 양내무의 집으로 옮겨 살았다. 이렇게 해서 양내무 일가는 갈품련 부부와 한 처마 아래에서 살게 되었다.

갈품련은 두부 가게 점원으로 일했는데, 두부를 만들려면 저녁에 발효시켜야 하고 다음 날 아침 일찍 팔아야 했다. 가게가 집에서 비교적 먼 데 있었기 때문에 그는 왔다 갔다 하는 시간을 줄이기 위해 자주 저녁에 가게 안에서 잤다.

소백채(시집간 뒤에는 갈필씨라고 불러야 한다)는 활발하고 외향적이었다. 집에만 있으면 심심하고 할 일이 없으므로 자주 양내무에게 놀러 갔다. 양내무는 성격이 쾌활하고 본래 삼가는 것이 없어 한 가족과 같이 서로 사이좋게 지냈다. 소백채는 때로는 양내무의 식구들과 한 식탁에서 밥을 먹기도 했다. 양내무의 영향을 받아 그녀는 경서를 읽는 것에도 관심을 가지게 되었고 그에게 가르침을 청하기도 했다. 양내무 역시 거절하지 않고 글자를 익히고 시를 외울 수 있도록 차근차근 가르쳐 주었다. 촛불을 들고 밤에 글을 읽으며 재미있게 이야기를 나누는 소리가 집 안에 가득했다.

이 당시에는 양내무의 두 번째 아내인 큰 양첨씨가 아직 살아 있었다.

비록 소백채와 양내무의 왕래가 비교적 잦았다 해도 사람들의 주의를 끌 만한 것은 아니었다. 그러나 그해(1872) 9월 8일 큰 양첨씨가 난산으로 사망했고 양내무 한 사람만이 집에 남았다. 소백채는 여전히 전과 마찬가지로 거리낌 없이 양내무와 함께 식사하고 글을 읽었다. 그렇게 시일이 지났다. 갈품련은 때로 비교적 늦게 귀가하기도 했는데, 소백채가 늦은 시각에도 여전히 양내무와 함께 있는 것을 발견하고 자연히 아내와 양내무가 간통한다는 의심을 하게 되었다.

그는 확실히 알아내기 위해 며칠 저녁을 가게에서 뛰어 돌아와 문밖 처마 밑에 숨어서 몰래 엿들었다. 그러나 두 사람이 글을 읽는 소리만 들릴 뿐, 시시덕거리거나 경박한 일은 결코 없었을 뿐 아니라 간통한 정황은 더욱 없었다. 그러나 마음속의 의심은 좀처럼 사라지지 않았다. 급기야 갈품련은 자신의 어머니인 심유씨에게 이런 사정을 한바탕 털어놓았다. 심유씨는 남편 심체인과 다른 곳에서 살고 있었는데, 가끔 아들과 며느리를 보러 양내무의 집을 방문하곤 했었다. 그녀 또한 며느리와 양내무가 한 식탁에서 밥을 먹는 것을 보고 벌써부터 의심이 있었는데, 아들이 이같이 말하는 것을 들으니 의심이 더욱 커졌다.

부녀자들의 입은 아무 말이나 다 하는 데다 심유씨가 또 보태어 말해서 이웃에 크게 과장된 소문이 퍼져 나갔다. 일순간에 이웃들이 소백채와 양내무를 손가락질하며 비난했고 근거 없는 소문이 도처에서 일어났다. 당시 항간에 떠도는 소문은 모두 "양이 배추를 먹다"라는 양내무와 갈필씨의 스캔들뿐이었다.

양내무는 아내인 큰 양첨씨가 죽은 지 2개월 후인 11월 3일, 장모의 동의 아래 큰 양첨씨의 친여동생인 첨채봉詹彩鳳과 결혼했고, 새 아내는 작은 양첨씨라 불리게 되었다. 이때부터 갈품련과 소백채 간의 언쟁이 잦아졌다. 갈품련은 자주 트집을 잡아 아내를 때리고 욕했다. 그러나 다른 집을 얻을 돈이 없었으므로 하는 수 없이 양내무의 집에 계속 거주했다.

다음 해인 동치 12년(1873) 6월, 양내무는 시세가 올랐다는 이유로 방세를 매달 1000문으로 올렸다. 갈품련은 어머니의 충고대로 이 기회에 거처를 옮겨 자꾸 의심이 생기는 상황에서 벗어나고자 했다. 그래서 양내무에게 더 이상 방을 빌리지 않겠다고 말하고, 바로 소백채의 계부인 유경천의 사촌 남동생 왕심배王心培의 옆집을 빌려 이사했다.

왕심배 역시 양내무와 소백채 사이의 소문을 일찌감치 들었기 때문에 갈품련 일가가 이웃집에 이사 온 뒤, 양내무와 소백채 사이가 정말로 전해 들은 대로인지 유심히 관찰했다. 그러나 여러 날을 관찰해 보아도 소백채가 외출하는 것을 결코 보지 못했고 양내무가 와서 소백채와 몰래 만나는 일은 더더욱 없었다. 그러나 갈품련의 의심은 없어지지 않았다. 그는 여전히 의심을 품고 아내가 자신에게 충실하지 않다고 생각해 자주 트집을 잡아 아내를 때리고 욕설을 퍼부었다.

이해 8월 24일, 갈품련은 소백채가 채소를 제때 절이지 않고 시일을 끌었다고 아내를 한차례 호되게 때렸다. 소백채는 더는 참을 수 없어 죽네 사네 하며 소란을 피우고, 자신의 머리카락을 몇 가닥 잘라 버리고는 출가하여 비구니가 되겠다고 응수했다. 오랫동안 시끄럽게 다투던 와중에 양가의 부모가 와서 화해시키고, 집주인 왕심배도 싸움을 말려 풍

파는 겨우 가라앉았다. 그러나 이 일은 이웃들이 보기에는 양내무와 소백채가 함께 식사하고 글을 읽고 심지어는 간통한 것에 대해 갈품련이 채소를 절이는 문제를 구실로 분풀이한 사건이었다.

여기까지 이야기하면 독자들은 아마도 양내무와 소백채 두 사람이 피차 호감을 갖고 있었던 것 외에 도대체 무슨 불륜이라도 저지른 것인지 물을 것이다. 나의 대답은 모르겠다는 것이다. 왜냐하면 법적으로 '증거가 있어야 논할 수 있기' 때문이다. 사건의 기록이나 증인들의 증언은 그들이 자주 같이 있었고 서로 호감을 갖고 있었음을 확실히 보여 주지만, 사건의 심리가 최종적으로 끝날 때까지 재판관들도 그들 간에 정당하지 못하고 남을 해친 일이 있었는지 증명할 수 있는 확실한 증거를 발견하지 못했다. 그러나 전통사회는 남녀는 서로 가까이해서는 안 된다는 봉건적인 예법과 도덕을 따랐다. 그러므로 두 사람이 자주 왕래한 행위는 "굶어 죽는 것은 작은 일이고, 정조를 잃는 것은 큰일"인 윤리 도덕 규범에는 확실히 어긋나는 것이며, 그렇기 때문에 이웃의 비난을 받았다.

앞에서 주인공과 관련이 있는 사람들, 예를 들면 갈품련의 어머니와 계부, 소백채의 어머니와 계부, 양내무의 세 번째 아내 첨채봉, 그리고 이웃인 왕심배 등을 언급했다. 사건이 발생한 뒤 이 사람들이 모두 증인이 되어 여러 차례 법정에 나가 증언했으며, 이른바 '양내무와 소백채' 사건의 관련 사실 역시 이 사람들의 진술에 의해 비로소 온전히 묘사될 수 있었다는 사실에 주목해야 한다.

갈품련, 급병으로 사망하다

동치 12년(1873) 8월(갈품련이 채소 절이는 일을 구실로 소백채를 때렸던 그즈음) 양내무는 항주杭州에 가서 계유과癸酉科 향시鄕試에 응시해 합격하여 절강성에서 104번째로 거인擧人이 되었다. 당시 여항현에서는 유일하게 향시에 급제한 것이었다. 관례에 따르면 향시에 급제한 사람은 반드시 합격자 명단이 게시된 뒤 두세 달 안에 절강성의 수부首府(행정부 소재지)인 항주에 가서 확인 및 신고 수속을 밟아야 한다. 그렇지 않으면 기권한 것으로 처리된다.

당시 양내무의 장인은 이미 병으로 사망했는데, 장사는 지냈지만 탈상은 하지 않은 상태였다. 당시 그의 두 아들은 모두 이미 병으로 죽어 상속자가 없었다. 그래서 첨씨 일족은 족질族姪인 첨선정詹善政을 그에게 양자로 보내 가문을 이어 주기로 했다. 이렇게 해서 10월 3일에 탈상하고, 5일에 첨선정을 양자로 들이는 의식을 거행하기로 했다. 첨씨 집안의 두 딸을 잇달아 아내로 맞은 양내무는 자연히 이 두 의식에 참여해야만 했다. 그래서 10월 2일 양내무는 항주에 가서 향시에 급제한 일을 처리했고, 3일 수속이 끝나자마자 급히 항주에서 직접 남향南鄕의 장모 집으로 향했다.

당시 제사 의식에 함께 간 사람들은 꽤 많았다. 첨요창詹耀昌의 의형제이자 국자감의 학생인 오옥곤吳玉琨, 그리고 심조행沈兆行, 손전관孫殿寬 등이 있었다. 양내무는 3일 오후 제사에 급히 참석했고 그날 저녁 장모 집에 머물렀다. 5일 첨선정이 양자가 되는 의식이 거행되었다. 의식에 참가한 모든 친지와 친구는 모두 양자 의식 문서에 날인하고 증인이 되었다. 모든 수속이 끝나자 양내무는 6일에 집으로 돌아갔다.

양내무가 향시에 급제하여 수속을 밟고 가족 일을 처리하느라 바빴던 당시에, 갈품련은 병이 들었다. 10월 7일, 갈품련은 갑자기 몸이 이상하다고 느꼈다. 피곤하고 온몸에 힘이 없었다. 갑자기 추웠다가 갑자기 덥고, 학질에 걸린 듯 두 다리가 납덩이처럼 무거워 길을 걷기도 힘들었다. 소백채는 남편이 원래 상초열上焦熱 증세가 있음을 알고 있어서 남편에게 다른 사람에게 일을 맡기고 집에 와서 쉬라고 권했다. 갈품련은 큰 지장은 없을 것이라 여기고 고집을 부리며 병든 몸으로 겨우겨우 일을 했다. 이렇게 이틀을 억지로 버텼지만, 병세는 날로 악화되었다.

9일 이른 아침, 갈품련은 더 이상 견디지 못해 하는 수 없이 휴가를 내고 귀가했다. 집으로 돌아오는 도중에 갈품련은 여러 차례 구토했다. 그의 세부 심제인은 길가 가게 안에서 아침 식사를 하다가 갈품련이 온몸을 덜덜 떨면서 걷는 것도 힘들어하는 것을 보고 그의 상초열이 재발했다고 생각했다. 그래서 그를 불러 세우지 않고 집에 가서 일찍 쉬게 했다. 갈품련은 간식을 파는 가게를 지나칠 때 경단을 사서 아침으로 먹기까지 했다. 그러나 몇 입 먹고 집에 도착하기도 전에 토했다. 가까스로 집 문 앞에 이르렀는데, 집주인의 아내가 그가 두 손으로 어깨를 감싸 안고 후들후들 떨고 있는 것을 보고 몇 마디 묻더니, 큰 소리로 소백채를 불러 남편을 부축해 올라가 쉬게 하라고 했다.

소백채는 남편을 부축하여 위층으로 데려가서는 옷을 벗겨 눕게 하고 이불을 두 겹 덮어 주었다. 남편이 여전히 구토하고 오한이 있다고 하는 것을 보고, 그에게 아픈 증세를 물으니 갈품련은 며칠 동안 기력이 없고

기가 허한 것이 아마도 상초열이 재발한 것 같다고 대답했다. 그러고는 아내에게 돈 1000문으로 장인인 유경천에게 부탁해 삼參과 용안龍眼 열매를 사서 탕으로 달여 원기를 보충할 수 있게 해달라고 부탁했다. 유경천은 사람을 보내 삼과 용안 열매를 사서 보내왔고, 소백채는 탕으로 달여 남편에게 마시게 했다. 나중에는 또 자신의 어머니 유왕씨를 불러 간호를 돕게 했다. 유왕씨는 사위가 여전히 침대에 누운 채로 덜덜 떨다가 구토하려 하는 등 호전되지는 않았지만 악화되지 않은 것을 보고 조언한 후 바로 돌아갔다.

저녁 무렵 소백채는 갈품련의 목구멍에서 가래 끓는 소리가 나는 것을 듣고 급히 남편 곁으로 가서 살펴보았다. 남편은 입에 거품을 물고 이미 말을 할 수 없는 상태였다. 그녀는 몹시 두려워 소리를 질렀다. 먼저 집주인인 왕심배 부부가 소리를 듣고 달려왔고, 뒤이어 양가의 어머니들 심유씨와 유왕씨가 불려 왔다. 그녀의 시어머니와 친정어머니는 갈품련이 두 손으로 가슴을 꽉 쥐고 시선은 앞을 바라보고 있는 것을 보고 급히 의사를 불렀다. 의사는 병이 급성이지만 고칠 수 없는 큰 병은 아니니 한약을 먹으면 나을 것이라고 진단했다.

중국의 전통 의학 이론에 의하면 이러한 병의 치료 방법은 환자의 피부를 문질러 몸 안의 염증을 없애는 것이다. 그런 뒤에는 피부에 그에 따른 색깔 반응이 나타날 수 있다. 발작성 복통이 사라지면 병도 낫는다. 그들은 의사의 지도 아래 민간요법으로 만년청 즙과 무씨로 탕을 끓여 갈품련에게 먹였다. 그러나 여전히 효과가 없었다. 왕심배는 나중에 성 밖까지 나가서 소백채의 계부인 유경천을 불러 오고, 다른 의사도 모셔와 진료하게 했지만 역시 아무런 효과가 없었다. 그리고 갈품련은 다음 날(10월 10일) 오후 신시ᅟ申時(오후 3~5시)에 사망했다.

갈씨 집안사람들이 슬퍼하고 통곡하는 소리가 하늘을 뒤흔들었다. 집안사람들은 한참 울고 나서 부고를 내고 장례를 치를 일을 상의했다. 심유씨는 아들의 몸을 닦고 깨끗한 옷으로 갈아입혔다. 그리고 이틀간 영구를 안치한 후 입관하고 매장할 준비를 했다. 당시 사체에는 아무런 이상이 없었다. 현장에 있던 사람들은 모두 갈품련이 급성 질환에 걸려 죽었다고 생각했고, 당초 아무런 의심도 하지 않았다.

갈품련이 사망한 시기는 10월로 늦가을 날씨였지만, 남쪽 지역의 날씨는 후텁지근하고 눅눅했으며, 집 안은 환기가 제대로 되지 않았다. 게다가 그의 몸이 비대하여 다음 날인 11일 저녁에는 사체에 변화가 생기기 시작했다. 입과 콧속에서 소량의 붉은 피가 흘러나왔다. 갈품련의 수양어미가 이를 보고 시체가 이상하다고 여기고 갈품련이 "죽은 것이 수상쩍다"고 말했다. 심유씨는 평소에 며느리의 행동거지가 경박한 것에 불만을 품고 있었는데, 누군가가 의문을 제기하자 자신도 모르게 의심이 생겼다.

그녀는 아들의 시체를 자세히 들여다보았다. 시체의 얼굴이 파랗게 변했고, 입과 코에서는 피가 흐르고 험상궂은 표정이었다. 아들이 죽기 전에 두 손을 꽉 쥐고 입에 거품을 물고 있었던 것이 생각나자 의혹이 잇따라 생겼다. 아들이 아마도 독살되었다는 생각이 들어 그 자리에서 며느리 소백채에게 꼬치꼬치 따져 물었다. 소백채는 남편은 병으로 죽은 것이지 절대 다른 이유로 죽은 것이 아니라고 딱 잘라 말했다. 심유씨는 단서를 잡지 못했지만 의혹도 풀기 어려워 집안사람들과 상의하여 관청에 고발하기로 했다.

 그녀는 "자신의 집에 멀쩡하던 사람이 급병에 걸려 죽었는데 그 경위를 알지 못하니 바라건대 관청에서 아들이 독살된 것인지 아닌지 현장 검증을 해주기 바란다. 만일 독살이 아니라면 입관하여 매장하고, 독살이라면 살인범을 밝혀서 아들의 억울함을 씻어 주고 복수할 수 있게 해달라"고 했다. 즉시 지보地保(지금의 주민위원회 주임) 왕림王林을 불러와 그에게 먼저 시신을 살펴보게 했다. 왕림도 독살된 것 같다고 여기고 관청에 고발하는 것에 동의했다. 그들은 그날 저녁 사람을 불러 소송장을 작성했다. 다음 날 아침 심유씨는 왕림과 함께 여항현의 관아로 가서 시체를 검안해 달라는 소송장을 제출했다.

 청대의 법률 규정에 따르면, 만일 지방에 살인 사건이 발생하면 현령이 반드시 직접 현장에 가서 사건의 경위를 조사해야 한다. 사건 발생지와 가장 가까운 곳의 현령은 그 지역 백성에게는 부모와 같은 관리이다. 그에게는 가장 긴요한 때 관심을 갖고 보살펴야 할 의무와 책임이 있다. 현령이 실지 조사를 하러 갈 때는 종종 검시관 한 명과 동행하는데, 검시관은 옛날의 법의학자이다. 검시관은 전적으로 현장을 조사하고 시신의 상처나 병세를 조사하는 책임을 맡았다. 검시관 외에 형서刑書, 즉 현장 조사 결과를 기록하는 서기 한 명을 더 데려가야 한다. 물론 관아의 하인 두세 명이 더 수행하는데, 이것은 질서를 유지하고 현장에서 심문하거나 살인범을 붙잡기 위해서라도 꼭 필요하기 때문이다.

 현령을 수행하는 일행은 이렇게 네다섯 사람이다. 더 데려갈 수도 없다. 왜냐하면 당시 법률에서는 이 공무원들이 먹을 음식은 모두 각자 준비하도록 명확하게 규정해 놓았기 때문이다. 이것은 그들이 마을에 가서 향응이나 뇌물 등을 요구하여 마을 사람들에게 폐를 끼치는 것을 막기 위해서였다.

|2| 첫 단추를 잘못 끼우다

심유씨가 관가에 신고한 후 여항의 지현知縣 유석동劉錫彤은 검시관 심상沈祥, 시종인 문지기 심채천沈彩泉, 그리고 하인들과 현장에 가서 갈품련의 사인을 조사했다. 현장에서 검사할 때 유석동은 검시관 심상에게 은침으로 목구멍을 찔러보게 했다. 그런데 그만 쥐엄나무 열매즙으로 은침을 깨끗이 닦는 것을 잊었다. 사체의 증상이 비상에 중독되었을 때와 맞지 않아서 심상은 독으로 사망한 것인지 확인할 수 없었다. 그래서 지현에게 사망자는 '독을 복용하고 사망한 듯하다'고 모호하게 보고했다. 지현인 유석동은 즉시 소백채를 현의 관아로 데려와 심문했다. 오후부터 한밤중까지 심문이 이어지자 소백채는 결국 고문을 견디다 못해 자신과 양내무와의 간통을 인정했다.

제1심 허위 자백

당시 여항의 지현을 맡았던 유석동은 천진天津 염산鹽山 사람으로 도광道光 정유과丁酉科 순천順天 향시에 급제한 거인이다. 당시 나이가 이미 70

세에 가까웠던 그는 10월 12일 아침 고소장을 받고 줄곧 평화롭고 평온한 여항현에 살인 사건이 발생하자, 즉시 검시관 심상과 문지기 심채천 및 하인들을 불러서 갈씨 집으로 가서 현장 검증을 하고 사건의 경위를 조사하려고 준비했다.

그들이 짐을 다 꾸리고 출발하려 할 때, 여항의 생원 진죽산陳竹山이 유석동을 진찰하러 현의 관아를 방문했다. 유석동은 연로하여 병이 많았으므로 진죽산에게 정기적으로 진찰을 받았는데, 두 사람은 매우 친해 자주 왕래했기 때문에 당시 이미 서로 못할 말이 없는 사이였다. 진죽산이 병세를 살펴보고 맥을 짚고 나자, 유석동은 그에게 마침 현장 검증할 살인 사건에 대해, 즉 갈품련이 정말로 독으로 사망했는지 밝히려 한다는 이야기를 시작했다.

진죽산은 그가 길거리에서 들었던 양내무와 갈필씨의 연애 소문(양이 배추를 먹는다)을 유석동에게 들려줬다. 그리고 그 후 갈품련이 의심스러운 상황에서 벗어나려고 이사한 것과 그들 부부가 불화하여 싸울 때 소백채가 울면서 머리를 자르고 비구니가 되겠다고 한 것, 갈품련의 급사를 이웃들은 모두 양내무와 소백채가 공모하여 독살했다고 생각한다는 것 등을 모두 말했다. 진죽산과 유석동은 거의 정오까지 이야기하다가 비로소 헤어졌다.

진죽산이 떠난 뒤 유석동 일행은 현장 검증을 하러 떠나 정오 무렵에 갈씨 집에 도착했다. 이때 갈품련의 시체는 더 심하게 부패되어 있었다. 배는 팽창했고 상반신은 파랗게 변했으며 복부에는 수포가 있어 누르면 바로 터졌다. 검시관인 심상이 사체를 검사했다. 시신은 얼굴을 위로 향하고 있었고 담청색으로 아직 경직되지 않았으며, 입과 코에서 묽은 피가 흘러나와 눈과 귀로 흘러 들어갔다. 복부에는 큰 물집이 10여 개 있었고 은침으로 목구멍을 찔렀을 때 검푸른 빛을 띠었는데, 닦아도 지워지지 않았다.

그러나 보고할 때, 예전의 경험에 근거하여 판단하기가 어려웠다. 이 증상은 송자宋慈의 『세원록洗冤錄』에 기재된 비상을 먹고 죽은 특징, 즉 "잇몸이 검푸르고 눈, 귀, 코, 입을 합한 일곱 개의 구멍에서 피가 흐르며 입술은 갈라지고 온몸에 작은 물집이 있는" 상황과는 달랐다. 그러나 "은침으로 목구멍을 찔렀을 때 은침이 어둡게 변하며 닦아도 지워지지 않는" 특징과는 일치했다.

『세원록』은 송나라 이종理宗 연간, 즉 1247년경에 쓰여진 기이한 사건을 기록한 책이다. 내용은 모두 당시 검시관이 검증된 사실을 적은 기록으로 고대 중국의 최고 법의학자인, 송대 형옥을 담당한 관리提刑官 송자의 저술이다. 송자는 일생 동안 귀신같이 사건을 판결했는데, 특히 검시에 뛰어나서 시체에서 의문스러운 사건의 실마리를 찾아낼 수 있었다. 저서인『세원록』은 이후 후대의 검시관이 사건을 판결할 때 근거와 기준이 되었고, 의심할 수 없는 신뢰도와 정확성을 갖춘 책으로 여겨졌다.

심상은 자신이 검시했던, 사체의 특징이 갈품련과 비슷했던 다른 사망자를 떠올렸다. 그 사망자는 아편을 복용하고 사망한 사람이었다. 심상은 거듭 생각한 끝에 아마도 아편 중독으로 사망한 것 같다고 말했다. 그런데 문지기 심채천은 현의 관아에서 진죽산이 말하는 것을 듣고 선입견에 사로잡혀 있었다. 그는 아편의 독은 자신이 삼키는 것으로 타인에 의해 독살당하는 것과는 다르니, 갈품련은 틀림없이 비상으로 독살당한 것이라고 주장했다. 심상은 지려 하지 않고 심채천과 논쟁하기 시작했다. 중독 테스트에 쓰인 은침은 원래 쥐엄나무 열매즙으로 여러 번 깨끗이 닦아야 하는데, 심상은 논쟁을 벌이느라 그 절차를 깨끗이 잊어버렸다. 두 사람은 언쟁했으나 둘 다 상대의 의견을 인정하려 하지 않아서, 하는 수 없이 유석동에게 모호한 표현으로 사망자는 "독을 복용하고 사망한 것"이라고 보고했다.

유석동은 '독을 복용했다'는 말을 듣자마자 진죽산의 말이 떠올랐고, 갈품련이 틀림없이 독살당했다고 생각했다. 즉시 고소한 심유씨에게 갈품련이 사망하기 전 무엇을 먹고 누가 만들어서 먹였는지 죽기 전의 상황을 진술하게 했다. 심유씨는 대략적인 상황을 하소연하듯이 말하며, 아들이 사망할 때는 곁에 며느리만이 시중들고 있었다고 특별히 덧붙였다. 유석동은 바로 소백채를 불러 그녀에게 사실대로 말하라고 추궁했다. 소백채는 삼參을 넣은 용안탕을 마시게 했다고 말하고, 자신이 남편을 독살했다는 것을 한사코 부인했다. 유석동은 갈씨 집에서 단서를 잡지 못할 것이라 보고 관아의 하인들에게 소백채를 현의 관아로 데려가 엄히 문초하게 했다.

유석동이 소백채를 현의 관아로 데려갈 때는 이미 계획한 것이 있었다. 그는 사건을 금방 해결하고 살인범을 찾아낼 수 있을 것이라고 생각했다. 점심을 먹고 조금 쉰 다음에 바로 심문이 시작됐다. 유석동은 선입견 때문에 먼저 소백채에게 갈품련이 왜 독으로 사망했는지 묻고, 남편을 독살한 실제 상황을 말하라고 위협했다. 소백채는 계속 억울하다며 자신은 아무것도 모른다고 호소했다. 오후 내내 심문했으나 전혀 진전이 없었다. 유석동은 단서를 잡을 수 없다고 보고, 직접 주제主題에 다가가 소백채의 심리적인 방어선을 깨려고 했다. 그는 소백채에게 양내무를 아는지, 그와 어떤 관계인지 캐물었다. 소백채는 양내무를 알고 있으며, 그녀와 남편이 본래 양내무의 집에 세 들어 살았으나 사건이 발생하기 전에 방세가 지나치게 비싸 다른 곳을 빌려 이사했고 이후 서로 왕래하지 않았다고 대답했다. 동시에 남편의 사인에 대해서는 전혀 모르고 남편은 급병으로 갑자기 사망한 것이라고 밝혔다.

유석동은 평소에 음란한 사내나 계집을 극도로 미워했는데, 소백채가 자신의 말을 계속 고집하는 것을 보니 더더욱 궤변으로 발뺌한다고 느꼈고 항간에 떠도는 말을 더욱 믿게 되었다. 그는 참으려 해도 참을 수가 없어 고문하라고 명령했다. 청대의 법률 규정에 따르면 죄수를 심문할 때 형구刑具로 고문할 수 있는데, 이를 형신刑訊이라 불렀다. "고문하여 자백을 강요한다刑訊逼供"는 말은 바로 당시 나온 것이다. 오늘날의 법률과는 달리 과거에는 형신이 줄곧 정당한 것으로 여겨졌다(물론 남용해서는 안 됐다).

처음에는 먼저 '찰형拶刑'을 사용했다. 청대에는 여성 죄수를 고문할 때 쓰는 찰지拶指라 불리는 비교적 무거운 형벌이 있었다. 찰자拶子라는 손가락 사이에 끼우는 형틀이 있는데, 다섯 개의 나무 막대나 대쪽에 구멍을 내 두 줄의 가죽 끈을 끼우고 죄수의 두 손에서 각각 네 개의 손가락을 이 다섯 개의 막대 사이에 끼운다. 그리고 관아의 하인이 양쪽에서 가죽 끈을 세게 잡아당기면 다섯 개의 나무 막대가 조이며 손가락을 옥죄고 죄수는 엄청난 고통을 느끼게 된다. "찰자는 본래 다섯 개의 나무 막대로, 솜씨 좋은 숙련공이 만든 것이다. 비록 사람을 베는 칼은 아니지만 열 손가락에 끼워 옥죄면 마음까지도 고통스러워 견디기 어렵다"라는 희곡의 대사도 있다. 당시 유석동은 소백채의 손가락에 형틀을 끼워 옥죄는 중형을 적용했고, 소백채는 아파서 진땀을 흘리면서도 이를 악물고 완강히 부인하여 심문은 아무런 성과를 거두지 못했다.

뒤이어 유석동은 하인들에게 소백채의 웃옷을 벗기고 펄펄 끓는 물을 등에 끼얹게 했으나 여전히 효과가 없었다. 그러고는 빨갛게 불에 달군 철사로 소백채의 유두를 찌르게 했다. 이 두 가지 가혹한 형벌은 법으로 정한 형벌의 한도를 훨씬 뛰어넘는 것이었다. 소백채는 고통으로 허파가 찢어지는 듯했고 몇 차례 기절했다. 유석동은 오후부터 한밤중까지 거의 열 시간에 가깝게 심문했다. 결국 소백채는 가혹한 형벌을 견디지 못하고, 양내무와 오래 함께 지내다보니 간통하게 되었으며 남편 갈품련을 꾀를 써서 해쳤다는 '사실'을 인정했다.

소백채의 자백 내용은 다음과 같다. 양내무는 그의 두 번째 부인인 큰 양첨씨가 난산으로 사망한 후 여러 번 자신을 집적거렸다. 동치 11년(1872) 9월 28일 저녁, 남편이 가게에 갔을 때 양내무가 다시 와서 희롱했다. 자신은 평소에 양내무가 멋있는 데다 학문이 깊고 품위 있어 그를 마음에 두고 있다가 감정을 억제하지 못하고 그의 요구에 동의했다. 이후 두 사람은 기회만 되면 정당하지 못한 일을 수없이 저질렀다. 다음 해 양씨 집에서 나와 이사한 후에도 두 사람은 여전히 왕래했고 남편에게 발각되었다. 8월 24일, 남편이 채소를 절이는 일이 늦어졌다고 화를 내며 자신을 구타했기 때문에 스스로 머리카락을 자르고 울고불고했다. 양내무는 기회를 봐서 찾아와 위로하며 아내로 삼겠다고 말했으나 자신은 이미 남편이 있는 몸이라 거절했다. 양내무는 자신에게 남편을 독살하라고 권하고, 시집오면 아내와 지위가 같도록 아내와 첩이라는 신분의 위아래를 나누지 않겠다고 해서 자신도 허락했다. 10월 5일 저녁, 양내무가 비상 가루 한 봉지를 건넸고 자신에게 기회를 봐서 손을 쓰라고 당부했다. 10월 9일 오전, 남편이 병으로 집에 돌아와서 자신에게 삼과 용안의 열매를 사서 탕을 달이라고 하자 비상을 탕 속에 섞어 남편을 독살했다.

소백채가 자백을 마치자 이미 한밤중이었다. 유석동은 자백서를 보고 크게 기뻐하며 한시도 지체하지 않고 즉시 하인 완덕阮德 등에게 거인 양내무를 잡아오라고 명령했다. 양내무는 불청객을 보고 냉담한 반응을 보이며 시간이 너무 늦었으니 일이 있거든 내일 다시 오라고 말했다. 완덕 등이 어찌 포기하려 했겠는가? 그들은 반박할 여지도 주지 않고 다짜고짜로 양내무를 강제로 체포하여 현의 관아로 데려갔다. 그가 관아에 도착하자 유석동은 소백채의 자백서를 보여 주고 그에게 갈품련을 독살한 과정을 상세하게 진술하라고 했다. 양내무는 한밤중에 까닭 없이 현의 관아까지 끌려왔으니 무척 화가 나 있었다. 그는 소백채와 간통하고 살인을 계획한 일을 딱 잘라 부인했을 뿐 아니라, 민가에 갑자기 침입하여 법률을 어기고 선비를 구금한 것은 무고한 사람을 죄인으로 몬 것이라고 말해 유석동을 분기탱천하게 했다. 그러나 양내무는 그해 과거에 합격한 거인으로 황제가 직접 뽑은 문인이어서 상당한 사회적 지위를 가지고 있었다. 청나라 규정에 의하면 과거 시험에서 명예와 지위를 갖게 된 사람에게는 형벌을 가할 수 없었다. 유석동은 잠시 속수무책으로 어찌할 바를 몰랐다. 그는 자백을 받을 수 없게 되자 잠시 퇴정을 선포하고 양내무를 감옥에 가두었다.

양내무는 간통과 독살에 대해 전혀 인정하지 않았는데, 청나라 법률에서 소송에 관한 규정은 자백을 매우 중시하기 때문에(즉 범인 스스로 죄를 인정하지 않으면 선고를 내릴 수 없다), 양내무의 자백이 없으면 유석동도 사건을 최종적으로 확정할 수 없었다. 그러므로 유석동은 양내무를 고문하여 심문할 계획이었다. 그러나 『대청율례大淸律例』에 의하면 양내무처럼 거인 신분을 가진 사람에게는 일반 백성에게처럼 함부로 형벌을 가할 수 없었다. 물론 책임이 중대하여 반드시 고문해야 할 경우 총독이나 순무 등 일급 관리가 상부인 이부吏部에 보고하고, 이부에서 죄인의 거인 신분 박탈을 비준할 것인지 건의안을 써서 올리면, 최종적으로 황제가 이를 심사 비준했다.

다음 날 아침, 유석동은 그의 직속상관인 항주杭州 지부知府 진로陳魯에게 편지를 보내 거인 양내무가 간통과 독살에 연루되었으니 심문하기 편하도록 그의 거인 신분을 박탈해 줄 것을 요구했다. 이러한 경우 청나라 제도에 의하면 순무는 조정에 개인 상주문이 아닌 공용 상주문, 즉 제본題本 형식으로 보고해야 한다. 항주 지부 진로는 일이 중대하다고 보고 즉시 절강 순무 양창준楊昌浚에게 보고했다. 양창준은 당시 동치황제에게 양내무의 신분을 박탈해 달라는 상주문을 올렸다. 동치황제는 최종적으로 이 일을 비준했다. 황제는 비준서에서 다음과 같이 밝혔다.
"양내무가 살인 사건에 연루된 이상 먼저 그의 거인 신분을 박탈하고 심문할 것을 허락한다. 반드시 명확하게 심리를 끝내고 판결을 내려야 한다."

조정의 회신 문서가 아직 도착하기도 전에, 양내무의 가족들은 여러 경로를 통해 소식을 알아보고 양내무가 소백채에 의해 사건에 연루되었고, 소백채의 자백서에 10월 5일 양내무가 직접 그녀에게 비상을 건넸다는 내용이 있음을 알게 되었다. 가족들은 양내무의 장모 집으로 사람을 보내, 10월 5일 그곳에 있던 본가의 친지와 친구들에게 양내무가 5일 남향에서 장인의 탈상을 위해 양자를 들이는 의식을 거행했고, 6일에야 비로소 여항현 성내로 돌아온 것을 증언하여 소백채가 진술한 5일 비상을 건네받았다는 말이 거짓임을 증명해 달라고 요청했다. 장모 집안 식구들의 노력으로 그날 탈상 의식에 참여한 사람들(국자감 학생 오옥곤, 양자가 된 첨선정, 양내무의 사촌형 양공치楊恭治, 손조행孫兆行, 풍전귀馮殿貴 등)이 여항현의 지현에게 공동 명의의 탄원서를 제출하여, 양내무가 5일 남향에서 친지를 방문하고 있었으니 소백채에게 직접 비상을 건넬 수 없었다는 것을 공동으로 증명했다.

유석동은 공동 명의의 탄원서를 보고 양내무와 소백채를 대질시켜 심문했다. 소백채는 고문이 두려워 원래의 진술이 사실이라고 단언했다. 양내무는 인정하지 않았고 소백채가 입에서 나오는 대로 함부로 말한다고 화를 내며 욕했다. 유석동은 이것을 보고 양내무의 가족들이 공동으로 거짓 증언을 해서 양내무의 죄를 벗겨주려 한다고 여기고 탄원서를 더 이상 거들떠보지 않았다.

조정에서 양내무의 거인 신분을 박탈한다는 회답이 아직 도착하지 않아서 고문할 수 없었기 때문에 양내무의 자백은 얻을 수 없었다. 하지만 소백채는 이미 사건의 실제 상황을 분명히 자백했으므로 청대 법률에 따르면 사건의 제1심이 끝났다고 인정할 수 있었다. 10월 20일 유석동은 양내무, 소백채 및 관련 문서를 항주부로 넘겼다.

여기서 청대의 심급제도를 간단히 소개할 필요가 있다. 살인 사건과 관련된 안건은 먼저 현급縣級 지방관리가 접수하여 심리하지만 최종적으로 판결을 내리고 처벌할 권한은 없다. 그의 임무는 주로 현장 가까운 곳에서 현장 검증을 하고 고문과 조사를 통해 사건에 연루된 사람들의 구두 자백과 현장 물증을 확보하여 대략의 결론을 내린 후 이를 상급 지부知府 관아로 넘기는 것이다. 그러면 지부 관아에서 판결하고 형벌을 정한다. 만일 범인이 사형을 판결받거나 또는 현지나 수도에서 상소한다면, 부府에서 성省으로 보고하고 성에서는 황제에게 보고하여 황제가 최종적으로 사건을 판결한다. 이것은 현재 사형의 심사 비준권이 최고인 민법원에 귀속되는 제도와 비슷하다.

이때는 심유씨가 사건을 신고한 지 겨우 9일이 지난 시점이니 유석동 지현의 사건 처리는 신속했다고 할 수 있다. 더욱이 기한, 절차 모두 청나라 법률에 부합되었다. 그러나 (1) 유석동은 양내무의 친지와 친구 오옥곤 등이 제출한 공동 명의의 탄원서를 허위 증거로 간주하여 마음대로 상부에 보고하지 않고 다른 서류들만 항주 지부로 넘겼다. (2) 제1심 보고서에다가 독이 있는지 테스트했던 은침을 쥐엄나무 열매즙으로 깨끗이 닦았고, 그 결과 "검푸르게 변해 지워지지 않았으며" 이는 『세원록』에 기재된 비상을 복용하여 중독되었을 때의 상황과 일치한다고 적는 등 허위로 보고했다. 상사가 자신을 유능하다고 여기고, 또 사건을 기각하지 않도록 하기 위함이었다.

유석동의 이 같은 행위는 절대 가벼이 볼 수 없는 행위이다. 이 두 가지 증거야말로 이 사건이 확실하지 않으며 판결도 실제에 맞지 않았다는 것을 증명하기 때문이다. 왜 유석동은 사건의 내막을 알면서도 이 두 가지 증거를 숨기려 했던 것일까?

현재의 사법 절차에 의하면, 세계를 떠들썩하게 했던 미국의 미식축구 스타 O. J. 심슨의 아내 살인 사건과 같이 증거가 바뀜으로써 사건 전체가 뒤집어지는 경우가 종종 있다. 당시 심슨은 백인인 아내를 살해했다는 혐의를 받고 있었다. 경찰은 법정에서, 심슨이 아내를 살해할 때 현장에서 나온 피 묻은 장갑을 손에 끼고 있었다고 밝혔다. 그러나 전 세계 관중이 지켜보는 가운데 현장에서 나온 피 묻은 장갑은 심슨의 커다란 손에는 끼우려 해도 끼워지지 않았다. 이때 변호사는 증거를 제공한 경찰이 이전에 좋지 않은 기록을 가진 사람이라고 지적했다. 이 같은 사실은 경찰이 거짓말을 하고 있으며, 이들이 앞서 제공한 모든 증거가 위조되었음을 의미하는 것이었다. 이 백인 경찰들은 고의로 심슨을 괴롭히고 싶었던 것이다. 백인이 흑인을 괴롭히다…… 심슨은 이 형사소송에서 결국 무죄 판결을 받았다.

유석동은 일개 백성을 괴롭히고, 심지어는 증거를 은폐하고 위조하기까지 했다. 하지만 이는 결코 일부 문학작품에서 언급한, 유석동의 아들이 소백채의 미모를 탐하여 갈품련을 살해하고 유씨 부자가 공모하여 그 죄를 양내무에게 뒤집어씌웠기 때문은 아니다. 왜냐하면 역사자료에 의하면 유석동에게는 그런 아들이 없었기 때문이다. 이러한 결과는 봉건 사법체제에 내재한 "관에서 판결한 것은 뒤집지 않는다"는 사상이 영향을 미친 때문인 것 같다. 즉 관가에서 이미 내린 판결은 착오가 있더라도 모든 방법을 다 써서라도 지키고 감춰서 관리 자신의 정치적 업적과 출세, 치부致富에 영향을 미치지 않도록 해야 한다는 것이다. 이 문제에 대해서는 뒤에서 상세히 다룰 것이다.

유석동이 사건을 항주 지부 진로에게 넘김에 따라 이 사건은 제1심이 끝나고 제2심 절차를 정식으로 밟게 되었다.

제2심 위증과 허위 보고

사건이 항주부로 넘어가자 지부 진로는 보고받은 문서들을 훑어보았다. 그는 양내무가 아직 자백하지 않아 죄를 판결할 수 없자 죄수를 여항현에서 항주부로 압송하도록 명령하고 제2심을 진행하려 했다. 유석동은 판결이 뒤집어질까 두려워 급하게 문서와 죄수를 항주부로 이송하면서 진로에게 맹세하며 말했다. "여항현의 심리는 모두 정확하며 전혀 오류가 없습니다."

양내무의 거인 신분을 박탈한다는 황제의 결재가 내려졌다. 항주 지부 진로는 사건을 다시 심리하면서 더 자세히 조사하지 않고, 양내무가 죄를 인정하지 않자 호통을 치며 중형을 집행하는 형구들인 궤정판跪釘板, 궤화전跪火磚, 상협곤上夾棍 등을 가져와 자백을 강요했다. 군인 출신인 진로는 평소에 오만하고 예의 없는 거인들을 깔보았다.

양내무는 학자였다. 고문을 이겨내지 못하고 거짓을 인정하는 수밖에 없었으니, 소백채가 허위 자백한 대로 비상을 소백채에게 건네 주고 갈품련을 독살하라고 했다고 자백했다. 진로는 비상을 어디서 구했는지 추궁했고, 양내무는 10월 3일 항주에서 고향으로 돌아오는 도중 여항현 창전진의 '전기애인당錢記愛仁堂'이라는 약방에서 쥐를 잡는 데 쓴다고 붉은 비상 40문 어치를 샀다고 지어내었다. 양내무는 이 약방의 주인은 전보생錢寶生이라고까지 얘기했다. 지부 진로는 진상이 밝혀졌다고 생각했다. 만일 이것이 사실이라면 양내무가 살인을 계획했다는 중요한 증거를 확보한 것이라고 생각했다.

양내무가 자백한 약방에서 비상을 구입했다는 진술을 증명하기 위해, 힝주 지부 진로는 유석동에게 애인당 약방 측의 증언을 확보하라는 특별 명령을 내렸다. 유석동은 소홀히 할 수 없었다. 전보생의 증언을 확보하기 위해, 특별히 막료인 창전진 사람 장준章浚으로 하여금 같은 고향 사람 신분으로 전보생에게 편지를 보내 그를 현의 관아로 소환하도록 했다. 전보생은 소환에 응하여 관아로 와서 자신이 '전기애인당' 약방의 주인인데, 전보생이 아니라 전탄錢坦이라 하면서 양내무에게 비상을 판매한 적이 없다고 공개적으로 밝혔다. 이때 유석동은 사안을 종결하고 싶은 마음이 급했고 이 일이 자신에게 미칠 이해득실부터 따졌다. '만일 이 증거가 믿을 만하지 못하다면 여항현에서 판결한 제1심은 문제가 생기며 사건은 다시 원점으로 되돌아간다. 만일 그렇게 된다면 벼슬길은 아마도 순탄치 못할 것이다. 그러나 전탄에게 그가 양내무에게 비

상을 팔았다는 것을 증명하게 한다면 양내무는 입이 백 개라도 해명할 방법이 없을 것이다.'

그래서 유석동은 여러 차례 위협도 하고 유혹도 했다. 유석동은 전탄에게 사사로이 비상을 판매한 것에 대해 형사책임을 묻지 않을 것이며 서면으로 보증하겠다고 공언했다. 그러나 전탄의 입장에서는 본래 없던 일을 있다고 말하라는 것이므로 사실에 맞지 않는 증언은 할 수 없다고 거절했다.

당시 전탄에게는 어머니가 다른 전개錢塏라 하는 이복동생이 있었는데, 형이 지현에게 불리어 갔다는 말을 듣고 형이 고소당해 처벌받는 줄 알고 누군가에게 부탁하여 해결하려 했다. 그는 진죽산과 알고 지냈는데, 진죽산이 지현 유석동과 관계가 각별하다는 것도 알고 있어 그를 찾아가 잘 말해 달라고 부탁했다. 부탁을 받은 진죽산이 현의 관아로 왔을 때, 마침 유석동이 관아의 내실에서 전탄에게 무언가 묻고 있었다. 진죽산은 바깥방에서 심채천에게 양내무의 자백서를 보여달라고 했다. 잠시 후 전탄이 내실에서 나왔다. 진죽산은 전탄을 불러 세워 그가 증언한 것을 물어보았다. 전탄은 사실대로 말했다.

진죽산은 거리의 소문을 믿었을 뿐 아니라 양내무의 자백서는 더욱 믿었다. 게다가 전탄이 증인이 되는 것을 두려워하고 있고, 비상을 판매한 것을 인정한 후에 책임을 추궁당할까봐 두려워하고 있다고 넘겨짚었다. 그래서 진죽산은 전탄에게 설령 비상을 판매한 것이 죄가 되어도 기껏해야 칼을 쓰거나 곤장을 맞는 정도이니 양내무가 이미 그렇게 진술한 이상 양내무가 한 진술대로 증언하는 것이 낫다고 말했다. 양내무도 이미 자백했는데, 그렇게 증언하지 않으면 죄인을 비호한다는 의심을 받을 수 있다고 했다.

진죽산은 한편으로 전탄을 유혹하며 말했다. "당신이 그렇게만 증언한다면 아무 일 없을 것이오." 다른 한편으로는 그를 위협하며 말했다. "당신이 만일 비상을 판매했다고 인정한다면 기껏해야 곤장을 맞지만, 만일 당신이 한사코 인정하지 않는데 양내무가 당신네 약방에서 비상을 샀다고 딱 잘라 말하면, 도리어 당신이 죄인을 비호하고 살인을 공모한 혐의를 받을 수 있소. 그렇게 된다면 죄가 어찌 더욱 커지지 않겠소." 전탄은 마음이 움직여 그렇게 증언했다.

이렇게 해서 유석동은 전탄의 손에서 핵심이 되는 허위 증언, 즉 양내무가 '집의 쥐를 퇴치한다'는 이유로 그의 애인당 약방에서 비상을 사갔다는 증언을 얻게 되었다. 유석동 지현은 큰 성과를 거두었다고 생각하고 진단이 진술을 후회할까 두려워 친필로 '이 사건은 전탄과 관련이 없다'는 보증서를 써 주었고, 양내무와 전탄을 대질시키지 않은 채 지부에 보고했다.

물론 유도신문하여 위증하게 한 것이 유석동이 저지른 유일한 잘못은 결코 아니다. 실제로 그는 이 사건을 진로에게 보고할 때 이미 한 가지 잘못을 저질렀다. 앞에서 이미 제1심에서 소백채가 진술한, 10월 5일 양내무가 갈씨 집에서 그녀에게 직접 비상을 건넸다고 한 것은 사실과 맞지 않는 것임을 밝혔다. 왜냐하면 10월 5일 양내무는 결코 여항에 없었기 때문이다. 양내무의 가족들이 공동 명의로 제출한 탄원서는 소백채가 양내무를 모함하고 있다는 것을 충분히 증명해 주고 있었다. 그러나 유석동은 상부로 문서를 넘길 때 이 탄원서를 지부인 진로에게 보고하지 않고 제멋대로 보류했다. 당시 청나라의 법률 규정에 의하면, 관리들이 상부에 보고할 때 숨기는 것이 있어서는 안 되며 허위로 보고해서는 더욱 안 된다. 숨기거나 허위로 보고하면 형사책임을 묻는다.

유석동은 전탄의 위증을 상부에 보고했다. 약방의 주인 이름이 일치하지 않았지만, 항주 지부 진로는 사건의 모든 사실이 이미 확실히 밝혀졌다고 보고 양내무가 자백한 이른바 '전보생'이라는 가게 주인을 법정으로 불러서 대질 심문하지도 않고 즉시 사건을 최종적으로 확정했다. 소백채는 모진 고문을 받고, "8월 24일 양내무가 집으로 와서 시시덕거리다 갈품련에게 들켜 호되게 맞았으며, 갈품련이 갑작스럽게 죽고 시어머니 심유씨가 캐물을 때 양내무와 모의하여 남편을 죽인 일을 실토했다"고 입에서 나오는 대로 진술했다.

진술 내용이 전해지자, 심유씨는 자백이 사실과 맞지 않음을 분명히 알면서도 아들을 위해 복수하겠다는 마음이 절박하여 진위眞僞를 구분하지 않고 그대로 터무니없는 말을 하여 당시 진술이 원래 자신이 제출한 고소장과 맞지 않고 모순투성이가 되게 했다. 이웃인 왕심배는 본래 양내무가 갈씨 집에 오는 것을 본 적이 없지만 심유씨를 따라 입에서 나오는 대로 함부로 말했다. 지부 진로는 제2심의 구두 자백에 따라 사건을 완전히 확정하고 원심의 내용을 아예 조사하지 않았다. 유석동은 범인이나 증인이 모두 갈품련의 '코와 입에서 피가 흘렀다'라고 진술하여 그가 상부에 보고한 사체의 검증 기록과 맞지 않게 되자, 거리낌 없이 진술을 "눈, 코, 입, 귀 일곱 개의 구멍에서 피가 흘렀다"라고 바꾸는 불법

행위를 했다.

부府와 현縣에서 한바탕 수정하고 그러모으고 나서 동치 12년 11월 6일, 항주 지부 진로는 간통으로 남편을 모의하여 살해한 죄로 소백채를 능지처참에 처하고, 남의 남편을 살해하도록 사주한 죄로 양내무를 즉각 집행하는 참수형에 처하며, 전보생은 장형으로 죄를 다스리는 것으로 판결하고 절강 안찰사에게 보고했다.

그렇다면 이 판결은 어떻게 나온 것인가? '즉각 집행하는 참수형'과 '능지처참'은 어떠한 형벌인가? 간단히 소개해 보겠다.

본 사건에서 소백채는 다른 사람과 간통하고 자신의 남편을 독살한 것으로 인정되었다. 이것은 전통 법률에서 아주 무거운 죄로 '사면될 수 없는' 열 가지 죄악 가운데 하나이다. 그래서 그녀는 사형 중에서도 가장 무거운 형벌인 '능지凌地'형을 언도받았다. 능지형은 속칭 '갈기갈기 찢어 죽이는' 형벌이다. 구릉지대陵地가 완만하게 기복을 이루고 끝없이 펼쳐지듯 이 형벌이 사람을 죽일 때 빨리 죽이지 않고 천천히 죽인다는 의미에서 '능지'라는 어휘를 썼다. 그런데 무고한 소백채가 이러한 형벌을 판결받은 것이다.

판결에 따르면 양내무는 다른 사람의 아내를 강간하고 그 남편을 고의로 독살하려 한 중죄인이어서 '즉각 집행하는 참수형'이라는 형벌을 선고받았다. 수대부터 명청대에 이르기까지 참수형은 사형의 한 가지로, 처벌의 정도는 능지와 교수형의 중간 정도이다. 참수형은 정부에서 정식으로 집행하는 형벌로, 청나라가 망한 후에는 총살형으로 대체되었다. 참수형의 판결을 받은 죄수에게 사형을 집행하는 시기는 한나라 때부터 역대 왕조에 이르기까지 줄곧 가을로 접어든 이후였다. 이것이 바로 이른바 '추결秋決'이다. 이것은 고대 중국의 음양오행 및 '천인합일天人合一'의 철학관과 관계가 있다. 봄에는 얼음과 눈이 녹고 만물이 소생한다. 이때 사람을 죽이는 것은 계절을 거스르는 것이다. 여름은 꽃과 풀이 무성하고 생명력이 왕성한 때이니 자연히 살인에는 적합하지 않다. 겨울에는 식량과 정력을 비축하여 다음 해의 풍성한 수확을 기다려야 하니 살인에 적합하지 않다. 가을만이 기운이 소슬하고 바람이 낙엽을 쓸어 가니 바로 인간 사회의 악인들을 제거할 계절이다. 그러나 이번 사건에서 양내무는 즉각 집행하는 참수형, 즉 사형 집행을 가을까지 기다리지 않고 당장 집행해야 하는 참수형을 언도받았다.

이밖에 옛날 사람들은 참수형을 집행하는 구체적인 시각에도 신경을 썼다. 이른바 '오시午時 삼각三刻'에 집행했다. 오시 삼각(오전 11시 45분)에 사형을 집행하는 것은 이때가 양의 기운이 가장 성하여 음의 기운은 곧 흩어져 사라진다고 여겼기 때문이다. 이 극악무도한 죄수가 죽은 후에 '귀신조차도 되지 못하게' 함으로써 엄중히 처벌한다는 것을 나타낸다. 또 다른 해석으로는 '오시 삼각'에는 사람의 정력이 가장 부족하여 '침상' 언저리에 있으므로, 이때 죄수를 처형하면 죄수도 멍하니 자고 싶어 목이 땅에 떨어지는 순간에 아마도 고통이 많이 줄어들 것이라는 말이 있다. 이렇게 보면 '오시 삼각'에 죄수를 처형하는 것은 죄수의 입장을 고려한 것이라는 말인데, 물론 이것은 그냥 하는 소리다.

죄가 일단 명확해지고 즉각 집행하는 참수형 판결이 내려지면, 당시 『대청률大淸律』의 절차에 따라 한 단계 한 단계 아래서부터 위로 상부에 보고하고 심사와 비준을 거치는데, 네 번째 단계가 최종심이다. 항주부에서 절강 안찰사, 즉 절강성에서 법률에 관한 일을 전문으로 맡은 기구(지금의 성省고급인민법원)에 보고하면, 안찰사에서는 성급의 총독 또는 순무에게 보고한다. 마지막으로 성에서 형부에 보고하고 기록으로 남기면, 형부에서는 최종적으로 동의한다는 회답을 보내게 되고 그 후 참형을 집행하는 것이다.

관아의 사건 심리에 관해 이야기했으니 이번에는 양내무의 집안 상황에 대해서 언급하려 한다. 양내무가 아무런 죄 없이 억울하게 죄를 뒤집어쓰고 체포되어 감옥에 갇히자 양씨 집안은 눈 깜짝할 사이에 닥친 큰 재난에 한때 어떻게 해야 할지 몰랐으나 이내 온갖 방법을 다 써서 소식을 알아보고 양내무를 구하려 했다. 그의 아내 작은 양첨씨는 밤낮으로 통곡하여 두 눈이 통통 부었는데, 때마침 이이를 낳아 움직이기 불편하여 속만 태울 수밖에 없었다. 양내무의 누나인 양국정, 즉 엽양씨는 여기저기 사람들에게 부탁하여 현·부에서 심문한 상황을 알아보고 다녔고, 창전진까지 가서 전탄의 어머니와 애인당의 점원에게 물어보고 그들로부터 가게에서는 비상을 판매한 적이 없다는 사실을 알아냈다. 따라서 그녀와 가족들은 포기하지 않고 항수에 가서 상소했다. 양씨 집안 사람들은 가정이 철저히 파괴되는 곤경 속에서 여기저기 뛰어다니며 양내무를 구하려 했다.

제3심 소득 없는 심리

항주 지부 진로가 판결을 내린 후, 이 사건을 절강 안찰사로 보고했다는 것은 앞서 언급했다. 당시의 절강 안찰사는 괴하손翽賀㻱이었는데, 거인 출신이라 진로처럼 선비들을 멸시하지 않았다. 항주 지부 진로가 보내온 공문서를 접수하고 괴하손은 심문 결과를 즉시 믿고 처리하지 않았다. 그는 간통 때문에 독살을 모의했다는 것이 양내무의 거인 신분과는 어울리지 않는다고 느끼고 수상쩍게 생각했다. 당시에는 과거에 합격하여 거인이 되는 것이 특히 쉽지 않았다. 일단 거인이 된 후, 다시 진사進士에 합격하여 벼슬길에 들어서면 앞길이 무한했다. 그래서 그는 의구심을 갖고 모든 공문서를 가져오게 하여 열람하고, 항주부의 판결 보고서도 심사했으며 직접 법정에 나가 두 명의 범인을 심문했다.

이때 양내무와 소백채는 두 차례 고문을 겪었으므로 모두 낙담하여 조금도 저항하지 않고 예전처럼 진술했다. 괴하손은 범인의 진술이 다르지 않은 것을 보고 제1심을 맡았던 유석동과 제2심을 맡았던 진로를 불러 재판 과정을 문의하면서, 심문할 때 의심스러운 점이 없었는지 추궁했다. 유석동과 진로 두 사람은 이 사건은 증거가 분명하여 뒤집을 수 없는 사건으로 절대로 억울한 누명을 쓴 사건이 아니라고 굳게 맹세하며 말했다. 괴하손은 이를 보고 모든 범인과 증인을 불러 하나하나 지장을 찍게 한 후, 사건을 절강 순무에게 보고했다.

제3심은 이처럼 대충 끝났고, 안찰사 괴하손은 사건을 심리하여 결정하는 데 중요한 역할을 하지 못했다.

제4심 삼사 공동 심리

청대 형사소송 제도에 의하면 사형 사건은 안찰사가 심리하여 결정한 후, 해당 성省의 총독이나 순무에게 보고하여 한 번 더 심리하도록 해야 한다. 당시 한 명의 총독이 민閩·절浙 두 성을 다스렸다. 총독의 관아는 복주福州에 있고 항주에는 총독 없이 순무만이 있었다. 따라서 제4심은 절강 순무 양창준楊昌浚이 맡았다.

진로가 모진 고문으로 자백을 강요하고 사건을 대충 마무리하자, 양내무의 가족들은 성도省都인 항주에 가서 억울함을 호소했다. 이 사건에 대한 소문은 이미 항주 전체로 퍼져 나간 상태였다. 절강 순무 양창준은 올바른 사람으로 현지에서는 선정善政으로 명성이 있었다. 그는 사건을 인계받고 제대로 처리하려고 진지하게 사건 자료들을 열람했으며 범인과 증인들을 직접 심문했다. 그러나 양내무와 소백채 두 사람은 고문을 못 이겨 일찌감치 허위로 자백한 후, 판결을 뒤집기는 어렵다고 추측하여 그대로 진술시에 시명했다. 양창준은 그래도 이 실인 사건에 오류라도 있어서 자신의 관직을 보전하지 못할까봐 사건을 대충 종결짓지 않았다(당시의 지방관이 만일 살인 사건을 소홀히 하여 실수하면 감찰어사의 탄핵을 받기 쉬웠으며 관직을 잃기도 쉬웠다). 그는 수하의 후보 지현 정석고鄭錫滜를 평복 차림으로 여항에 보내 민간의 여론을 살피고 백성의 말이 범인들이 진술한 것과 일치하는지 알아보도록 파견했다.

정석고는 여항에 도착했으나 낯선 곳이라 지현인 유석동에게 의지하여 관련된 증인이나 범인 가족들을 은밀히 조사하려 했다. 유석동은 상부에서 사람이 온 것을 보고 연회를 베풀어 정성껏 대접했다. 술잔이 오가던 중 정석고는 유석동에게 이번 방문의 목적을 알렸다. 유석동은 이미 연거푸 잘못을 저지른 뒤였기 때문에 대단히 긴장했다. 그러므로 윗

사람이 전탄이 한 증언이 거짓이라는 것을 밝혀내게 하면 안 되었다. 그는 사전에 진죽산을 통해 전탄에게 원래의 진술대로 증언해야 한다고 경고했다.

정석고가 본래 가장 관심을 가져야 하는 문제가 양내무가 전탄의 손에서 비상을 구입했는가 여부였다. 양측 당사자를 대질시킨다면 모든 문제가 분명해질 것이다. 며칠 동안의 미행에서 정석고가 얻은 것은 유석동과 진로 등이 전적으로 그를 위해 준비한 거짓 정보뿐이었는데, 그는 도리어 미행이 성과가 있었다고 여겼다. 그는 항주로 돌아와 순무 양창준에게 현지 백성이 양내무와 소백채가 간통하고 소백채의 남편을 죽인 일에 대해 증오하고 있으며, 앞의 두 판결이 모두 잘못이 없고 증거가 확실하다고 보고했다. 양창준은 미행의 결과를 믿어 의심치 않았다. 그는 만족스러워 하며, 이 후보 현령이 꽤 유능하다고까지 생각하고 그에게 수입이 좋은 관직을 마련해 주고 '실무'를 맡는 현령 나리가 되게 했다.

당시는 양내무 가족이 여러 방면으로 상고하여 사회의 여론이 들끓은 상태였다. 신중을 기하기 위해 절강 순무 양창준은 안찰사 관아, 번태藩台 관아와 함께 '삼사三司 공동 심리'를 진행했다. 그러나 이 고위 관리들은 관료주의가 심각하여 조사도 하지 않았고 이른바 범인과 증인 간의 법정 대질 심문은 더더욱 하지 않았다. 심리 후 결국은 항주 지부 진로의 원래 판결을 그대로 유지했다. 동치 12년(1873) 12월 20일 순무 양창준은 양내무·소백채 사건의 제4심 판결을 내리고 조정에 보고했다. 이제 형부에서 판결을 승인한다는 회신이 오면 양내무와 필수고는 바로 처형당하게 된다.

요약해 보면, 갈품련이 급병에 걸려 사망한 때로부터 절강 순무 양창준의 최종심이 끝날 때까지, 즉 동치 12년 10월 10일에서 그해 12월 20일까지 겨우 70일 동안 여항 지현 유석동의 제1심, 항주 지부 진로의 제2심, 절강 안찰사 괴하손의 제3심을 거쳤고, 절강 순무 양창준이 후보 지현 정석고를 특별히 파견하여 미행시켰다. 또 양창준이 안찰사 관아, 번태 관아와 함께 '삼사 공동 심리'를 진행한 후 최종심 판결을 내리고 조정에 보고했다. 정부의 형사소송 절차는 복잡했지만, 심리는 비교적 빠르게 진행되었다. 그러나 양내무와 소백채는 이러한 멍청한 관리들의 마구잡이식의 왜곡된 판결로 인해 고문을 당하고 감옥에 갇혔으며 이유 없이 누명을 썼다.

절강 순무 양창준이 최종적으로 판결을 내리고 조정에 보고한 것과 때를 같이하여, 창간된 지 얼마 되지 않은 신문인『신보』가 이 사건에 대해 계속해서 추적 보도를 함으로써 절강 출신 관료들과 백성이 이 사건에 관심을 갖게 되었다. 양내무의 가족들도 단념하지 않았다. 먼저 항주에 가서 억울함을 호소하며 고소했다. 나중에 양창준이 사건을 최종적으로 확정한 후에도 양내부의 누나와 부인은 갖은 어려움을 극복하고, 특히 저명한 '고관高官 상인' 호설암胡雪岩의 경제적 도움을 받아 북경까지 가서 사법기관에 고소했다.

사건의 진행과 관련된 관청과 민간의 단서들은 마지막으로 북경에서 한데 모아졌으며, 이로 인해 이 사건이 또다시 세 차례나 심리되었다. 더욱이 두 명의 황제와 자희태후까지 놀라게 했고, 이로써 이 불행하고 억울한 재판 사건에 복잡한 내용이 저절로 더해졌다.

| 3 | 일곱 차례의 재판과 판결

절강 순무 양창준은 제4심에서 사건을 최종적으로 확정하고, 제본題本 (공용 상주문) 형식으로 조정에 보고했다. 당시의 법률제도에 따라서 그는 한편으로는 황제에게 제본을 올려 아뢰고 다른 한편으로는 사건의 부본副本을 당시 전국의 사건을 주관하는 중앙기구인 형부에 보냈다.

여기에서 당시 공문을 상주하는 제도에 대해 보충 설명이 필요하다. 지방을 관리하는 총독, 순무는 종종 사건의 심각성 정도에 따라 황제에게 공문을 보내는 두 가지 방법 가운데 하나를 선택한다. 일반적인 사형 살인 사건은 황제에게 보고할 때 주로 제본이라는 관습적인 공문 형식을 취한다. 순무가 제본을 북경으로 보내면, 먼저 각 성의 총독 및 순무의 제본을 접수하여 처리하는 통정사사通政史司에서 일괄적으로 접수하여 한데 모은 후 내각으로 넘긴다. 내각의 각료들은 보고받은 제본 위에 가장 간결한 말로 어떤 사건인지, 어떠한 형법을 어겼는지를 설명하는 작은 쪽지를 붙여서 제본을 황제에게 올린다.

공문을 상주하는 두 번째 방법은 주절奏折이다. 이 상주문은 사건이 종종 비교적 심각한 경우에 쓰이는데, 신속하고 간편하게 상주문을 황제의 수중으로 보낸다. 수도의 다른 기관이나 혹은 관료가 중간에서 정보를 가로챌 수 없어 황제가 결정을 하기 전에 소문이 퍼지는 것을 피할 수 있다.

이밖에 청대 법률제도에 의하면, 세 기관이 전국적인 사건의 심리를 책임진다. 하나가 바로 형부인데, 주로 수도에서 상소하는 모든 사건의 심리를 책임지고, 동시에 수도의 사건들을 직접 접수하여 심리한다(오늘의 최고법원과 유사하다). 두 번째 기관은 형부에서 사건을 심리하는 것을 감독하는 기관으로 대리시大理寺라고 불린다(오늘날의 최고검찰청과 유사하다). 세 번째 기관은 수도와 지방의 각 행정기관 및 관리들에 대한 감찰 및 감독을 책임지는 기관으로 도찰원都察院이라 불린다(오늘날의 감찰부나 기율검사위원회紀律檢查委員會와 유사하다).

황제는 보고받은 사건에 대해 일반적으로 의견을 제시하지는 않고, 제본을 다시 형부로 돌려보낸다. 그러면 삼법사三法司(형부, 대리시, 도찰원)가 사건에 대해 "판결에 동의한다", 혹은 "되돌려 보내 다시 심리하게 하라", 혹은 "그 판결을 직접 수정하라" 등으로 공동 결정하고 이를 문서로 작성하여 황제에게 상주했다.

북경에 와서 고소하다

'삼법사'가 양내무 사건의 제본을 접수하여 심리할 때, 양내무의 가족들도 북경에 와서 상고했다. 당시 일반 백성이 북경에 와서 상고하는 것을 '경공京控'이라 했다. 본래 법률 규정에 따르면 사건들은 아래에서부터 위로 한 단계 한 단계씩 심리를 거쳐 올라가야 한다. 중간 단계를 뛰어넘어 상고하는 것을 월소越訴라고 하는데, 월소하는 사람들은 응분의 처벌을 받는다.

그러나 백성의 사정을 보살피기 위해서, 또 황제의 은혜가 넓고 크다는 것을 보여 주기 위해서 봉건 통치자들은 백성이 억울한 사정이 있으면 직접 북경에 와서 고소할 수 있게 허락했다. 그렇지만 대체로 북경에 와서 고소하는 사람들은 당시의 제도에 따라 구금되고 본적지로 압송된다. 그런 후에 고소를 접수한 관아에서 그들이 고소한 내용이 사실인지를 구체적으로 심리한다. 만일 고소한 내용이 사실이 아닌 것이 밝혀지면, 고소한 사람은 가장 무거운 형벌을 받을 경우 귀양까지도 각오해야 한다. 당시에는 교통이 불편하고 길이 멀었으므로, 만일 고소한 내용이 사실이 아니면 심각한 결과까지도 감당해야 했다. 이른바 '천신만고 끝에 경성으로 가는' 것인데, 어찌 '고苦' 자 하나로 다 표현할 수 있겠는가!

양내무가 붙잡힌 이후, 그의 누나 양국정은 성황묘城隍廟에 가서 제비를 뽑아 미래의 길흉을 점쳤는데, 연속해서 두 번 점친 결과가 모두 좋은 징조였다. 이것은 그녀에게 큰 믿음을 주었다. 이 때문에 양국정은 감옥에 가서 양내무를 면회하여 그에게 북경에 가서 직접 황제에게 고소할 준비를 한다고 말하여 그의 마음을 움직였다. 그래서 양내무는 옥중에서 친필로 판결을 뒤집을 수 있는 문서를 작성했다. 자신의 억울함을 벗기 위해 그는 다음과 같은 두 가지 이야기를 만들어냈다.

첫째, 하춘방何春芳이 갈씨 집에서 소백채와 농담을 하며 놀다가 갈품련에게 발각되어 호되게 두들겨 맞았다. 둘째, 여항현의 지현 유석동의 아들 유자한劉子翰이 양내무에게 사기 쳐서 재물을 빼앗으려 하다가 이루지 못하자 아버지와 공모하여 권세를 믿고 무고한 사람을 죄인으로 몰았다.

청나라 제도에 따르면, 여성은 단계를 뛰어넘어 소장을 제출할 수 없었다. 그래서 가족들은 막 양자가 되어 양내무의 장모 집으로 들어온 첨선정(양내무의 손아래 처남)의 명의로 고소장을 작성하여 각 관아에 소장을 제출하고 억울함을 호소했다.

동치 13년(1874) 4월, 양내무의 누나는 양내무가 옥중에서 쓴 상고 문건을 가지고 양내무 장모 집의 머슴 두 명과 함께 북경에 갔다. 그들은 먼저 같은 고향 사람이 알려준 대로 관리들의 행위를 전문적으로 감찰하는 도찰원을 찾아내어 상고 자료를 직접 제출했다. 도찰원은 소장을 접수한 후 양내무의 누나 등이 단계를 뛰어넘어 상고함으로써 법률과 제도를 위반했다며, 그들을 고향으로 압송하게 하고 이후 다시 상고해서는 안 된다고 명령했다. 동시에 절강 순무에게 공문을 보내 이 사건을 다시 심리하여 반드시 허점과 의심스러운 점을 찾아내라고 요구했다.

절강 순무 양창준은 도찰원의 명령을 받고, 명확한 증거가 있어 뒤집을 수 없는 사건이라 생각하여 하찮게 여기고, 사건을 원심을 진행했던 항주 지부 진로에게 되돌려 보내 다시 심리하게 했다. 진로는 이 사건이 이미 경위가 밝혀지고 명백한 증거가 있어 확정된 안건이지만, 상부에서 하는 명령이라 지보地保 왕림과 집주인 왕심배 등의 증인을 소환하여 심문했다. 증인들은 범인들이 이미 자백한 것을 보고 대충대충 진술하여 시비가 생기지 않도록 했다. 진로는 원심과 차이가 없는 것을 보고 여전히 원심 판결대로 절강 순무 양창준에게 보고했다. 양창준은 그대로 도찰원에 보고했다. 도찰원은 사건 내용에 아무런 의문점이 없어 판결을 내릴 수 있다고 보았다. 도찰원의 이번 심리도 대강 끝났다.

양내무의 가족들은 이에 대해 당연히 불만이었다. 그들은 여러 번 애인당 약방에 가서 전탄을 만나 그에게 진술을 철회하고 양내무가 그의 약방에서 비상을 사지 않았다는 것을 증언해 달라고 간청했다. 전탄은 유석동 지현이 보복할까봐 두려워 밖으로 피신하고 감히 증언을 뒤집으러 나오지 못했다. 양씨 가족들은 또 갈씨 모친을 찾아 고소를 취하하여 양내무의 목숨을 살려달라고 간청하고 금전과 전답으로 보답하겠다고 했다. 심유씨는 아들을 위해 복수하겠다는 마음이 절실하여 대답하지 않았다. 양내무의 아내 작은 양첨씨도 절강 순무와 안찰사 관아에 가서 상소했으나 아무런 성과도 얻지 못했다.

이렇게 시간이 어느 정도 흘렀다. 당시 대부호인 '고관 상인' 호설암은 양내무의 억울한 사정을 듣고 깊이 동정하게 되어 양내무 가족이 북경에 가서 상고하는 데 드는 노비와 북경에 머무는 동안 드는 생활비를 보태주기로 약속했다. 호설암의 경제적 도움으로 양내무 가족들은 두 번째로 북경에 가서 상고할 수 있게 되었다.

이해 7월, 양내무의 아내 첨채봉은 친정에서 일손을 돕는 요사법姚士法과 함께 북경을 향해 출발했다. 두 사람은 두 달이 넘는 여정 끝에 9월쯤 비로소 북경에 도착했다. 북경에 있는 절강 출신 관료와 유지들이 알려주는 대로, 이번에는 양내무가 고소를 위해 작성한 문서를 보군步軍 통령統領 관아에 제출했다. 이 기관의 명칭은 마치 이 기관이 전쟁을 책임지는 기구인 것처럼 느끼게 하지만, 실제로는 수도의 치안을 책임지고 있는 기관으로 대체로 오늘날 북경 위수사령부와 유사하다. 북경은 수도

이기에 이 관아는 또한 지방의 백성이 북경에 와서 고소하는 사건들을 접수하여 처리하는 일도 책임지고 있었다.

이 상고 자료는 동시에 『신보』에도 "절강 여항 양씨가 두 번째로 조정에 억울함을 호소하는 탄원서 원본"이라는 제목으로 전문이 게재되었고, 이로써 양내무의 상고 이유가 널리 퍼져 세상 사람들 모두가 알게 되었다. 동시에 이것은 보군 통령 관아에도 큰 압력으로 작용하여 더 이상 마지못해 어물쩍 책임을 때워버릴 수 없게 되었고, 부득이 자료를 조정에 아뢸 수밖에 없었다. 이번에 북경에 와서 고소하게 된 일은 마침내 조정을 놀라게 했다. 사건의 문서는 군기대신軍機大臣 옹동화翁同龢의 손에 들어가게 되었고, 사건의 흐름에도 비로소 전기가 나타나게 되었다.

옹동화의 상주문과 자희태후의 뜻에 따라 동치황제는 다음과 같은 명령을 내렸다. "형부는 절강순무 양창준에게 명령을 내려 실제 상황을 알아낼 수 있도록 담당 관리들을 독려하여 사건을 다시 심리하게 하시오. 그리고 이를 다시 상부에 보고하도록 하시오." 즉 순무 양창준에게 직접 이 사건을 조사하도록 한 것이다. 이로써 '즉각 집행하는 참수형'을 판결 받은 사건은 다시 시간을 끌게 되었고, 사형도 줄곧 집행되지 않고 두 사람 모두 감옥에 갇힌 채로 지내게 되었다.

제1차 재심 허위 자백을 뒤집다

절강 순무 양창준은 황제의 명령을 받고 지난번처럼 항주 지부 진로에게 사건을 되돌려 보낼 수 없었다. 그는 온갖 지혜를 짜내어 새로운 방법을 생각해 냈다. 제삼자에게 이 사건을 재판하게 하면 선입관을 가지지 않고 더 중립적이고 객관적으로 처리할 것이라고 생각하여 막 부임한 절강 호주湖州 지부 석광錫光, 가까운 소흥紹興 지부, 부양富陽 지현, 황암黃岩 지현 등 몇 명의 아랫사람들에게 함께 모여 이 사건을 심리하도록 했다.

사건을 인계하면서 양창준은 그들에게 공정하게 법을 집행해야 하며, 함부로 해서는 안 된다고 간곡하게 타일렀다. 석광 등은 자연히 태만히 할 수도, 형벌로 고문할 수도 없어 사건의 경위를 세심하게 캐물었다. 양내무는 이번 심문이 조정의 명령 하에 이루어지고, 또 고문도 하지 않는 것을 보고 자신이 쓴 상고 자료가 효과를 본 것이라고 생각하여 자신이 했던 모든 자백을 뒤집고 자신은 이 사건과 아무런 관련이 없다고 다시 설명했다. 소백채도 이 기회를 틈타 자신이 남편을 독살했다는 자백을 모두 뒤집고, 원래의 자백은 모진 고문을 견디지 못해 한 허위 진술이고 모함이라고 딱 잘라 말했다.

만일 이 기회에 증인들의 증언을 대조해 본다면 억울한 누명을 벗겨 주는 것은 손바닥 뒤집기만큼 쉬운 일이었다. 그러나 직급이 낮은 석광 등은 바늘방석에 앉은 것같이 난처하여 이러지도 저러지도 못했다. 당사자들이 진술을 뒤집으면 원래의 판결을 유지할 수 없다. 앞에서 양창준 순무를 포함한 여러 명의 관리가 사건에 대해 이미 심리를 끝내고 판결을 내렸는데, 원래의 판결을 뒤집는 것은 어려웠다. 그래서 그들은 어쩔 수 없이 질질 끄는 방법을 택했고 그래서 억울한 사건을 뒤집을 수 있는 좋은 기회를 놓쳐 버렸다.

몇 명의 심문관이 난처함을 벗어나지 못하고 있을 때 동치황제가 서거했고, 절강성에서 3년에 한 번 치르는 중요한 시험이 시행되었다. 따라서 사건의 심리는 일시 정지되었다. 그 후에도 시간을 질질 끌다가 몇 명의 심문관은 다른 고관이 심리할 것을 청하고 스스로 사표를 제출했다. 이런 식으로 이번 상고도 아무런 결과 없이 흐지부지되었다.

동치황제 서거 후, 광서光緖황제가 이듬해(1875) 정월 황위를 이어받았다. 관례에 의하면 새로운 황제가 즉위하면 천자의 어질고 관대함을 보여 주기 위해 대사면을 실시한다. 그러나 양내무와 소백채 사건은 심리가 아직 끝나지 않았고, 사건 내용이 중대하며 인륜을 거스르는 극악무도한 죄이므로 특별사면의 범주에 포함되지 않았다.

그러나 석광 등이 진행한 이번 심문에서 양내무와 소백채가 모두 진술을 번복했다는 소식이 『신보』에 의해 보도된 후 즉시 각지로 퍼져나갔다. 양내무와 소백채 사건이 시간만 끌고 결정되지 않자, 사회적으로 영향이 매우 컸다. 이해(광서 원년) 4월 24일, 감찰을 책임지고 있는 관리인 형부刑部 급사중給事中 왕서서王書瑞가 먼저 이의를 제기하며 황제에게 상주문을 올렸다. 그는 이 사건이 이렇게 오랜 시일을 끌면서 사회적으로 각종 논의를 불러일으키고, 두 차례나 사건을 원래의 성省으로 돌려보내 심리하게 했으나 지금까지 아무런 성과도 얻지 못한 원인은 아마도 절강 순무 양창준이 '사건을 다시 심리하는 데 사사로운 정에 얽매이기' 때문일 것이라고 아뢰었다.

무슨 뜻일까? '양창준이 사건의 심리를 계속 끌고 있는 것은 어쩌면 그 배후에 남에게 말 못할 의도가 숨겨져 있을 수 있다. 즉 범인들이 수감된 채 옥중에서 사망하면 사건을 대강 마무리 짓고 원래의 판결을 유지할 수 있다.' 이러한 생각에서 왕서서는 가장 좋은 방법은 황제가 직접 관리를 파견하여 '양내무와 소백채' 사건을 심리하게 하는 것이라고 제의했다.

제2차 재심 원점으로 돌아가다

조정은 그의 건의를 받아들였다. 또다시 수렴청정하고 있는 자희태후는 예부 시랑을 맡았다가 지방으로 보내져 막 절강 학정學政을 맡게 된 호서란胡瑞瀾이 가까운 곳에서 이 사건을 심리하도록 명령을 내리고, 순무 양창준에게는 두 범인의 안전을 보장하여 뜻밖의 사고가 발생하지 않도록 할 것을 특별히 지시했다.

청대 각 성省, 부府, 현縣에는 모두 학정이 설치되어 있었다. 학정은 각 지역의 과거시험과 인재 선발을 책임지는데, 보통 박식한 선비가 맡았다. 절강 학정(절강성 교육청 청장에 상당) 호서란은 모두가 인정하는 학식이 풍부한 인물로 현지에서 상당히 명망이 있었다. 조정에서 호서란에게 양내무와 소백채 사건의 심리를 맡으라는 명령을 내렸을 때, 그는 절강성에서 시험으로 인재를 선발하느라 바빠 시험이 끝난 후에야 비로소 사건의 문서들을 열람하고 정식으로 사건을 심리하기 시작했다.

학정으로서 성 전체의 과거시험과 인재 선발을 맡은 호서란은 학식이 풍부하고 박식한 인사로서 그 직무를 담당할 만한 사람임은 의심의 여지가 없었다. 그러나 사건, 특히 복잡한 형사사건을 심판하는 것은 조금은 역부족이었다. 하물며 그는 이전에 사건을 심리해 본 적이 없었다. 하는 수 없이 그는 황제에게 상주하여 수하에서 몇 명의 관리를 선발해 사건을 공동으로 심리하게 함으로써 사건을 은밀히 조작하지 않는다는 것을 분명히 보여 주고, 심리가 공개적으로 공정하게 이루어질 수 있도록 윤허해 달라고 청했다. 그는 영파寧波 지부 변보성邊保城, 가흥嘉興 지현 나자삼羅子森, 후보 지현 고덕항顧德恒, 공심동龔心潼 등을 최종 선발하여 심리에 참여하게 했다. 이 네 명의 관리는 모두 원심을 맡은 관리가 아니어서 어느 쪽도 비호하거나 편들 이유가 없었다.

    그러나 호서란 등의 재심은 사건의 결정적인 핵심을 파악하지 못했기 때문에, 허위로 조작한 이 억울한 사건을 뒤집을 만한 절호의 기회를 놓쳐 버렸다. 호서란은 사건을 심리하면서 갈품련이 중독으로 죽었는지, 양내무가 비상을 구매했는지 등 근원적인 문제부터 심리하지 않고, 양내무가 제출한 상고 자료부터 조사했다. 그 결과 그는 양내무가 제출한 자료에 함부로 남을 모함하는 진술이 많고, 진술 내용도 사실과 완전히 다르다는 것을 발견했다. 그는 그러한 부분적인 진술에 얽매여 다른 문제는 아예 보지도 않았다. 양내무의 상고장에 보이는 허점은 다음과 같았다.

    '나는 소백채의 모함을 받은 것이다. 소백채는 사소한 일로 마음속에 원한을 품었다. 갈품련이 다른 셋집으로 이사 간 것은 내가 갈품련에게 소백채의 탈선 행위를 말했기 때문이다. 이 때문에 소백채가 남편에게 구타당했고, 원한을 품고 내가 자신과 간통하고 남편을 독살했다고 모함했다.' 이는 구체적으로 조사하니 모두 거짓이었다. '지현의 아들 유자한이 내게서 은화를 갈취하려다가 뜻을 이루지 못하자 내가 간통하고 독살했다고 모함했다.' 호서란이 이에 대해 구체적인 내용을 묻자, 양내무는 처음에는 주었다고 했다가 나중에는 주지 않았다고 말하는 등 앞뒤가 맞지 않는 말로 빈틈을 드러내었다. 그 밖에 양내무는 현 관아의 서기 하춘방이 소백채와 가깝게 지냈으며 거동이 의심스러웠다고 말했는데, 사실 아무런 근거가 없었다.

양내무의 상고 내용이 대부분 사실과 맞지 않았고, 더욱이 작은 양첨씨 등은 양내무의 억울함을 벗겨 주려는 과정에서 그다지 정당하지 못한 행동들을 했다. 예를 들면, 작은 양첨씨가 보군 통령 관아에 가서 고소할 때, 다른 가족이 그녀를 대신해 고소했는데, 여기에 잘못이 있었다. 호서란은 이번에 수도에 와서 고소할 때 투서하고 서명한 사람은 왕정남王廷南이었는데, 실제로는 왕아목王阿木이라는 것을 발견했다. 이는 남의 이름을 사칭한 것이므로 절차가 위법한 것이다. 또한 심유씨 집에 가서 심유씨에게 무릎을 꿇고 소송을 취하해 달라고 하고, 창전진에 가서 전탄에게 증언을 철회해 달라고 강요한 것도 호서란에게 약점으로 잡혔다.[4]

요컨대 양내무는 누명을 벗기 위해, 고소장에 사실과 맞지 않는 말들을 많이 썼다. 고생도 마다하지 않고 한 조사에서 소장의 내용이 거짓임이 밝혀지자, 호서란은 양내무가 도둑이 제 발 저려 사실을 덮고 증거를 인멸하려 했다고 여겼다. 그래서 양내무가 쓴 상고 내용과 그의 가족들이 두 차례나 북경에 와서 고소한 것이 모두 말썽을 부리는 것에 불과하다는 결론을 내렸다. 따라서 가혹한 형벌로 자백을 강요하는 케케묵은 방식을 꺼내들었다. 양내무에게는 '천평답강天平踏杠'이라는 중형을 내려 양내무의 두 다리가 골절이 되게 했고, 소백채는 네 손가락이 모두 찰자에 끼워져 부러지게 했다.

이 '천평답강'은 협곤夾棍이라고도 했는데, 형틀이 세 개의 나무 막대로 만들어져 속칭 '삼목지형三木之刑'이라 했다. 이 형벌은 주로 살인 사건이나 절도 사건 같은 큰 사건이나 중요한 사건에 쓰였고, 더욱이 증거가 확실한데 한사코 죄를 인정하지 않는 사람에게만 사용할 수 있었다. 이 형벌은 사람의 다리뼈를 부러뜨릴 수 있어 장애를 남기거나 죽게 할 수 있었으므로, 사용할 때에는 반드시 한 단계 높은 관아의 비준을 거쳐야 했으며, 동일한 사건에서 동일한 범인에게 두 번을 초과하여 사용할 수 없었다. 그렇지 않으면 가혹한 형벌로 자백을 강요한 것으로 판정했다.

모진 고문을 이겨내지 못하고 소백채는 다시 한 번 양내무가 자신에게 남편을 살해하도록 사주했다고 무고했고, 양내무도 모든 책임을 소백채에게 떠넘기는 등 서로 함부로 모함했다. 호서란은 진술이 앞뒤가 다른 것을 분간하지 못하고 이들이 확실히 유죄라고 주관적으로 생각했다. 호서란은 자신이 사사로운 정에 얽매여 불법적인 일을 하지 않았고, 훌륭하게 판결을 내렸다는 것을 보여 주기 위해서 뛰어난 문장력으로 범인과 증인들 간의 모순된 진술을 매끄럽고 빈틈없이 다듬었다. 그는 고문으로 받아낸 허위 진술을 소재로 하여 스스로도 완벽하다고 느낄 정도로 소설을 쓰듯이 범죄 과정을 지어내었다. 그리고 사건의 최종 판결에 대한 상주문을 황제와 태후에게 올렸다.

광서 원년(1875) 10월 3일, 호서란은 황제와 황태후에게 다음과 같이 상주했다.

"사건을 반복해서 심사했으나 자백 내용이 모두 같습니다. 결코 형벌을 남용하여 자백을 강요한 일은 없습니다. 법률 조항에 따라 판결하면 갈필씨는 간통하고 남편을 모살謀殺했으므로 능지처참에 처해야 합니다. 양내무는 그녀와 간통한 남자로 그녀의 본 남편을 살해하려 했으므로 즉각 처형하는 참수형에 처하려 했는데, 거짓 소송장으로 북경에서 상고했으니 죄가 한 등급이 가중되었습니다. 전보생은 비상을 몰래 팔아 살인죄가 발생하게 했으니, 장형 80대에 처하려 합니다. 왕아목은 전보생에게 증언을 철회하는 청원서를 제출하도록 강요했고, 엽양씨를 대신해 경성에 와서 고소했으니 왕정남, 요사법 등과 함께 장형 80대에 처하려 합니다. 나머지 법을 위반하지 않은 증인들은 책임을 추궁하지 않을 것입니다."

호서란은 원래의 판결을 유지한다는 이 상주문에 양내무와 고소에 참여한 친지들이 많은 잘못을 저질렀음을 폭로하는 공술서를 덧붙여 원래의 판결을 유지하는 증거로 삼았다. 양내무는 살 길이 이미 끊어졌다는 것을 알고 스스로 죽은 사람을 애도하는 대련對聯을 지었다. "거인이 범인으로 변하니 학자가 존중받지 못하는구나. 학문을 하던 탁자가 형벌을 받는 탁자로 쓰이니 내무가 세상을 하직하는구나擧人變犯人, 斯文掃地, 學臺充刑臺, 乃武歸天."

호서란이 심리를 끝내고 판결한 내용과 공술서를 조정에 올리자 『신보』는 즉시 이를 보도했다. 순식간에 조정과 민간에서 여론이 들끓고 의견이 분분했다. 이 당시 '양내무와 갈필씨' 사건은 이미 전 국민이 주목하는 큰 사건이 되어 있었다. 사건은 현縣·부府·얼사臬司·성省 등에서 일곱 번의 심리와 일곱 번의 재판을 거치면서 심문 때마다 사회적으로 파문을 일으켰고, 위로는 조정의 관리에서 아래로는 평민 백성에 이르기까지 『신보』의 보도에 관심을 기울였다. 많은 사람이 이 사건을 뒤집을 수 없다고 믿었으나, 처음부터 이 사건에서 이상한 점을 발견하고 판결의 불공정함을 호소하는 사람도 적지 않았다.

이때 관리들의 행위를 감찰하는 호과戶科 급사중給事中 변보천邊寶泉이 다시 황제께 상소를 올려 다음과 같이 아뢰었다.

"이 사건이 여러 번의 심리를 거쳤지만 여전히 원래의 판결을 유지하는 가장 중요한 이유는 관리들이 서로 비호하기 때문입니다. 서로 관리를 임용하는 관계로 인해 매년 관리들을 심사할 때, 절강 순무 양창준이 절강 학정인 호서란을 심사합니다. 호서란은 자연히 양창준의 심기를 건드리고 싶지 않을 것이며 더욱이 지현과 지부를 애써 비호하려 할 것입니다. 그러므로 정성을 다해 사건의 의문점을 심리하지 않을 것입니다. 하물며 호서란은 본래 학정을 맡은 문신으로 형사사건을 심리한 적이 없으니 핵심을 파악하지 못해 잘못된 판결을 바로잡기가 매우 어렵습니다. 아직까지도 이 사건에 많은 의문점이 있으니 판결을 내리기 어렵고, 또 사회의 여론도 떠들썩하니 황상과 태후께서는 신중히 생각하시어 이 사건을 형부에 넘겨 처음부터 다시 심리하도록 하셔야 합니다."

제3차 재심 의심의 목소리

변보천의 상소는 많은 관리와 백성의 지지를 받았다. 그러나 광서황제와 자희태후의 허가는 받지 못했다. 광서황제가 막 즉위하여 두 태후가 섭정하는 상황에서 산적한 일이 많았다. 또한 각 부의 감찰 관리들이 이 작은 사건을 위해 형부가 독자적으로 심판할 것을 누차 요구하는 것에 대해서 당시 지방의 많은 총독과 순무들이 다른 견해를 보이기도 했다.

예를 들면 당시의 사천四川 총독 정보정丁寶楨은 만일 이 사건이 일곱 번의 심리와 판결을 거쳤는데도 뒤집으려 한다면, 우리 지방 관리들은 관직을 맡을 필요가 없다고 불평했다. 청대의 법률, 즉 견제와 균형이라는 틀에서 일반적으로 총독과 순무가 상주한 사건은 중앙이 기본적으로 모두 인가하는 게 상례다. 보잘것없는 백성 두 명의 목숨을 위해 지방과 중앙이 불화하는 것은 순전히 타산이 맞지 않는다. 조정에서는 지방을 다스리는 대신들을 난처하게 만들고 싶지도 않고 그렇게 하기도 어렵다. 그래서 자희태후는 대중의 의견을 가라앉히기 위해 광서황제의 명의로 다음과 같은 조서를 내리는 타협을 했다.

"지금까지 지방의 각 성에서 심리했던 사건을 형부에서 다시 심리했던 전례가 없고 게다가 지방의 사건을 모두 형부에서 넘겨받아 심리한다면, 형부는 전국의 옥사를 관장하는 기관으로서 바빠서 어쩔 줄 모를 것이다. 하물며 증인과 범인을 항주에서 북경으로 압송한다면 그들이 기진맥진할 정도로 지칠 터이니 이는 어질지 못한 처사라 할 수 있다. 황제가 비록 형부에서 심리하는 것에 동의하지는 않지만, 조정과 민간의 여론을 고려하여 이 사건의 서류를 형부에서 다시 살펴보도록 한다. 형부는 재고할 부분이 있으면 하나하나 표시하여 다시 호서란에게 넘기고, 호서란은 진상을 규명해 답변하도록 한다."

형부는 명령을 받은 후 서류를 자세히 살펴보았고, 몇 가지 의심스러운 점을 발견했다. 첫 번째는 8월 24일 이른바 '소백채가 채소를 절이는 문제로 매를 맞은 사건'에서 양내무가 갈품련의 집에 갔는지 여부와 갈품련에게 간통한 사실을 들켰는지 여부인데, 잇따라 보고된 자료(순무 양창준의 보고와 호서란의 상주 내용)에는 다르게 기록되어 있었다. 두 번째는 양내무가 비상을 구매한 시기의 문제이다. 서류에는 먼저 3일이라고 했다가 나중에는 2일로 바뀌어 있었다. 세 번째는 전보생과 관련된 문제이다. 그는 비상을 판매한 가장 중요한 증인인데, 여항현에서 사건을 심리할 때 단 한 번 소환하여 심문했을 뿐, 그 후의 심리에서는 법정에 출두하라고 요구한 적이 없었고, 더욱이 그와 양내무를 대질 심문한 적도 없는 등의 문제가 제기되었다.

이때 북경에 있는 절강 출신 관리들이 격분해 서로 연락을 취했고, 형부와 호부 등에 있는 모두 18명의 절강 출신 중앙 관청 관리들이 도찰원에 공동 서명한 소송장을 제출했다. 이 18명의 절강 출신 중앙 관청 관리는 내각內閣 중서中書 왕수병汪樹屛, 나학성羅學成, 한림원 편수編修 허경징許景澄, 이부吏部 주사主事 진기장陳其璋, 호부戶部 주사 반자강潘自彊, 장정張楨, 하유걸何維杰, 주복창周福昌, 오창기吳昌祺, 서세창徐世昌, 서수관徐樹觀, 형부 원외랑員外郞 정훈승鄭訓承, 왕수당汪樹堂, 형부 주사 복자동濮子潼, 척인선戚人銑, 공부工部 원외랑 오문악吳文諤, 소우렴邵友濂, 공부 주사 양유상梁有常이다.

그들이 공동으로 서명한 소송장은 28세의 절강 여항 사람 이복천李福泉이 작성하여 상부에 올렸다. 그들은 소송장에, 속여서 자백하게 하거나 진술 내용을 허위로 보고하는 등 지금까지의 심문에 있었던 많은 허점과 모순점을 나열했고, 이 사건이 현·부·성 세 등급의 관아에서 일곱 번의 심리와 판결을 거치면서 매번 무고한 사람에게 고문으로 자백을 강요한 것과 각급 관리들이 서로 비호하고 조정을 기만한 것 등을 폭로했다. 또한 형부에서 많은 의문을 제시하더라도 호서란에게 다시 심리하여 보고하게 한다는 것은 몹시 타당하지 못하다고 주장했다. 그들은 호서란이 자연히 전에 했던 판결을 유지하려 할 것이고, 더욱이 이 기회를 틈타 온갖 지혜를 다 짜내어 사건의 허점을 메움으로써 보고 자료를 더욱 주도면밀하게 보이도록 작성할 것이며, 그렇게 되면 나중에는 멋대로 작성하여 올린 자료에서 빈틈을 찾기가 더욱 어려워져 양내무가 억울함을 풀 길이 없을 것이라고 그 이유를 밝혔다.

그들은 황제와 태후에게 사건을 형부에 넘겨 심리하게 하고 범인들을 북경으로 데려와 심문한 후 결과를 천하에 알리고 억울하게 누명을 쓴 사람이 없도록 해야 한다고 청했다.

그리고 이 '소송장'은 나중에 양내무와 소백채 사건을 바로잡는 기초가 되었다.

이 기간 동안 절강 학정 호서란은 황제의 명령에 따라 형부에서 제시한 몇 가지 의문에 대해 양내무 등을 대상으로 또 한 차례 심문을 했다. 그는 이번 심문에서 감히 다시 고문을 하지 않았지만, 양내무와 소백채가 이미 판결을 뒤집을 가능성이 없다고 여기고 여전히 원래대로 진술하여 아무런 성과도 얻지 못했다. 그 후 호서란은 형부에서 제시한 의문점에 대해 하나하나 대답했다.

첫째, 8월 24일 양내무가 갈씨 집에 가서 소백채를 집적거렸는지 여부에 대해서 그는, 갈품련은 양내무와 소백채가 간통한 사실을 벌써부터 알고 있었고, 8월 24일에는 채소를 절이는 일이 늦어졌다는 핑계로 분풀이를 한 것으로, 양내무는 당일에는 결코 갈씨 집에 가지 않았다고 멋대로 보고했다. 둘째, 양내무가 비상을 구입한 날이 2일이냐 3일이냐에 대해서는, 양내무가 2일 배를 타고 항주를 출발했고, 항주에서 창전진까지 수로로 40리여서 저녁 무렵에 전보생의 약방에 가서 비상을 살 수 있었으며, 배가 대동관大東關을 지나며 하룻밤이 지나 3일 새벽에 집에 도착한 것이라고 보고했다. 이렇게 호서란은 의문점들을 치밀하게 덮어 사건 전체가 흠잡을 데가 없는 것처럼 보이게 했다.

호서란은 상주문의 마지막에 다음과 같이 덧붙였다. "이 같은 간통과 살인 사건은 매우 은밀하게 벌어지는 것이어서 외부 사람들은 직접 볼 수 없고 당사자의 진술에 근거할 수밖에 없습니다. 양내무의 간사한 계책은 소백채가 여항현에서 처음 심문받을 때 진술한 것으로, 타인이 교사하거나 속여서 진술하게 한 것이 아닙니다. 양내무가 혐의를 벗기 위해 교활한 수법을 써서 헛소문을 퍼뜨렸기 때문에 사람들은 그에게 확실히 억울한 사정이 있다고 여기고 있습니다. 그러므로 신臣이 공정하게 판결하여도 남에게 약점을 잡히기 쉽습니다. 사건이 중대하여 사람들의 의견은 분분하고 양내무의 교활함은 또한 이전 심리 때보다 더하니, 청컨대 황제와 태후께서는 다른 대신을 선발하여 이 사건을 심리하도록 해 주십시오."

호서란의 두 번째 판결 내용이 전해지자 의심의 목소리는 여기저기서 더욱더 끊임없이 일어났다.

마침내 누명을 벗다

형부는 사건 문서를 다시 검토하라는 황제의 명령을 받았다. 형부는 즉시 팀을 꾸려 사건에 관한 모든 문서를 가져와 읽으며 곰곰이 생각하고 자세히 조사했다. 당시 형부의 여섯 명의 고관 가운데 숭실崇實, 은승恩承은 병환으로 집에서 요양하고 있었고, 하수자賀壽慈는 탄핵되어 일을 맡을 수 없었다. 신임 형부 상서 상춘영桑春榮과 형부 좌시랑 소기紹祺, 옹동화翁同龢 세 사람만이 실제로 일을 맡았다.

옹동화는 광서 원년(1875) 8월 이후, 내각內閣 학사學士로서 형부 우시랑의 직무를 대행하고 있었다. 황제의 명령을 받고 옹동화는 형부 절강사浙江司로부터 절강 순무 양창준의 원래 상주문과, 학정 호서란이 다시 상주한 글을 달라고 하여 꼼꼼히 읽어 보았다. 그런 다음 양내무와 소백채가 자백한 글과 이를 뒤집은 진술을 자세히 살펴보고 문서에 의심스러운 점이 잇따라 보이는 것을 발견했다.

옹동화는 법률 판례를 잘 아는 한림원 편수編修 장가양張家襄, 광수廣壽, 하동선夏同善, 여군찬余君撰 등을 연이어 방문하고 의견을 물었다. 그들도 모두 이 사건이 빈틈이 지나치게 많다고 생각하고 있었다. 이러한 것들은 옹동화로 하여금 끝까지 조사하겠다는 결심을 굳히게 했다. 형부에서 거행한 회의에서 옹동화는 먼저 이 사건의 여러 의혹을 묻고 열거하여, 만주인 독점 벼슬滿缺인 형부 좌시랑을 맡고 있는 소기와 추심처秋審處 총재 여군찬, 형부 절강사 주고主稿 임공추林拱樞 등 회의에 참석한 다수 관리들의 지지를 얻었다.

반면 형부 상서 상춘영은 평소에 겁이 많고 책임지는 것을 두려워했다. 그는 이 일로 인해 일부 고관들의 미움을 사서 자신의 앞날에 좋지 않은 영향을 미칠까 두려워 '신중하게 행동하는' 두루뭉술한 태도를 취하며 사실상 "원래 상주문을 유지하자"고 주장했다.

장시간에 걸친 토론 끝에, 절강 순무 관아에 예전 판결문의 몇 군데가 맞지 않는다는 내용의 공문을 급히 보내고, 11월 23일 전에는 잠시 상주문을 올리지 않기로 결정했다. 여러 차례 협상을 거친 후, 형부는 추심처를 통해 양내무와 소백채 사건의 예전 판결을 기각하고 사건을 다시 심리할 것을 요구하는 상주문의 초고를 작성했다.

한편 도찰원은 18명의 절강 출신 중앙 관청의 관리들이 공동으로 서명한 고소장을 접수하고 사태가 심각하다고 느껴 즉시 황제와 태후에게 상주했다. 일이 이 지경에 이르자 조정에서도 난처했다. 그러나 조정과 민간의 여론이 형성한 거대한 압력 하에, 사건의 경위가 실제로 지방에서는 밝혀질 수 없는 상황에서 자희태후는 더 타협해야만 했다. 그녀는 도찰원의 상주문과 18명의 절강 출신 관리가 공동 서명한 상주를 받아들여 '양내무와 소백채' 사건을 북경으로 가져와 형부에서 직접 심리하고 철저히 캐도록 명령을 내렸다. 도찰원이 절강 출신 중앙 관청 관리들이 공동으로 서명한 공문을 상주한 광서 원년 12월 14일, 이 사건을 완전히 형부로 넘겨 형부에서 전적으로 심리하도록 하라는 황제의 명령이 내려졌다.

광서 2년(1876) 정월, 옹동화는 호부 우시랑에 임용되었다. 옹동화의 조카인 옹증계翁曾桂는 당시 형부 절강사에 재직하고 있으면서 이 사건의 재심을 맡고 있었는데, 옹동화는 조카를 통해 이 사건을 주시하면서 이 억울한 사건이 깨끗이 해결되도록 했다. 또 다른 형부 상서 조보皂保는 황제의 명령을 받고 직접 공문서를 가져와서 읽다가 '사건의 내용이 여러모로 의심스러우며, 거짓과 진실을 조속히 철저하게 조사해야 한다'고 느꼈다.

   그 후 형부는 황제의 명령을 받들어 사건의 범인들을 북경으로 압송하게 했다. 동시에 절강 순무 양창준에게 공문을 보내 사건과 관련된 범인과 증인들을 여러 무리로 나누어 북경으로 압송하는 데 협조하도록 했으며, 경유하는 현에서는 감독을 철저히 하고 병정들을 증파하여 관련자들이 서로 짜고 거짓 진술하지 못하게 하도록 했다. 양창준은 비록 속으로는 불만이었지만 대놓고 황제의 명령을 어길 수 없어 그대로 따랐다.

   형부는 사건의 범인들과 증인들을 세 무리로 나누어 북경으로 압송했다. 두 명의 범인과 수십 명의 증인 외에도, 여죄수인 소백채를 위해 동행하며 보살펴 줄 여자 두 명이 함께 갔으며, 군졸과 관아의 하인들이 죄수의 수레를 지켰다. 이들은 육로로 먼 길을 고생스럽게 두 달 정도 가서야 북경에 도착했다. 그 와중에 여러 어려움이 있었다. 예를 들면 이 사건과 관련된 증인은 수십 명이었는데, 일부는 이미 죽어서 친척들이 서명하고 지장을 찍어 증명했으며, 일부는 여자들이어서 지내는 데 비교적 성가신 점들이 있었고, 또 일부는 연로하여 행동하는 데 많은 불편함이 있었다. 정말 천신만고를 겪었다고 할 수 있다.

특히 이때, 즉 광서 2년(1876) 정월 16일에 본 사건에서 가장 중요한 증인인 전기애인당 약방의 주인 전탄(즉 전보생)이 갑자기 옥중에서 급사했다. 호서란은 그의 사인에 관해 '감옥에서 병사한' 것이라고 말했지만, 같은 감옥의 죄수들 가운데는 유석동, 진로에게 돈으로 매수된 옥졸이 그를 독살하여 입을 막고자 했다고 말하는 사람이 있었다. 사건의 진실은 현재로서는 알아낼 방법이 없다. 그러나 전탄은 양내무가 비상을 구입했는가 하는 사실과 직접적으로 연관되어 있어, 그의 급사는 사건의 심리에 큰 영향을 미쳤을 뿐 아니라 이로 인해 외부에서도 많은 논란이 일어나 형부에 큰 압력으로 작용했다.

양내무, 소백채와 증인들은 세 무리로 나뉘어 북경에 도착해 삼법사 三法司의 공동 심문을 받았다. 청대 말기에는 북경에서 고소한 큰 사건들은 모두 형부에서 주심을 맡고, 도찰원과 대리시에서 공동 심리를 맡았는데, 이를 대심大審 또는 삼법사 회심會審이라고 했다. 형부에서 공동 심리할 때, 양내무와 소백채는 모두 앞에서 한 진술을 뒤집고 간통한 일도 없고 갈품련을 공모해 독살한 일도 없으며 전에 한 허위 자백은 가혹한 고문을 받아 어쩔 수 없이 한 것이라고 진술했다. 양내무는 또한 자신은 10월 5일 남향의 장모 집에서 양자 계승 의식에 참가했고 6일 오후에야 비로소 돌아왔기 때문에 간통하고 독살할 수조차 없었다고 강조했다. 이에 대해서는 그의 친지들 다수(사촌 동생 양공치, 국자감 학생 오옥곤, 백성 첨선정 등)가 증명해 주었다.

사건과 관련된 다른 인물들을 심문할 때, 전탄이 이미 병사했기 때문에 그 어머니인 전요錢姚씨와 애인당의 점원 양소교楊小橋가 비상을 구입했던 적이 없어 팔 수도 없었고, 확실히 가게에서는 비상을 팔았던 적이 없다고 대신 증언했다.

법정에서 심문을 진행하면서 형부는 여항현의 검시관 심상과 문지기 심채천 및 여항 생원生員 진죽산이 이 사건과 밀접한 관계가 있다는 것을 조사해 내고, 즉시 절강 순무에게 명령하여 이들을 북경으로 압송하게 했다.

심문 과정에서 검시관 심상은 사체를 부검할 때 입과 코에서 묽은 색의 피가 흘러 나온 것을 보았지 결코 사체 검안서에 기입된 것과 같이 "눈, 귀, 코, 입을 합한 일곱 개 구멍에서 피가 흐르는" 것을 보지는 못했다고 자백했다. 시체의 얼굴은 검푸르고 복부에는 물집이 10여 개 있어, 『세원록』에 기재된 "비상을 먹고 죽으면 잇몸이 검푸르고 눈, 귀, 코, 입 일곱 개의 구멍에서 피가 흐르며 입술이 갈라지고 온몸에 작은 물집이 생기는" 상황에는 맞지 않았고, 은침으로 목구멍을 찔렀을 때도 검푸른 색을 띠어서 생아편에 중독되어 죽은 것이라고 여겼지만, 문지기 심채천이 비상을 먹고 죽은 것이라고 고집했고 또 현령이 은침을 깨끗이 닦으라고 명령하지 않아서 검시가 정확하게 이루어지지 않았다고 진술했다.

형부는 또 당시 현장에 있던 이웃사람들도 심문했는데, 모두 심상과 심채천이 다투느라 은침을 깨끗이 닦지 않았다고 증언했다. 여항현의 관아에서 올린 공문서들을 조사해 보아도 독을 먹어 사망했다고 쓰여 있을 뿐 어떤 독인지 분명히 밝히지 않았고, 항주 지부에서 올라온 문서에도 모두 "일곱 개의 구멍에서 피가 났다"고 쓰여 있었다. 심채천은 죄를 저지르고 두려운 마음에 진죽산이 전탄에게 사실과 다른 진술을 하도록 유도한 과정을 자백했다.

이렇게 되자 사건은 대강 정리가 되고, 억울한 사정이 점차 드러나게 되었다. 형부는 갈품련이 어떤 원인으로 사망했는지 증인들의 증언만으로는 확인하기 어렵다는 것을 알고, 갈품련의 시체를 넣은 관을 북경으로 옮겨 다시 검시할 수 있도록 명령을 내려 달라고 황제께 아뢰었다. 이러한 과정을 거쳐 갈품련의 시신을 넣은 관은 여항에서 배에 옮겨져 북경으로 이송되었다. 시신이 도난당하는 의외의 일이 발생하지 않도록 도중에 도착하는 곳마다 그 도착하는 주와 현에서 모두 봉인 용지를 덧붙이고 전담자로 하여금 지키게 하여 관이 바꿔치기 되지 않도록 했다.

갈품련의 시체가 북경에 도착한 것은 광서 2년(1876)으로 사건이 발생한 지 이미 3년이 지난 때였다. 12월 9일 형부상서 조보(만주족)와 상춘영(한족)이 직접 법정에 올라 사건을 심리했다. 북경의 군대를 지휘하는 관리 등 지방관들도 현장에 함께 있었다. 조양문朝陽門 밖 신회로神會路 해회사海會寺 앞, 당시 수도 형부에서 가장 명망이 높은 두 명의 검시관이 아득히 먼 여항에서 북경으로 이송된 갈품련의 시신을 대중 앞에서 검시하기 시작했다. 검시할 때 '주범'인 소백채, 원고 갈유씨(심유씨), 이웃 왕심배, 여항 지현 유석동, 여항 검시관 심상 등이 현장에 있었고, 에워싸고 보는 사람들은 더욱 인산인해였다.

관을 열었는데, 사체의 살은 이미 없어지고 뼈만 남아 있었다. 형부는 노련한 검시관 순의苟義와 연순連順을 지정하여 위부터 아래까지 하나하나 상세히 검사하여 그 즉시 보고하게 했다. 사체 머리의 정수리 숨구멍

부분의 뼈는 홍조를 띠지 않았고 턱뼈와 잇몸, 손가락과 발가락의 열 개의 뼈가 모두 누르스름한 흰색이었다. 가슴뼈, 미추골의 색깔은 누르스름한 빛이 도는 검은 색이었는데, 피가 스며들었기 때문이다. 몸의 크고 작은 다른 뼈들은 모두 황백색으로 유골을 찌거나 삶아도 이상 현상이 보이지 않았다.

의학 전문서적인 『세원록』에서 언급한 "만일 비상에 중독되면 잇몸, 명치, 손발의 각 뼈가 검푸른 색을 띤다"는 기록에 따라 갈품련은 결코 중독되어 죽은 것이 아니고 병으로 사망한 것이라는 결론이 내려졌다. 이는 현장에서 기록되었다. 맨 처음 사체를 검사했던 지현 유석동과 검시관 심상도 이제 직접 자세히 살펴보니, 원래의 검사가 아무렇게나 이루어졌으며 판단이 제대로 되지 못해 정상적인 변화를 중독의 증거로 잘못 채택했음을 인정할 수밖에 없었다. 이제 재검에 직접 참여하니 다른 의견은 내지 못하고 기꺼이 죄에 따라 처분을 받겠다는 서약서를 제출했다.

이제 사건은 이미 기본적으로 분명해졌다. 이어서 형부 상서 조보와 상춘영은 범인들과 증인들을 동그랗게 꿇어앉혀 놓고 대질 심문했다. 많은 사람이 지켜보는 가운데 누구도 감히 근거 없이 엉터리로 날조할 수 없었다. 사건의 전말이 이제 전부 드러나게 되었다. 양내무와 소백채는 모두 억울한 누명을 쓴 것으로 그들의 자백은 모진 고문으로 강요된 진술이었다. 3년이 넘는 시간을 끌고 일곱 번의 재판과 일곱 번의 잘못된 판결을 거친 이 현안은 여러 차례의 우여곡절을 거친 끝에 어려움 속에서 전기가 나타났고 마침내 진상이 천하에 분명히 밝혀지게 되었다.

형부는 황제에게 상주하여 유석동의 지현 직위를 박탈할 것을 요청했다. 어사御史 왕흔王昕은 두 태후와 황제에게 상주하여 양창준과 호서란의 관직을 박탈할 것을 청했다.

사건의 심리는 끝나고 판결이 내려졌다. 양내무와 소백채는 3년이 넘도록 억울한 옥살이를 하다가 마침내 석방되었다. 광서 3년(1877) 2월 16일, 심문을 담당한 관리들을 탄핵하는 형부의 상주문이 황제에게 전달되었다. 사건 전체에 대한 설명은 다음과 같다.

"심유씨가 의혹을 품고 사체를 조사해 달라고 청하자 유석동은 중독된 것으로 잘못 판단했습니다. 갈필씨는 고문을 받고 강요된 자백을 했고 양내무도 고문을 받고 허위로 진술했으며 전탄은 강요를 받아 위증했습니다. 항주부가 건성으로 사건을 판결하고 절강성에서는 보고받은 대로 처리했으며, 호서란은 소속 관리들을 비호했습니다."

광서황제에게 상주하여 보고한 후 사건의 관련자들에게도 다음과 같은 판결이 내려졌다.

- 양내무는 갈필씨와 비록 간통하지 않았지만 함께 식사하고 경서를 가르쳐 주는 등 의심을 살 행위를 한 데다 하춘방 등을 모함하여 자신의 죄에서 벗어나고자 했기 때문에 장형 100대에 처하고 취소된 거인 신분도 회복시키지 않는다.
- 갈필씨는 양내무와 같은 식탁에서 함께 식사하고 경서를 읽는 등 부녀자의 도리를 지키지 않아 물의를 일으켰으므로 장형 80대에 처한다.

- 여항 지현 유석동은 현장을 조사하고 사건을 심리하면서 합법적인 절차를 따르지 않았으므로, 유석동의 지현 직위를 박탈하고 흑룡강으로 보내어 속죄하게 하되, 나이가 70세가 넘어도 금전으로 속죄하는 것을 불허한다.[5]
- 생원 진죽산은 이미 감옥에서 병사했으니 거론하지 않는다.
- 갈품련의 모친 심유씨는 심문받을 때, 이미 소백채에게 독살한 내용을 자세히 물어봤다고 함부로 말했으니 장형 100대와 징역 4년에 처한다. 그러나 은전을 내는 것으로 죗값을 대신할 수 있다.
- 검시관 심상은 장형 80대와 징역 2년에 처하고, 문지기 심채천은 장형 100대를 선고하고 2천 리 밖으로 유배한다.
- 흠차대신 호서란, 절강 순무 양창준, 항주 지부 진로 이하 30여명의 관리들은 지위를 막론하고 모두 파면하고 조사 후 처벌한다.
- 왕심배는 장형 80대를 선고한다.
- 전탄은 이미 병사했으므로 거론하지 않는다.

파면되고 처벌받은 관리들이야 모두 어느 정도 잘못을 했으니 벌을 받아 마땅하다. 가장 불쌍한 사람은 바로 사건의 두 당사자이다.

양내무는 출옥했을 때 41세였다. 그가 여항의 집으로 돌아왔을 때, 가족들이 그를 구하느라 돈이 될 만한 모든 가산을 팔았기 때문에 생활이 매우 궁핍했다. 양내무는 친구들의 도움으로 이후 뽕나무를 심고 누에를 쳐서 생계를 이어갔다. 그는 처량하고 고통스럽게 세월을 보냈는데, 의기소침하여 외부 사람들과 거의 왕래하지 않았다. 민국民國 3년

(1914)에 병사하니 향년 78세였고, 여항진 서북쪽 주침향舟枕鄉 안산촌安山村 부근에 매장되었다.

소백채는 출옥했을 때 22세였다. 남편은 이미 죽었고 기댈 친지나 친구도 없었으며 살아갈 방도도 없었다. 모든 의욕을 상실한 채 여항 남문 밖 석문당石門塘 회제암淮提庵에서 출가하여 비구니가 되었다. 법명은 혜정慧定이다. 암자에 오는 참배객들이 적어 닭과 오리를 기르는 것으로 생계를 이어갔으며, 암자의 등잔불과 부들방석, 새벽에 치는 종과 저녁에 울리는 북소리 속에 남은 생을 보냈다. 민국 19년(1930)에 향년 74세로 입적했다.

두 사람을 위한 감실龕室은 여항 동문東門 문창각文昌閣에 세워졌다. 1950년대 묘의 탑이 훼손되어 1980년대 후반에 현지 정부가 원형에 따라 안락산安樂山 동록東麓에 재건했는데, 이 지방도 오늘날 관광지가 되었다. 들리는 말에 의하면 여항에서는 이 두 사람을 위해 자료 전시관을 세움으로써 당시 세상을 경악하게 하고 큰 파문을 일으켰던 이 기이한 사건을 기념하고 있다.

| 4 | 단순한 사건이 복잡해진 까닭

사건에 곡절이 많아진 이유

본 사건은 3년 반의 시간을 끌고 다섯 차례의 심리, 다섯 차례의 재심과 판결을 거쳤으니, 열 번 심리하고 아홉 번 억울한 누명을 썼다가 하루 아침에 억울한 누명이 벗겨졌다고 할 수 있다.

형부의 최종심 보고를 종합하면, 양내무와 소백채 사건이 복잡한 과정을 거치고 여러 차례에 걸친 심리가 정확하게 이루어지지 못한 원인으로는 대체로 "근거 없는 풍문으로 선입관에 사로잡혀" "직무를 소홀히 하고 잘못 판정했으며", "고문으로 자백을 강요하고 허위 진술과 허위 증언을 하도록 유도했고" "관리들이 서로 비호하고 잘못을 거듭 저질렀다는 것" 등을 들 수 있다. 구조적인 각도에서 보면 당시 형사사건을 해결하는 기술과 형사사건을 수사하는 기술, 감정鑑定 및 현장 검증 기술이 낙후되었던 것도 역시 억울한 판결이 시정되기 어려웠던 주요 원인이다. 또 행정권, 사법권이 하나로 합쳐져 있었던 것과, 유죄 추정의 실행, 고문으로 자백을 강요하는 것이 합법적이었던 점 등은 바로 제도상의 결함이다. 이밖에 옛날 사람들은 남녀 사이에 정상적인 접촉이 조금 많으면 탈선으로 보거나 심지어 간통했다고 여겼는데, 이러한 사상 역시 어느 정도는 억울한 사건을 만들어낸 주요 원인이다. 특별히 사건의 발생과 전개 및 심리 과정에 근거하여 독자들이 관련된 상황을 직접 파악할 수 있도록 다음의 도표로 정리해 놓았다.

오심 사건 장본인들의 처리 문제

이 억울한 사건을 일으킨 장본인인 여항 지현 유석동과 검시관 심상은 사건이 종결될 때 마땅히 받아야 할 처벌을 받았다. 그러나 그들이 왜 이 억울한 사건을 공연히 만들어냈는지 분석하려 한다. 원인은 아마도 여러 가지일 것이다.

철학적인 측면에서 보면 그들은 형이상학적인 잘못, 즉 고립적이고 정태적으로 문제를 바라봤으며 하나만 알고 둘은 모르는 잘못을 저질렀다. 법의학의 측면에서 보면 그들은 현장 검증을 할 때 정상적인 작업 규칙을 위반했기 때문에 사실과 맞지 않는 결론을 얻었고, 이로써 판단에 착오가 생겼다. 범죄심리학의 측면에서 보면, 유석동은 이후의 심리가 아마도 자신의 첫 번째 판결을 부정할 것 같아서 자신의 오심을 유지하기 위해 시비是非를 뒤바꾸고 증거를 보류했으며, 거짓 증언을 하도록 강요하는 등 잘못을 반복하여 사건이 여러 해 동안 시일을 끌게 했다.

『세원록』에 따르면, 중독으로 인한 사망인지를 조사할 때는 은침으로 죽은 사람의 목구멍을 찔러 본다. 은침이 검은색이면 다른 증상들도 살펴보고 중독인지의 여부를 추정한다. 갈품련의 몸은 비교적 뚱뚱했다. 당시는 초가을이었으므로 날씨가 더워 죽은 지 얼마 안 되어 시체가 부패하기 시작했다. 시체가 부패하면 시체의 몸 안에서는 황화수소라는 일종의 화학 성분이 발생하는데, 이 성분 역시 은침을 검게 변하게 한다. 물론 당시 이 책의 저자인 송자는 이 성분이 황화수소라고 설명할 수 없었다. 그러나 검시관들의 작업 규칙이기도 한 그들의 전통적인 경험에 의하면, 검시에 사용한 은침은 반드시 쥐엄나무 열매즙으로 문질러 닦아야 한다. 만일 닦아도 검은색이 지워지지 않으면 비로소 중독임을 입증할 수 있다. 그러나 유석동과 심상은 이 절차를 아예 빼먹었다. 그래서 형부는 다시 관을 열고 시신을 조사하여 제1심을 맡은 유석동과 검시관 심상이 사건을 심리할 때 중대한 과실을 저질렀음을 증명했다.

[표] 양내무와 소백채 사건 일지

심급	장소	재판장	과정(혹은 원인)	결과
			동치 12년(1873) 10월 10일, 갈품련이 급병으로 사망함.	
제1심	여항	여항 지현 유석동	동치 12년 10월 12일, 갈씨 모친 심유씨가 검시를 요청함. 심상은 은침으로 목구멍을 찔러본 후, 갈품련이 "독을 복용하고 사망했다"고 애매하게 말함. 유석동은 선입견에 사로잡혀 양내무와 소백채가 공모하여 갈품련을 독살했다고 의심하고 소백채를 고문하여 양내무를 모함하게 함. 또 양내무를 소환하여 심문했으며, 항주부에 양내무의 신분을 박탈해달라고 요청함.	양내무가 죄를 인정하지 않는 상황에서 유석동은 양내무와 소백채 두 사람이 간통하고 공모하여 갈품련을 독살했다고 항주부에 보고함.
제2심	항주	항주 지부 진로	양내무는 모진 고문을 이기지 못하고 자신이 애인당 약방의 전보생에게서 40문어치 붉은 비상을 사서 소백채에게 주고 갈품련을 독살하라고 했다고 자백함. 진로는 유석동에게 명령을 내려 '전보생'의 진술을 받아오게 했고, 애인당 주인 전탄은 위증함.	양내무에게는 즉각 집행하는 참수형을, 갈필씨에게는 능지처참의 판결을 내리고 절강 안찰사 관아에 보고함.
제3심	항주	절강 안찰사	절강 안찰사 괴하손이 모든 문서를 가져와 열람하고 항주부의 판결 보고서에 오류가 없음을 확인한 후 절강 순무에게 보고함.	진로의 원래 판결을 유지.
비밀 조사	여항	정석고	절강 순무 양창준은 후보 지현 정석고를 특파하여 은밀히 조사하게 했으나 성과가 없었음.	양창준에게 이 사건은 "억울하거나 함부로 한 부분이 없다"고 보고함.
제4심	항주	양창준 등	양창준은 안찰사 관아, 번태 관아와 함께 '삼사 공동 심리'를 했으며 최종 판결을 내림.	진로의 원래 판결을 유지하고 조정에 보고함.
1차 재심	항주	석광 등 4명의 부현 관리	동치황제는 "형부는 절강 순무 양창준에게 관리들을 감독해 사건을 다시 심리하고 보고하게 하라"는 유지를 내림. 양창준은 호주 지부 석광 등 4명의 부현 관리들을 파견하여 재심하게 함.	사건에 의혹이 크다는 것을 발견, 양내무와 소백채 모두 진술을 번복하여 원래의 판결을 유지할 수 없었음. 그러나 감히 판결을 뒤집기 어려워 질질 끌고 판결을 미룸.

2차 재심	항주	절강 학정 호서란 등 5명의 관리	양내무의 상고 자료에 날조하고 모함한 부분이 많은 것을 발견하고 양내무의 상고와 가족들이 두 차례 북경에 와서 고소한 것이 모두 소송을 끌려는 것이라고 확인. 다시 모진 고문으로 자백을 강요하여, 소백채는 다시 양내무가 살인을 교사했다고 모함하고 양내무도 책임을 상대에게 떠넘김.	호서란은 판결 보고서에서 "사건을 반복해서 조사해도 진술이 모두 같고 형벌로 자백을 강요한 일이 없으므로, 법에 따라 갈필씨는 능지처참형, 양내무는 즉각 집행하는 참수형에 처한다. 또 양내무는 거짓 소장으로 북경에서 상고했으므로 죄가 한 등급 가중된다"고 확정.
3차 재심	항주	절강 학정 호서란	자희태후는 형부에 지시를 내려 호서란에게 다시 심리하여 문서로 보고하게 함. 호서란은 더 이상 가혹한 형벌을 쓰지 못했지만 원래의 판결을 유지하고 형부가 지적한 의혹들을 해명했으며, 조정에서 다른 대신을 선발해 이 사건을 심리하게 할 것을 요청.	양내무와 소백채는 여전히 원래대로 진술했고, 심문은 아무런 성과도 거두지 못함.
형부 최종심	북경	형부 상서 조보, 상춘영	형부상서 조보 등이 법정에 올라 직접 심문을 맡고, 관을 열어 다시 사체를 조사하고, 갈품련이 중독으로 사망한 것이 아니고 병으로 사망했음을 증명. 사건의 범인과 증인들을 대질하자 사건의 경위가 밝혀짐. 여항 지현 유석동과 검시관 심상 등은 당시 시체를 검사할 때 소홀했던 것과 고문으로 자백을 강요한 것을 인정.	양내무와 소백채는 출옥했지만, 예법과 도덕을 어겼으므로 양내무는 장형 100대, 갈필씨는 장형 80대에 처해짐. 유석동은 지현 직을 박탈당하고 흑룡강으로 보내져 그곳에서 속죄하게 함. 흠차 호서란, 절강 순무 양창준 이하 30여 명의 관리는 모두 관직이 박탈되고 조사 후 처벌받음. 심상 등도 처벌받음.
			광서 3년(1877) 2월 16일 형부는 심리를 끝내고 판결한 것을 조정에 보고함.	"심유씨가 의혹을 품고 조사할 것을 요청했는데, 유석동이 중독으로 잘못 검사했다. 갈필씨는 고문에 못 이겨 허위 자백을 했고, 양내무도 고문을 받고 허위로 진술했으며, 전탄은 강요를 받아 위증했고, 항주부는 사건을 대충 확정했으며, 절강성에서는 보고받은 대로 판결하고, 호서란은 소속 관리들을 비호했다."

유석동은 사체를 조사하는 규정을 위반하고 현장 검증을 제대로 하지 않았을 뿐 아니라, 허위 증거를 만들고 상관을 기만하는 등의 방법까지 동원하여 양내무와 소백채 두 사람이 모두 사형을 판결받게 했으니 억울한 사건을 일으킨 장본인에 속한다. 봉건 법률에 의하면, 그를 '출입인죄出入人罪'(즉 그가 다른 사람에게 죄가 있다고 판결을 내렸는데 나중에 잘못된 판결임이 입증되면, 그는 자신이 다른 사람에게 판결한 그 형벌을 그대로 받아야 한다. 즉 자기가 놓은 덫에 자기가 걸리는 셈이다)에 따라 처벌해야 한다. 만일 정말 이와 같다면 유석동의 죄는 죽을죄로 그는 즉각 집행하는 참수형에 처해져야 한다. 그러나 다행히 양내무와 갈필씨가 최종적으로 사형당하지 않았기 때문에, 형부가 심리를 끝내고 내린 판결을 기록한 문서에서 유석동은 관직을 박탈당하고 형벌은 한 등급 감형받아 동북지방으로 유배되었다.

청대 법률의 또 다른 규정에 의하면, 70세 이상의 노인들은 금전으로 속죄할 수 있었다. 즉 집에서 돈을 가져다 내면 자신의 죄를 면제받을 수 있었다. 유석동은 당시 이미 70세가 넘어서 본래 이러한 혜택을 받을 수 있었다. 그러나 광서황제는 이 사건에 대해 특별히 유석동은 금전으로 속죄하는 것을 불허한다고 명령을 내렸으니, 이 억울한 재판 사건에서 그의 죄가 가장 크고 용서할 수 없는 것이라고 여겼음이 분명하다.

봉건 사법제도에서 만일 관리들이 죄를 심판해 형을 정한 것이 적절하지 못하고 고문을 남용하여 자백을 강요하면, 관직을 잃게 되고 심하면 형사 범죄가 된다. 일찍이 당대의 법전에도 '소송의 출입인죄'에 관해 규정해 놓았다. 즉 소송의 출입인죄를 저지른 사람(죄상을 고의로 덧붙이거나 줄여서 사건을 움직일 정도의 사람이다. 황제의 특별사면이 있는 것을 알면서도 고의로 사형을 판결하거나 사실과 다른 진술을 유도하거나 사주한 사람 등)에 대해, 죄가 없는 사람을 죄가 있다고 판결하면 그가 받은 형벌만큼 법관도 그대로 형벌을 받는다고 규정했다. 관리의 오심에 대해 책임을 추궁하는 이 같은 제도는 청대까지 지속되었다.

이번 사건에는 많은 관리가 연루되었다. 비록 선고가 가볍다고 말하는 이들도 있지만 이 억울한 사건의 진상이 밝혀진 후 이 사건의 심리에 참여했던, 흠차대신 호서란, 절강 순무 양창준, 항주 지부 진로 이하 30여 명의 크고 작은 관리들은 모두 면직되고 조사와 처벌을 받았다. 봉건 사회에서 이 같은 조치는 매우 대견스러운 일이다.

그러나 유감스러운 것은 역대 왕조의 통치자들이 모두 무능한 관리를 싫어하고 종종 엄하게 처벌했지만 한 무리를 처벌하고 나면 다른 무리가 나타나서 문제를 근본적으로 해결할 수 없었다는 사실이다.

첨예한 권력 투쟁이 누명을 벗기다

이 사건은 정치적 의미가 매우 크다. 청 조정 내에서는 암투가 벌어지고 관직에 있는 관리들은 서로 배척했다. 위에서는 황제 뒤에서 두 당이 싸우고 있었고 아래로는 만주족의 황실 및 절강 출신 관리들이 절강에서 관리로 있는 호남성 출신 관리들과 갈등을 겪고 있었다. 그 안에는 조정과 지방 간의 다툼이 있었고 언관言官과 군기처 간의 다툼이 있었으며, 또한 지방의 유지 및 중앙 관청의 관리가 해당 성省의 고위 관리들과 갈등을 겪는 상황도 있었다.

증국번, 좌종당左宗棠 및 호남성 출신 군벌이 태평천국의 난을 진압한 후, 강남의 몇 성에서 군사 및 정치 실권을 장악하고 강소성과 절강성 일대에서 점차 세력을 키우고 있었다. 조정에서는 그들을 효과적으로 통제하기 어려웠으며, 이는 만청 통치자들의 말 못할 큰 근심이었다. 이와 동시에 강소성과 절강성 일대 출신 문관들은 행정이나 재판 기능에 대해 아무것도 모르는 무인들이 자기들의 고향에서 마구 못된 짓을 하는 것이 뼈에 사무치도록 미웠지만, 어찌할 도리가 없어 전전긍긍하는 상황이었다.

그런데 마침 호남성 출신 장교(예를 들면 양창준, 진로 등)가 다스리는 곳에서 호남성 출신 관리가 사람 목숨을 들풀같이 취급한 양내무와 소백채 사건이 발생한 것이다. 그러므로 만청 황족의 이익을 대표하는 자희태후는 강소성, 절강성 문관들의 지지 하에, 이 사건과 관련이 있는 한 무리의 호남성 출신 관리들의 직책을 박탈하고 처벌했다. 이로써 동시에 "백성을 위해 책임지고 억울함을 벗겨 주었으며", "청렴한 관리가 부정부패를 척결했다"는 명성을 저절로 얻었다. 나아가 조정의 최고 권력을 공고히 했고, 강소·절강 문관들의 원한을 풀어 주었다.

본 사건에서 양창준은 좌종당의 적파嫡派로, 절강성 전체의 수입을 서쪽을 정벌하는 군인들의 급료로 지급했다. 호서란은 절강 학정을 지휘 감독하며 선비들을 냉혹하게 대했기 때문에 그를 제거하면 즐거워할 사람이 많이 있었다.

심지어 지역 간의 분쟁도 있었다. 양내무와 소백채 사건의 최초 판결에서는 북쪽 지방 출신인 유석동만 중벌을 받고, 호남·호북兩湖 출신인 양창준, 호서란 두 사람은 연루되지 않을 수 있었다. 따라서 똑같이 북방 사람인 변보천, 왕흔은 상소를 올려 남방 사람인 양창준, 호서란을 중점적으로 공격하고 두 사람을 자리에서 몰아내려 했다.

양내무와 소백채 사건으로 북경이 시끄러운 가운데 2차 재심을 진행할 때, 어사 왕흔은 광서황제에게 상주문을 올렸다. 그는 상주문에서 이 사건을 통해 더 관심을 가져야 할 것은 사건에 연루된 지방 고관들의 황제에 대한 충성심이 의심스럽다는 점이라고 밝혔다. 그는 말했다. "위로는 절강 순무 양창준에서 아래로는 학정 호서란에 이르기까지 그들이 왜 이 사건을 분명하게 심리할 수 없었을까요? 결국 그들끼리 감싸주려 하기 때문입니다. 그들이 늘 생각하는 것은 조정에 충성하는 것이 아니라 위로부터 아래까지 자신들과 관련된 관리들을 어떻게 두둔하느냐 하는 것입니다. 이제 새 황제께서 등극하셨으니 이 같은 일에 대해 바로잡지 않을 수 없습니다."

왕흔이 이렇게 말한 것은 겨냥한 바가 있기 때문이다. 형부가 이 사건을 재심하는 과정에서 절강 순무 양창준은 자신의 의견을 밝힌 바 있다. 그는 형부가 이 사건을 재심한다 해도 절강 여항에서 그렇게 많은 증인을 북경으로 데려갈 필요는 없다고 여겼다. 수십 명의 증인을 세 무리로 나누어 북경으로 호송하라는 형부의 요구에 대해 양창준은 순전히 백성에게 폐를 끼치는 것일 뿐이라고 말했다.

이에 대해 왕흔은 다음과 같이 말했다. "이것이 무슨 말입니까? 황제께서는 군왕의 자애로운 마음을 보여 주시려 범인이 억울한 누명을 썼을 가능성이 있는 사건을 형부가 재심하도록 결정하셨습니다. 그런데 범인을 데려오는 것이 말썽을 일으키고 백성에게 폐를 끼치는 것이라고 여기니, 양창준이 마음속으로 무슨 생각을 하고 있는지 모르겠습니다." 마지막 이 말은 비중 있는 말이었다.

왕흔은 상주문의 끝에 또 덧붙였다. "양창준은 '두 태후께서 섭정하시고 새 황제께서 즉위하셨다고 이처럼 야단법석을 떨 필요가 없다'고 말했습니다. 그 말이 무슨 뜻이겠습니까? 두 태후께서는 여인이시고 새 황제께서는 아직 어리시니 지방의 총독과 순무가 현 중앙의 집권자들을 얕보는 것이 아닙니까?" 그는 상주문의 마지막에 두 태후에게 경고하는 말을 덧붙였다. "대신이 만일 패를 만들 세력이 있으면 조정이 고립될 우려가 있습니다."

그러므로 황제는 명령을 내려야 했다. "형부는 조금도 모호함이 없도록 철저히 조사하여 진상이 드러나게 하시오. 양창준, 호서란 등은 처벌을 받아야 하니, 형부에서 사건을 최종적으로 결정하기를 기다려 다시 명령을 내릴 것이오." 두 명의 태후와 황제가 보기에 이는 보통 일이 아니었다.

왕흔의 상주문은 때맞춰 적시에 나온 것이다. 마침 두 태후와 황제의 인척이나 측근들이 총독과 순무를 통제하고 점차 권력을 회수하려던 생각에도 맞는 것이었다. 그러므로 양창준과 호서란은 처벌을 피하기 어려웠다. 마지막으로 형부가 판결을 내렸을 때, 이 두 관리는 과연 무거운 처벌을 받았고 모두 면직되었다.

사실 양내무와 소백채 사건뿐 아니라 장문상의 마신이 살해 사건을 포함한 청말 4대 기이한 사건은 모두 청대 말기 태평천국이 진압된 후 정치적으로 불안한 시기에 발생했다. 그 배후에는 모두 이런저런 다양한 정치적인 변화가 있어, 평범한 형사사건이 의식적으로 이용되고 이로써 일개 평범한 인물의 운명도 순식간에 시대의 정세와 연결되는 것이다. 그래서 사건이 여기저기 왔다 갔다 하며 시간을 끌다가 마지막에 이르러서는, 사건 자체가 복잡해서 그렇게 된 것인지 정치 세력 간의 알력과 다툼으로 인해 그렇게 된 것인지 아무도 정확하게 알지 못한다. 필자가 보기에 이것이 바로 상술한 사건이 천고의 '기이한' 사건이 된 근본적인 원인이다.

이밖에 양내무 가족들의 적극적인 구명 노력도 사건 해결의 원인으로 빼놓을 수 없다. 양내무가 무고하게 누명을 썼기 때문에 사건의 심리가 항주에서 진행되든 북경에서 진행되든 양내무의 가족들은 굴하지 않고 원심의 판결을 바꿔 달라고 요구하여 마침내 양내무의 누명을 벗겨 주었다. 그들이 절강 출신 중앙 관청 관리들 및 도찰원 감찰 관리들의 힘을 빌려, 이 사건을 다시 심리해 무고한 당사자에게 정의를 돌려주라고 여러 차례 요구했기 때문에 마침내 형부에서의 최종 심리에서 오류를 바로잡을 수 있었다.

일부 사람들은 양씨 집안사람들이 상부에 의견을 알릴 수 있었던 것은 그들이 북경에 연줄이 있고 조정의 사람들과 관계가 있기 때문이라고 말한다. 청대 법률 규정에 의하면 백성이 황제에게 쓴 호소문은 대신들도 뜯어 볼 권한이 없다. 당사자들의 호소문이 만일 최고 권력자에게 직접 전달된다면 억울한 사건을 줄이는 데 큰 도움이 된다. 따라서 어떤 의미에서는 이 사건이 최종적으로 정정될 수 있었던 것은 동치, 광서 두 황제와 두 태후가 직접적으로 간섭한 결과라고 말할 수 있다.

비록 양내무가 확실히 살인하지 않았어도 권력이 법보다 우위였던 전제 사회에서 사건의 결론은 무엇보다도 권력과 권력 간의 힘겨루기에 영향을 받기 마련이다. 만일 양내무가 거인 출신이 아니고 집안 형편도 부유하지 않은 평범한 백성이었다면, 또한 조정에 있는 절강 출신 관리들의 도움도 받지 못했다면 이 사건은 정정되기 어려웠을 것이다.

마지막으로 양내무와 소백채가 누명을 벗을 수 있었던 것에는 막 창간된 『신보』의 역할도 빼놓을 수 없다. 『신보』의 개입은 양내무 가족들이 북경에 와서 고소하는 것에 큰 도움이 되었다. 『신보』가 심층 조사하고 3년 넘게 보도함으로써 이 사건이 집집마다 알려진 것이다. 또 고위층 통치자들의 관심을 끌고, 사건의 심리를 감독하고 감찰하는 데에도 상당한 역할을 했다. 사실 장문상의 마신이 살해 사건, 양월루 연애 사건 같은 다른 사건들도 모두 『신보』가 연속 보도하고 대대적으로 다루었기 때문에 비로소 세상을 한때 뒤흔든, 누구나 다 아는 기이한 사건이 되었다. 이 같은 의미에서 『신보』는 중국 제일의 현대 인쇄 매체로서 강력한 여론의 감독 기능을 발휘하여 양내무와 소백채 사건이 성공적으로 정정되도록 했다고 할 수 있다.

역사가 남긴 교훈

첫 번째, 양내무 소백채 사건은 각급 관리들의 위법적 재판 및 봉건 사법제도 자체에서 기인한다.

이 사건에서 우리는 양내무와 소백채 두 사람이 직면한 것은 극단적으로 낙후된 봉건 사법제도라는 것을 알 수 있다. 과거에도 사람의 목숨과 관련된 일은 소홀히 할 수 없었으므로 심판제도 및 상소와 감독 절차 역시 매우 엄격했다. 현에서 부, 부에서 성, 다시 성에서 중앙 형부에 이르는 심급제도와 권력의 분립 그리고 견제와 균형을 통해 중대한 형사 사건에 대한 불공정한 판결 및 부당한 심리를 예방하려 했다.

하나의 살인 사건이 당시 그렇게 여러 차례 심리될 수 있었다면, 최소한 사건에 대한 감독이 이루어져 억울한 사건이 정정될 많은 기회가 있었다고 할 수 있다. 그중의 일부 제도는 지금도 그 잔재를 찾아볼 수 있다. 예를 들면 사형 사건 재심리 절차, 양급종심제兩級終審制, 검찰기관 항소, 감독 등이 있다. 그러나 다른 한편으로 이렇게 부패한 역사시대에는 아무리 복잡하고 제대로 된 소송제도를 설계했다 하더라도 양내무와 소백채 사건 같은 억울한 사건이 발생하는 것을 피할 수 없었으니, 이 같은 사법체제 내에 존재하는 치명적인 결함에 대해 의혹을 품지 않을 수 없다.

'양내무와 소백채' 사건의 핵심은, 무고한 두 사람이 어리석은 관리 때문에 억울한 누명을 쓰고 까닭 없이 수없는 고통을 겪었으며 그들의 운명이 바뀌었다는 것이다. 먼저 '억울하다'의 중국어 어휘 '원왕冤枉'을 분석해 보자. '원冤'은 정의가 발휘되지 않은 상태이다. 따라서 우리는 원굴冤屈(억울하다), 몽원蒙冤(누명을 쓰다), 함원含冤(억울하지만 꾹 참다)이라고 말한다. '왕枉'은 법률이 정당하게 집행되지 않는 것이다. 그래서 우리는 왕법枉法(법을 왜곡하다)이라고 흔히 말한다. 원冤과 왕枉은 붙여서 관용어로 쓰는데, 사람들이 잠재의식에서 양자의 인과관계에 대해 인정하고 있음을 어느 정도 반영한다. '원왕'이라고 큰 소리로 외치는 목소리가 전통사회의 각급 관아에서 자주 들려왔다.

본 사건에서 양내무와 소백채 두 사람이 여러 차례 호소한 외침은 사람들이 무심코 소홀히 하는 이치, 즉 '억울함寃'은 '법을 왜곡한枉' 데서 기인한다는 이치를 보여 준다. 이 이치는 당사자(대부분 피고)가 자신의 억울함에 대해 의사를 표명하는 것이고 자신의 권리에 대해 호소하는 것이며, 스스로가 불공정한 대우를 받는 원인에 대해 생각하는 것이고, 또한 심판관의 불공정한 재판에 대해 간접적으로 부정하고 완곡하게 질책하는 것이다. 억울한寃 것은 피고이고 왜곡된枉 것은 법률이다. 피고가 누명을 쓰는 것은 법관이 법을 왜곡, 즉 어기기 때문이다. 이것은 억울한 사건의 원인에 대한 일반 백성의 감성적인 인식이고 직관적인 해석이다.

이 사건에서 양내무와 소백채 두 사람이 누명을 쓴 직접적인 원인은 지현 유석동이 주관적으로 법을 어기고, 검시관 심상은 직권을 남용하고 법을 어겼으며, 상급 재판관인 진로, 양창준 등이 불법 행위를 했기 때문이다. 이 같은 행위들은 모두 '인격적인 문제', 즉 재판관들 개인의 품성의 문제로 귀납될 수 있을 것 같다.

그러나 역사 자료에 기재된 바에 따르면, '양내무와 소백채 사건'의 심리에 참여한 각급 관리들이 모두 품성이 나쁜 식충이들이라고만 할 수는 없다. 현령 유석동, 절강 순무 양창준은 사건을 접수한 후, 모두 사람을 보내 '평복 차림으로 민가에 나가 살피게' 하고, 호주 지부 석광 등은 한 곳에 모여 심리했으며, 절강 순무는 '삼사 공동 심리'까지 했다. 그런데도 왜 열 번을 심리하고도 아홉 번이나 누명이 벗겨지지 않는 상황이 지속되었을까? 인품이라는 우연적이고 개인적인 요인 외에, 제도적으로 인권 보호라는 측면에 근본적인 결함이 있지 않았을까? 이 억울한 사건이 생겨난 심층 원인에 대해 더 깊이 생각해보아야 한다.

봉건 사법체제의 최종 목적은 사건의 진상을 명확하게 조사하고 법률을 준수하여 사건을 재판하는 것이 아니라, 국경을 잘 지켜 백성을 편안하게 하고 황권을 유지하는 것이었다. 관리들은 관료 체제라는 타성에 젖어 서로 감싸고 상하가 하나로 단합하는 경향이 있다. 유석동, 진로에서 양창준, 심지어는 증국번에 이르기까지 사건의 옳고 그름을 고려할 때 가장 중요하게 생각하는 것은 반드시 자기 집단의 이익이지 백성의 이익이 아니다. 설령 몇 명의 어사가 잘못된 사건을 감찰하여도 그들의 본심은 세상 사람들에게 정의를 돌려주는 것이 아니라 황권을 수호하고 반대파들에게 타격을 주는 것에 있다.

양내무와 소백채 사건에서는 호남 출신 관료가 억울한 사건을 만들고, 자희태후와 강소 및 절강 출신 문관들이 억울한 사건을 바로잡았다. 그러나 다른 사건에서는 아마도 억울한 사건을 만든 사람과 그것을 고발한 사람이 바뀌었을 수 있다. 그 근본 원인은 그들이 모두 백성의 권리와 사회의 정의를 위해 사건을 재판하는 것이 아닌 데 있다.

권력과 이익의 쟁탈이야말로 그들의 행위 논리이다. 이러한 논리는 원대元代 사인詞人 장양호張養浩의 말에도 드러난다. "흥해도 백성은 고달프고, 망해도 백성은 고달프다." 억울한 사건을 해결하는 근본적인 방법은 일부 관리들을 처벌하는 것이 아니라 봉건제도 전체를 바꾸는 것이다.

　두 번째, '유죄 추정'의 잘못된 심판 관념이 억울한 사건을 야기한 중요한 원인이다.
　오래도록 중국의 봉건 법률제도는 '유죄 추정' 원칙을 지켜왔다. 장문상의 마신이 살해 사건에서 언급했듯이 유죄 추정은 관리들이 범죄 용의자가 유죄라고 생각하고 갖은 수단을 다 써서 그가 유죄임을 입증하고 그 결과로 심판 과정의 정당성을 증명하는 것이다.
　양내무와 소백채 사건의 최초 근원은 바로 유죄 추정이다. 우리는 사건을 심리한 관리들이 처음부터 양내무와 소백채를 갈품련을 모살한 간통한 남자와 여자로 가정한 것을 보았다. 유석동과 진로 등 사건을 심리한 관리들은 바로 이러한 생각에서 차례대로 협곤, 답강, 찰지 등 여러 혹형으로 자백을 강요하고 심지어 서슴지 않고 검시 결과를 의도적으로 고쳐 자신의 가설이 정확하다는 것을 증명했다. 결국 양내무와 소백채 두 사람은 고문을 견디지 못하고 이러한 사법제도의 희생양이 되었다.
　사실 양내무와 소백채 두 사람뿐 아니라 유석동, 진로 등 사건에 연루된 일군의 관리들도 이 같은 사법제도의 희생양이 아니겠는가? '유죄 추정'은 결함이 있는 제도로, 그 자체가 억울한 사건을 일으킬 잠재적인 위험을 내포하고 있다. 역할의 중복과 충돌로 인해 재판관들이 법을 어기고 재판해야 할 필요도 있고 또 그러할 가능성도 항상 존재한다. 비록 양내무와 소백채가 마지막에는 누명을 벗었지만, 이는 결코 이 같은 사법제도가 자체적으로 만들어 낸 필연적인 결과가 아니라 제도 밖의 요인이 관여한 결과이다. 즉 자희태후와 지방 관리들 사이의 정치 투쟁의 필요에 의한 것이다.

현縣·부府·안찰사·성省 등 4개 심급 기관들이 모두 거듭 잘못을 저질렀고, 마지막에 가서 최고 통치자가 개입해서야 비로소 원래 결코 복잡하지 않았던 이 억울한 사건을 뒤집을 수 있었다. 이 사실은 또한 이러한 사법제도의 심각한 결함을 보여 주며, 또한 이러한 사법제도가 본질적으로 억울한 사건을 없앨 수 없고, 따라서 백성의 정당한 권익을 보호할 수 없음을 보여 준다.

세 번째, 권력은 감독을 받지 않고 관청의 판결은 번복되지 않는 관행은 봉건 사법제도에 숨겨진, 보이지 않는 두 개의 암 덩어리이다.

전통적인 중국의 사법제도에서는 행정기관이 사법을 겸임한다. 재판관인 지방정부 관리들은 정부 최고 행정장관, 경찰, 검찰관, 법관의 여러 가지 역할을 동시에 수행한다. 여러 권력이 한 몸에 집중되는 것이다. 그러니 자체로 감독할 수 없을 뿐 아니라 민중도 합법적이고 효과적으로 이들을 감독하거나 제약할 수 없다. 그래서 관리들은 사건을 심리할 때 대부분 직무를 소홀히 하고 아무렇게나 결정하여 명백한 오류도 발견하지 못했다. '양내무와 소백채' 사건이 시사하는 것은, 법관은 권력을 신중하게 사용해야 하며 절대 주관적인 생각으로 사건을 단정하지 말아야 한다는 것이다.

이와 동시에 봉건 관료사회에서 각급 관리들은 함께 권력을 추구하기 때문에 윗사람을 기만하고 아랫사람을 속이면서 자신들의 관직을 보호하기 위해 서로 비호한다. 설령 나중에 사건을 맡은 법관이 이전 판결에서 여러 문제와 의혹을 발견하더라도 갖은 방법을 써서 판결을 유지하고 은폐하려 하기 때문에 잘못된 판결을 되돌리기 어렵다. 양내무와 소백채 사건을 확정하기 어려웠던 것은 심리를 맡은 각급 관리들이 서로 비호하고 눈감아 주었으며 사건을 뒤집지 못하도록 공동 모의를 한 것과 밀접한 관계가 있다.

네 번째, 고문으로 자백을 강요한 것이 '양내무와 소백채' 사건을 일으킨 중요한 원인이다.

사법 심판에서 고문으로 자백을 강요하는 것은 수천 년 지속된 중국의 봉건 사법제도가 지닌 중요한 특징 중의 하나이다. '자백이 없으면 사건이 성립되지 않는다'는 심판 규칙 앞에서 법을 어기고 가혹한 형벌로 자백을 강요하는 것은 전통 사법제도에서 정상적인 관행이었다.

억울한 사건을 뒤집거나 줄이는 근본적인 길은 과거의 낙후된 봉건 정치제도를 바꾸고 현대적으로 사건을 처리하며, 고문에 의한 강제 자백을 금지하고 민주 정의 원칙을 구현하는 사법제도를 시행하는 데 있다. 중국의 현행 형법에서는 '법에 명문으로 규정한 것이 없으면 죄가 되지 않고, 법에 명문으로 규정되어 있지 않으면 처벌하지 않는다'는 '무죄 추정' 원칙을 명확히 규정해 놓았다.

지금까지 현재 '양내무와 소백채' 사건에 대해, 역사 자료의 진실과 전통적인 법률제도의 배경에 근거하여 당시의 사건을 복원했으며, 전통적인 법률제도에 대해 실제적이고 적절하게 평가했다. 당사자들은 이미 죽었기에 자연히 감개에 젖기 마련이다. 그러나 역사가 우리에게 주는 감동과 생각은 쉽게 떠나가지 않고, 모든 사람의 마음속에 깊이 뿌리내려 새로운 또 다른 역사를 계속해서 만들어내고 있다.

역사 돋보기

중국 심리제도의 역사

복주와 공동 심리

이것은 봉건 통치자가 '형벌의 적용을 신중히 하고' '어진 정치를 베풀기' 위해 채택한 중요한 조치이다.

한나라 이후 일반적으로 징역 이상의 사건에 대해서는 제1심 후 상급의 심판 기관이 다시 심리하고 판결하는 제도를 시행했다. 사형의 경우, 북위北魏 세조 때 제도를 확립했는데, 무릇 사형은 옥사를 마무리하고 공문서로 보고하면, 황제가 친히 하문하고 반대 의견이나 불평이 없으면 집행했다. 또한 모든 고을과 나라에서 사형, 즉 대벽大辟은 모두 먼저 죄를 심판하고 보고한 후 집행되었다. 다시 말해서 사형이 집행되기 전에 반드시 황제에게 아뢰어 비준을 청한 후 비로소 집행할 수 있었다. 이것이 바로 이른바 '복주復奏', 즉 거듭 상주하는 제도이다.

수대에는 '세 번 거듭 상주三復奏'하는 것으로 정했다. 당나라 정관貞觀 초기, 태종太宗 이세민李世民은 "인명은 아주 소중하고, 한 번 죽으면 다시 살아날 수 없다"며 사형을 결정하기 전에 수도에서는 '다섯 번 거듭 상주五復奏'하고 지방에서는 '세 번 거듭 상주'하도록 규정했다. 부모나 다른 존속을 모살한 죄를 저질렀거나 사병私兵과 노비가 주인을 살해했을 때는 한 번만 거듭 상주한다. 당 이후 각 왕조에서 모두 사형 전에 거듭 상주하는 제도를 시행했다.

명대와 청대에는 죄의 유무를 판명하기 어려운 범죄 사건과 중죄인을 재심할 때에는 공동 심리하는 제도를 만들었다. 명대에는 중대하거나 해결이 어려운 사건은 형부, 대리시, 도찰원의 '삼법사' 공동 심리를 거쳐야 했는데, 이를 '삼사 공동 심리'라 칭했다. 특별히 중대한 사건에 대해서는 '삼법사'가 이吏 · 호戶 · 예禮 · 병兵 · 공工 각 부의 상서 및 통정사通政使와도 공동으로 심리했는데, 이를 '구경(아홉 신하) 공동 심리九卿會審'라 칭했다. 청대에는 큰 사건이나 중죄인에 대해 '구경 공동 심리'를 시행했다. '삼사 공동 심리'이든 '구경 공동 심리'이든 마지막에는 황제에게 아뢰어 결재를 받아야 했다.

단계별 복수 심리제도

고대 중국인들은 형벌은 신중히 사용해야 함을 잘 알고 있었다. 그들은 "형법刑이라는 것은 본보기佀이고, 본보기라는 것은 완성한 것이니 한 번 완성하면 변경되지 않는다. 그러므로 군자는 정성을 다한다"(『예기禮記』「왕제王制」)고 생각하여 상당히 특색 있고 아래서부터 위로 가는 단계별 복수複數 심리제도를 확립했다.

단계별 복수 심리제도는 하 왕조의 '네가 법을 지킬 수 있도록 하리라錫汝保極'에서 기원한다. 즉 하급 관리들로 하여금 선고를 내리고 형벌에 처하는 구체적인 근거를 적어서 상급 기관에 서면으로 보고하게 하여, 상급 기관에서 이를 심사 비준할 수 있도록 했다. 주 왕조에서는 중대한 사건의 경우 3심의 심급제도를 시행했다. 제1심 기관은 사史와 정正, 제2심 기관은 사구司寇였으며, 최종심은 주왕이 했다. 진秦 왕조에 이르러서는 마을鄕의 소송사건은 '질秩'과 '색부嗇夫'에서 심리하고, 마을에서 결정할 수 없는 사건은 현縣으로 보내며, 현에서 결정할 수 없는 사건은 군郡

으로, 군에서 결정할 수 없는 사건은 중앙 정위廷尉로 보내며, 황제가 최종 결재했다.

한 왕조에서는 지방 사법기관이 결정할 수 없는 어려운 사건은 단계별로 상급 기관에 보고하여 재심리하게 했다. 한 고조 7년(기원전 200) 어사御史에게 조서를 내렸다. "해결이 어려운 사건이 있어 관리가 감히 결정하지 못하여, 죄가 있어도 오래도록 판결하지 못하고 죄가 없어도 오래도록 판결하지 못하는 경우가 있다. 이제부터 현과 도道의 관아에서 판결하기 어려운 옥사는 소속 태수太守가 심판하고 태수는 그 죄명을 보고해야 한다. 태수가 판결할 수 없는 것은 모두 정위에 넘기고 정위는 또한 그것을 보고해야 한다. 정위가 판결할 수 없는 것은 삼가 상주하고 해당되는 율령까지 첨부하여 아뢰어라."(『한서漢書』「형법지刑法志」)

당대에는 복수 심리제도가 보다 완비되었다. 단계별 재심리제도의 주요 내용은 다음과 같다.

(1) 주州에서 보고받고 재심리한다. 현에서 심리한 징역 이상의 사건은 모두 주로 보고하여 주에서 재심한다. 이 가운데 현에서 판결한 형벌이 징역이나 귀양인데, 장형으로 판결해야 하거나 재물이나 노동을 제공하고 형벌을 면제받을 수 있는 사건은 재심리 후 집행할 수 있다. 만일 사형 죄를 저질렀다면 주에서는 단계별로 상부에 보고하고 마지막은 황제가 결정한다.

(2) 대리시大理寺에서 보고받고 재심리한다. 현·주에서 심리한 해결하기 어려운 사건은 반드시 대리시로 보내 재심하게 한다. 판결할 수 있는 사건은 재심리 후 바로 집행할 수 있고, 판결할 수 없는 사건은 상서성尙

書省에 보고하며 마지막으로 황제에게 보고한다.

(3) 성省에서 보고받고 재심리한다. 즉, 상서성, 형부에 보고서를 올려 재심리하게 하는 것이다. 그 재심 범위는 대리시, 경조부京兆府, 하남부河南部가 직접 접수하여 심리한 징역 사건과 관리들의 범죄 사건이다.

(4) 황제에 올려 황제가 다시 심사한다. 그 범위는 대리시와 각 주州에서 접수해 심리한 귀양 및 사형 사건이다.

송원에서 명청대에 이르기까지 단계별 복수 심리제도는 더 발전되었다. 송 왕조에서는 현에서 판결한 형벌이 징역 이상인 경우, 주로 보내 재심리하고 판결하게 했다. 주에서 재심리한 후, 만일 다시 심리할 필요가 있으면 사건을 원래 현으로 돌려보내지 않고 다른 기관에서 재심리하게 하여 원래 사건을 맡았던 법관이 내용을 고치거나 허위로 날조하지 못하게 했다. 각 주에서 사형 죄로 결정한 사건은 예외 없이 형부에 보고하여 형부가 재심리한 후 황제에게 아뢰었다.

원나라에서는 건국 초기에, 사형 죄에 해당되는 사건은 예외 없이 주와 현에서 심리한 후 단계적으로 상부에 보고하여 재심리하도록 하고, 함부로 형벌을 부과해서는 안 되며 위반하는 사람은 형벌에 처한다고 규정했다.

명대의 심급제도는 현·주·부·안찰사사 및 중앙의 형부와 도찰원都察院으로 이루어져 있었다. 홍무 30년(1397)에 정식으로 공포하고 시행한 『대명률大明律』「형률刑律·단옥斷獄」의 '관리의 죄인 판결 등급' 조항에 다음과 같이 규정되어 있다.

"무릇 옥에 갇힌 죄수를 심문하여 사실을 정확히 밝히고 심문을 마치면, 징역과 귀양 이하의 판결의 경우 각 부·주·현에서 판결한다. 사형 죄의 경우 수도 안에서는 감찰어사가, 외부에서는 제형안찰사提刑按察司가 심문하여 억울함이 없으면 법에 따라 초안을 작성하고 형부로 넘긴다. 형부는 이를 심의하여 결정하고 황제에게 아뢴다. 경부京府에 직속된 지역에서는 형부가 법관이 되어 감찰어사와 공동으로 심리하고 판결한다. 그 밖의 지역에서는 포정사가 법관이 되어 안찰사와 공동으로 심리하고 판결한다."

청 왕조의 심급제도는 기본적으로 명대의 것을 답습했고, 다만 안찰사 위에 총독과 순무를 두었다. 징역 이상의 사건은 주와 현에서 처음 심리하고 바로 위의 기관에 자세히 보고한 후 재심하게 했다. 각 등급의 심리 기관마다 자신의 권한에 속하지 않는 사건은 자발적으로 상부에 보고하게 하여 단계별로 심리하게 했으며, 판결 권한이 있는 심급 기관에서 비준한 후에 비로소 최종심이 진행되었다. 이렇게 징역은 총독과 순무, 귀양은 형부, 사형은 최종적으로 황제까지 올라갔다.

하 왕조에서 명청 시기에 이르기까지 시행한 단계별 복수 심리제도는, 형벌은 신중히 적용해야 한다는 중국 고대의 사상을 보여 준 중요한 제도로, 상급 심판 기관이 하급 심판 기관의 작업을 점검하고 잘못된 판결을 바로잡으며, 법률의 정확하고 일관된 적용을 보장하는 데 도움을 주었다.

주註

제1장 : 백지 인장 사건
1) 『중외역사연표中外歷史年表』에서는 다음과 같이 밝히고 있다. "원元나라 때 관청에서 문서에 먼저 서명하고 도장을 찍은 다음, 나중에 내용을 기입하는 것을 '공인空印'이라 불렀다. 이는 명明이 설립된 후에도 바뀌지 않고 그대로 이어져 내려왔다."『검교중국명대사劍橋中國明代史』에서는 다음과 같이 설명하였다. "토지세로 내는 곡물이 운반 과정에서 손실될 수 있기 때문에 곡물을 실어 보낼 때의 수량과 호부에서 수령할 때의 수량은 맞지 않는다. 그러나 운반 과정에서 얼마나 소모되었는지 관리들은 사전에 알 수 없고 호부에 도착해서야 비로소 그 차액을 알 수 있다. 따라서 관리들은 수도에 도착해서 인장이 찍힌 백지 문서에 실제 곡물의 수량을 적어 넣는다."
2) 방극근은 제녕濟寧의 지부知府로 있을 때 황무지를 개간하면 3년간은 세금을 내지 않아도 된다는 황제가 정한 규정을 엄격히 집행하여 백성의 여러 부담을 가능한 한 줄여 주었으므로 현지 백성의 칭찬을 받았다. 그는 "매우 소박하여 도포 한 벌을 10년간 바꿔 입지 않았고 육식도 하지 않았다." 사건에 연루되기 직전인 홍무 8년(1375)에 방극근은 수도에 와서 황제인 주원장을 알현했는데, 주원장은 그를 칭찬하고 잔치를 베풀어 표창했다.
3) 엽전 1꾸러미는 엽전 1000닢을 꿴 것이다. (옮긴이)
4) 陳重業 主編, 『折獄龜鑒補』, 北京大學出版社, 2006년 제1판, 802쪽.

제3장 : 호유용과 남옥의 모반 사건
1) 유기劉基 : 원나라 말기의 정치가 겸 우언 작가로 후에 주원장의 모사가 되어 명나라 건국에 중요한 역할을 했다. 명 건국 후 어사중승과 태사령 등의 관직을 맡았고 역법 제정과 군정체제 건립에 공헌했다. (옮긴이)
2) 서달徐達 : 명나라의 건국 공신이다. 주원장의 부하로 통군원수, 강남행추밀원사, 좌상국 등을

지냈다. 주원장 즉위 후 무관 제일의 자리를 차지했다. (옮긴이)

제4장 : 방효유와 십족 처형 사건
1) 주원장의 11남인 주춘朱椿으로 혜비 곽씨의 소생이다. (옮긴이)
2) 머리를 깎는다는 뜻인데, 주원장은 자신이 승려였다는 점을 비꼰 것이라고 받아들였다. (옮긴이)
3) 조식태평藻飾太平은 '태평성대를 장식하다'를 뜻한 것인데, '일찍 죽어야 태평하다'는 뜻으로 받아들인 것이다. (옮긴이)
4) 『춘추공양전春秋公羊傳』「소공昭公 20년」.

제5장 : 장문상의 마씨 살해 사건
1) 명청대에 향시에 급제한 사람. (옮긴이)
2) 안찰사의 다른 이름이다. (옮긴이)
3) 순무에 예속된 기구. (옮긴이)
4) 『馬端梅公奏議』, 附錄, 光緖 20년, 閩浙督署校刊.
5) 古宮博物院(臺北), 『軍機檔』, 第2766箱, 第102490號, 혹은 『淸代起居注冊 · 同治朝』에도 보인다.
6) 中國第一歷史檔案館, 『上諭檔』.
7) 6)과 같음.
8) 청말 기윤이 보고 들었던 것을 회상하여 쓴 필기체 소설. 당시 매권이 탈고될 때마다 많은 문인과 서점 상인에 의해 초록되어 전해졌고, 표절작까지 출현할 정도로 인기가 많았다. (옮긴이)

제6장 : 명배우 양월루 연애 사건
1) 손오공을 주인공으로 하는 극. (옮긴이)
2) 노래, 동작, 표정을 위주로 하는 극. (옮긴이)
3) 상해의 보육당은 청대 동치 연간에 설립되었는데, 주 설립자는 응보시應寶時이다. 이때는 태평천국운동이 막 청나라 정부에 의해 진압된 시기로 각 지역에서 상해로 피난 온 사람들이 많았는데, 적지 않은 사람들이 극도로 궁핍한 생활을 하며 거리에서 노숙하는 상황이었다. 이에 응보시는 지역의 자금을 동원하고 상해의 국고에 들어가 있는 돈을 조달해 관민官民이 공동으로 주관하는 자선단체를 구성하고 '보육당'이라 이름 지었다. 보육당은 노약자나 환자, 장애인들을 구제하는 것 외에도 오갈 데 없는 아동들을 수용하여 기술을 배우게 했으니, 오늘날의 '생계가 막막한 사람들을 구조하는 센터'에 상당한다.
4) 청대는 비윤리적인 범죄나 풍속을 어지럽힌 범죄에 대해 흔히 죄인에게 칼을 씌워 그 모습을 공개했다. 즉 범인에게 칼을 씌운 후 관아의 입구나 번화한 시가에 세워 놓고 사람들이 보게 함으로써 주의를 주었다.

제7장 : 양내무와 소백채 사건
1) 이야기와 노래로 구성된 민간 문예. (옮긴이)

2) 텔레비전 드라마나 문인들의 소설은 종종 양내무와 소백채 사건이 '현대판' 반금련과 서문경 사건이거나 사랑에 빠진 두 남녀가 터무니없이 누명을 썼다가 마지막에 억울한 누명을 벗은 사건이라고 열심히 알려 준다. 그러나 어쨌든 문학작품은 역사적 사실을 대체할 수 없다. 연역적으로 꾸며 낸 여러 성분은 퍼질수록 더욱 잘못 전해져 진위를 구별하기 힘든 지경에 이르렀고, 사람들이 사건에 대해 전체적으로 잘못 이해하는 데에도 영향을 미쳤다.
3) 명청대에 가장 낮은 등급의 시험. (옮긴이)
4) 王策來 『楊乃武與小白菜案眞情披露』, 中國檢察出版社, 2002年版. 양내무가 지어낸 고소장에 쓴 내용은 후에 각종 문예 작품의 기본 소재가 되었다.
5) 당시의 법률 규정에 따르면, 보통 여성 죄수와 70세가 넘은 죄인들은 모두 금전으로 속죄할 수 있었다.

참고문헌

제1장 : 백지 인장 사건
(淸) 夏燮 編, 『明通鑒』, 上海古籍出版社, 1990(第1版).
(淸) 張廷玉 等撰, 『明史』, 中華書局, 1974.
『明史·刑法志一』
『明史·刑法志』
『明太祖實錄』
趙曉耕 主編, 『中國法制史原理與案例教程』, 中國人民大學出版社, 2006.
陳重業 主編, 『折獄龜鑒補』, 北京大學出版社, 2006(第1版).
吳晗 編著, 『明太祖』, 勝利出版社, 1944.
張晋藩 主編, 『中國刑法史稿』, 中國政法大學出版社, 1991.
楊鴻烈, 『中國法律發達史』下, 上海書店, 1990.

제2장 : 곽환의 횡령 사건
『明·大誥初編』
(淸) 張廷玉 等撰, 『明史·刑法志』, 中華書局, 1974.
金良年, 『酷刑與中國社會』(中國社會史叢書), 浙江人民出版社, 1991.
楊一凡, 『明大誥研究』, 江蘇人民出版社, 1988.

제3장 : 호유용과 남옥의 모반 사건
(淸) 張廷玉 等撰, 『明史』, 中華書局, 1974.
『明史·奸臣·胡惟庸傳』
趙曉耕 主編, 『中國法制史原理與案例教程』, 中國人民大學出版社, 2006.

黃昶夫,『中國古代法制奇案百例』, 中國華僑出版社, 1993.
毛佩奇,『細解明朝十七帝』, 光明日報出版社, 2008.
李俊,『中國宰相制度』, 商務印書館, 1947(影印本).
孟昭庚,『帝王將相之道』, 長春出版社, 2007.

제4장 : 방효유와 십족 처형 사건
(清) 張廷玉 等撰,『明史』, 中華書局, 1974.
武樹臣,『儒家法律傳統』, 法律出版社, 2003.
李宗侗 注譯,『春秋公羊傳今注今譯』(上下冊), 臺灣商務印書館, 1976.
王彬,『禁書・文字獄』, 中國工人出版社, 1992(第1版).
趙曉耕 主編,『中國法制史原理與案例教程』, 中國人民大學出版社, 2006.
金良年,『酷刑與中國社會』, 浙江人民出版社, 1991(第1版).

제5장 : 장문상의 마씨 살해 사건
周楞伽,『清末四大奇案』, 群衆出版社, 1985.
黃昶夫 主編,『中國古代法制奇案百例』, 中國華僑出版社, 1993.
高尙擧,『刺馬案探隱』, 北京圖書館出版社, 2001.
趙曉耕,『大衙門』, 法律出版社, 2007.
華爾嘉 編著,『中國近代大案』, 群衆出版社, 2006.
馮玉軍,『衙門裏這些事兒』, 法律出版社, 2007.

제6장 : 명배우 양월루 연애 사건
周楞伽,『清末四大奇案』, 群衆出版社, 1985.
李長莉,「從'楊月樓案'看晚清社會倫理觀念的變動」,『近代史研究』2001(第1期).
黃昶夫 主編,『中國古代法制奇案百例』, 中國華僑出版社, 1993.
趙曉耕,『大衙門』, 法律出版社, 2007.
朱書紳,『同光朝名伶十三絶傳略』, 進化社編印, 1943年 5月.

제7장 : 양내무와 소백채 사건
黃昶夫 主編,『中國古代法制奇案百例』, 中國華僑出版社, 1993.
趙曉耕,『大衙門』, 法律出版社, 2007.
華爾嘉 編著,『中國近代大案』, 群衆出版社, 2006.
馮玉軍,『衙門裏這些事兒』, 法律出版社, 2007.
周楞伽,『清末四大奇案』, 群衆出版社, 1985.
王策來,『楊乃武與小白菜眞情披露』, 中國檢察出版社, 2002.
如果石架,『正說歷朝十大冤案』, 京華出版社, 2007.
朱壽朋 原輯, 陳尙凡 等 整理,『楊乃武冤案』, 岳麓書社, 1986.

옮긴이의 말

 이 책은 모든 사람은 평등하고 인간으로서의 기본권을 지닌다는 의식이 전혀 없던 시기의 이야기이다. 당시 사건에 얽힌 사연과 참상들은 지금으로선 상상도 할 수 없는 일이지만 당시에는 법률이라는 미명 하에 버젓이 자행되었다. 지배계층이 만든 형법 제도에 의해 '용의자'들은 스스로 무죄를 입증할 기회조차 얻지 못한 채 죄인으로 확정되어 잔혹한 고문의 희생양이 된다.
 이 책에 수록된 사건들은 인간의 본성에 대해 생각하게 한다. 인간의 본성은 과연 맹자가 말한 것처럼 선한 것일까? 이 책을 읽고 이 물음에 답하라고 한다면, 아마 많은 사람이 '아니오'라고 대답할 것이다.
 이 책에 수록된 사례들에서 황제나 관리들은 자신의 이익을 위해 아무런 가책도 느끼지 않고 자신보다 힘없는 사람들을 함부로 고문하고 누명을 씌웠다. 아무리 많은 책을 읽고 아무리 오랫동안 공부한 사람들이라도 그들이 받은 교육은 인간 중심의 교육이 아닌, 황제와 지배계층만을 위한 사상 교육이었으므로, 그들이 백성의 목숨과 삶을 우습게 여긴 것은 어쩌면 당연한 것이었을지도 모른다.

그러나 양내무와 소백채 사건을 살펴보면, 일반 백성도 관리들과 마찬가지로 타인의 고통에 공감하지 못하는 사람들이었고, 자기 자신만을 위하는 이기적인 인간들이었다. 사건의 두 주인공이 고문으로 강요받아 쓴 허위 자백서의 내용이 사실과 달라도 누구 하나 사실과 다르다고 말하지 않았다. 아마 자신에게 화가 미칠까 두려워 그리했을 수도 있겠지만, 만일 그들이 자신이나 피붙이의 목숨이 걸린 일이었다 해도 그러했을까? 이런 이유에서 이 사건들은 인간의 이기적이고 추악한 본성을 적나라하게 보여 준다고 볼 수 있다.

불쌍한 처지에 있는 사람을 보고 동정하는 것은 인지상정이다. 우리는 흔히 현대사회에서 사람들이 인간성을 상실해가고 있다고 말한다. 그러나 인성은 사람에 따라 다른 것이지 시대에 따라 달라지는 것은 아니다. 옛사람들이라고 모두 순박하고 타인의 불행에 연민을 느꼈던 것은 아니며 현대인들이라고 모두 몰인정하지는 않다.

사법 체계에도 예나 지금이나 마찬가지로 제도적인 결함이 존재한다. 현대의 제도가 과거보다 합리적이고 효율적이라고 하지만, 지금도 부패한 관리가 있고 위증으로 억울한 옥살이를 한 사람들이 있다는 뉴스가 심심치 않게 들려온다. 아무리 좋은 제도가 갖추어진다 해도 그 제도를 운용하는 사람들의 소양이 부족하다면, 제도가 그 기능을 제대로 발휘할 수 없다.

물론 이 책에도 관직에 연연하지 않고 소신껏 재판한 청렴한 관리도 등장하고, 무고한 양내무를 돕기 위해 아낌없이 사재를 턴 호설암 같은 인물도 등장한다. 그러나 청렴한 관리들은 부패한 관리들에 둘러싸여 제 목소리를 내지 못했고, 타인의 고통에 공감할 줄 아는 호설암 같은 사람들은 불의에 무감각하고 이기적인 사람들에 비해 수적으로 지나치게 열세였다.

사회가 바뀌려면 구성원 모두가 변해야지 한두 사람만 바뀌어서는 아무런 소용이 없다. 이러한 의미에서 이 책은 우리에게 인간의 본성이 원래 선하든 악하든, 타인의 고통에 공감할 수 있는 능력을 갖추도록 교육하는, 즉 인간성의 회복에 초점을 둔 보편적인 교육이 매우 절실함을 일깨워 준다.

이 책이 갖는 가장 두드러진 매력은 잘못 알려진 사건을 객관적인 시각으로 분석하고 재구성했다는 것이겠지만, 저자 펑위쥔이 명청시대의 형벌과 형법의 집행 과정을 어떤 부분에서는 지나치다는 생각이 들 정도로 상세하게 기록하고 있다는 점도 빼놓을 수 없다. 이러한 점이 실로 놀랍고 새로운 사실, 즉 옛 중국의 법치주의의 맨얼굴을 드러내 보여주고는 있지만, 그 잔인한 묘사 때문에 번역과정은 사실 매우 힘들었다. 아무쪼록 이 책이 저자의 바람대로 세상의 법치를 바로 세우는 데에 도움이 되길 바란다.

김태경

십족을 멸하라: 명청시대 형벌의 잔혹사

초판인쇄	2013년 4월 22일
초판발행	2013년 4월 29일

지은이	펑위쥔
옮긴이	김태경
펴낸이	강성민
책임편집	신헌창
편집	이은혜 박민수 김신식
마케팅	최현수
인턴	양예주
온라인마케팅	김희숙 김상만 이원주 한수진

펴낸곳 (주)글항아리 | 출판등록 2009년 1월 19일 제406-2009-000002호

주소	413-756 경기도 파주시 문발동 파주출판도시 513-8
전자우편	bookpot@hanmail.net
전화번호	031-955-8891(마케팅) 031-955-2670(편집부)
팩스	031-955-2557
ISBN	978-89-6735-048-2 03900

에쎄는 (주)글항아리의 브랜드입니다.

이 도서의 국립중앙도서관 출판시도서목록(CIP)은 e-CIP홈페이지(http://www.nl.go.kr/ecip)와 국가자료공동목록시스템(http://www.nl.go.kr/kolisnet)에서 이용하실 수 있습니다. (CIP제어번호: CIP2013003044)